道德的哲学真义

王育殊 著

中国社会科学出版社

图书在版编目（CIP）数据

道德的哲学真义/王育殊著．—北京：中国社会科学
出版社，2008.8
ISBN 978-7-5004-7122-6

Ⅰ．道…　Ⅱ．王…　Ⅲ．伦理学　Ⅳ．B82

中国版本图书馆 CIP 数据核字（2008）第 116864 号

策划编辑	冯　斌			
责任编辑	丁玉灵			
责任校对	修广平			
封面设计	部落艺族			
版式设计	戴　宽			

出版发行	中国社会科学出版社			
社　　址	北京鼓楼西大街甲 158 号		邮　编	100720
电　　话	010－84029450（邮购）			
网　　址	http：//www.csspw.cn			
经　　销	新华书店			
印　　刷	华审印刷厂		装　订	广增装订厂
版　　次	2008 年 8 月第 1 版		印　次	2008 年 8 月第 1 次印刷
开　　本	880×1230　1/32			
印　　张	9		插　页	2
字　　数	240 千字			
定　　价	25.00 元			

国家"985"哲学社会科学创新基地
东南大学"科技伦理与艺术"项目成果

总　序

　　东南大学的伦理学科起步于20世纪80年代前期，由著名哲学家、伦理学家萧焜焘教授、王育殊教授创立，90年代初开始组建一支由青年博士构成的年轻的学科梯队，至90年代中期，这个团队基本实现了博士化。在学界前辈和各界朋友的关爱与支持下，东南大学的伦理学科得到了较大的发展。自20世纪末以来，我本人和我们团队的同仁一直在思考和探索一个问题：我们这个团队应当和可能为中国伦理学事业的发展作出怎样的贡献？换言之，东南大学的伦理学科应当形成和建立什么样的特色？我们很明白，没有特色的学术，其贡献总是有限的。2005年，我们的伦理学科被批准为"985工程"国家哲学社会科学创新基地，这个历史性的跃进推动了我们对这个问题的思考。经过认真讨论并向学界前辈和同仁求教，我们将自己的学科特色和学术贡献点定位于三个方面：道德哲学、科技伦理和重大应用。

　　以道德哲学为第一建设方向的定位基于这样的认识：伦理学在一级学科上属于哲学，其研究及其成果必须具有充分的哲学基础和足够的哲学含量；当今中国伦理学和道德哲学的诸多理论和现实课题必须在道德哲学的层面探讨和解决。道德哲学研究立志并致力于道德哲学的一些重大乃至尖端性的理论课题的探讨。在这个被称为"后哲学"的时代，伦理学研究中这种对哲学的执著、眷念和回归，着实是一种"明知不可为而为之"之举，但我们坚信，它是我们这个时代稀缺的学术资源和学术努力。科技伦理的定位是依据我们这个团队的历史传统、东南大学的学科生态，以及对伦理道德发展的新前沿而作出的判断和谋划。东南大学最早的研究生培养方向就是"科学伦理学"，当年我本人就在这个方向下学习和研究；而东南大学以科学技术为主体、文管艺医综合发展的学科生态，也使我们这些 90 年代初成长起来的"新生代"再次认识到，选择科技伦理为学科生长点是明智之举。如果说道德哲学与科技伦理的定位与我们的学科传统有关，那么，重大应用的定位就是基于对伦理学的现实本性以及为中国伦理道德建设作出贡献愿望和抱负而作出的选择。定位"重大应用"而不是一般的"应用伦理学"，昭明我们在这方面有所为也有所不为，只是试图在伦理学应用的某些重大方面和重大领域进行我们的努力。

　　基于以上定位，在"985 工程"建设中，我们决定进行系列研究并在长期积累的基础上严肃而审慎地推出以"东大伦理"为标识的学术成果。"东大伦理"取名于两种考虑：这些系列成果的作者主要是东南大学伦理学团队的成员，有的系列也包括东南大学培养的伦理学博士生的优秀博士论文；更深刻的原因是，我们希望并努力使这些成果具有某种特色，以为中国伦理学事业的发展作出自己的贡献。"东大伦理"由五个系列构成：道德哲学研究系列；科技伦理研究系列；重大应用研究系列；与以上三个结构相关的译著系列；还有以丛刊形式出现并在 20 世纪 90 年代已经创刊的《伦理研究》专辑系列，该丛刊同样围绕三大定位组稿和出版。

　　"道德哲学系列"的基本结构是"两史一论"。即道德哲学基本理论；中国道德哲学；西方道德哲学。道德哲学理论的研究基础，不仅在概念上将"伦理"与"道德"相区分，而且从一定意义上将伦理学、道德哲学、道德形而上学相区分。这些区分某种意义上回归到德国古典哲学的传统，但它更深刻地与中国道德哲学传统相契合。在这个被宣布"哲学终结"的时代，深入而细致、精致而宏大的哲学研究反倒是必须而稀缺的，虽然那个"致广大、尽精微、综罗百代"的"朱熹气象"在中国几乎已经一去不返，但这并不代表我们今天的学术已经不再需要深刻、精致和宏大气魄。中国道德哲学史、西方道德哲学史研究的理念基础，是将道德哲学史当作"哲学的历史"，而不只是道德哲学"原始的历史"、"反省的历史"，它致力于探索和发现中西方道德哲学传统中那些具有"永远的现实性"精神内涵，并在哲学的层面进行中西方道德传统的对话与互释。专门史与通史，将是道德哲学史研究的两个基本纬度，马克思主义的历史辩证法是其灵魂与方法。

"科技伦理系列"的学术风格与"道德哲学系列"相接并一致，它同样包括两个研究结构。第一个研究结构是科技道德哲学研究，它不是一般的科技伦理学，而是从哲学的层面、用哲学的方法进行科技伦理的理论建构和学术研究，故名之"科技道德哲学"而不是"科技伦理学"；第二个研究结构是当代科技前沿的伦理问题研究，如基因伦理研究、网络伦理研究、生命伦理研究等等。第一个结构的学术任务是理论建构，第二个结构的学术任务是问题探讨，由此形成理论研究与现实研究之间的互补与互动。

"重大应用系列"以目前我作为首席专家的国家哲学社会科学重大招标课题和江苏省哲学社会科学重大委托课题为起步，以调查研究和对策研究为重点。目前我们正组织四个方面的大调查，即当今中国社会的伦理关系大调查、道德生活大调查、伦理—道德素质大调查和伦理—道德发展状况及其趋向大调查。我们的目标和任务，是努力了解和把握当今中国伦理道德的真实状况，在此基础上进行理论推进和理论创新，为中国伦理道德建设提出具有战略意义和创新意义的对策思路。这就是我们对"重大应用"的诠释和理解，今后我们将沿着这个方向走下去，并贡献出团队和个人的研究成果。

"译著系列"、《伦理研究》丛刊，将围绕以上三个结构展开。我们试图进行的努力是：这两个系列将以学术交流，包括团队成员对国外著名大学、著名学术机构、著名学者的访问，以及高层次的国际国内学术会议为基础，以"我们正在做的事情"为主题和主线，由此凝聚自己的资源和努力。

马克思曾经说过，历史只能提出自己能够完成的任务，因为任务的提出表明完成任务的条件已经具备或正在具备。也许，我们提出的是一个自己难以完成或不能完成的任务，因为我们完成任务的条件尤其是我本人和我们这支团队的学术资质方面的条件还远没有具备。我们期图通过漫漫兮求索乃至几代人的努力，建立起以道德哲学、科技伦理、重大应用为三元色的"东大伦理"的学术标识。这个计划所展示的，与其说是某些学术成果，不如说是我们这个团队的成员为中国伦理学事业贡献自己努力的抱负和愿望。我们无法预测结果，因为哲人罗素早就告诫，没有发生的事情是无法预料的，我们甚至没有足够的信心展望未来，我们唯一可以昭告和承诺的是：

我们正在努力！

我们将永远努力！

樊　浩
谨识于东南大学"舌在谷"
2007 年 2 月 11 日

The Theory of Ban Gu on "True Record"

Shi Ding

Abstract: Han History (Hanshu) that is written by Ban Gu covers a special biography of Sima Qian. The literature appraises Sima Qian's Historical Records (Shi Ji) as a " true record ", which establishes an everlasting monument for the theory of "true record" . This theory has three standards for affairs, literature and logic. The first is reason or logic, that is, true record and clear narration; the second is justice, which requires the literature accord with truth in recording person or event, prudential but not extravagant, unaffected but not vulgar; The third requires to express beauty and evil authentically, that is, not exaggerating beauty and not concealing evil, all should be open to the world. The "true record" theory of Ban Gu serves as a link between past and future, which is not only a commentary on Sima Qian "Historical Records", but has an important significance in establishing philosophy ontology of China.

Key Words: Ban Gu; Praise for Biography of Sima Qian; Theory on "True Record"; Historical Philosophy Ontology

写在前面

　　对现在的学术"新人"们来说，王育殊教授可能是一个网络世界的隐者，但是，这绝对是一位在伦理学界尤其江苏伦理学界、东南大学伦理学科的"集体记忆"中不应当淡忘并且已经进入他们的潜意识的可敬可亲的前辈。

　　王育殊教授是我的导师，江苏省伦理学、东南大学伦理学的奠基者。1978年即恢复高考后的第二年，我进入东南大学攻读哲学本科。王育殊教授以一学期的时间给我们讲授历史唯物主义，他以深入浅出、细致耐心的讲授将历史唯物主义的一些基本概念和基本原理牢牢植入我们原初的学术记忆。至今还经常想起，在那些白雪皑皑、皓月冷悬的夜晚，我是怎样在学校大礼堂前踩着厚厚的积雪，仔细体味和揣摩先生在课堂上反反复复吟叨的"人们自己创造自己的历史，但人们并不能随心所欲地创造历史……"的哲理。虽然现在看来那种消化方式只是一种"音乐式的思想"和"苦恼意识"，但大头皮鞋对如镜如诗的厚厚积雪"初吻"奏出的"嚓嚓……"声响，虽无"春江花月夜"的江南意境，倒似万里雪飘中的北国天籁，将我，也将萧焜焘先生经常笑称的

"七十二贤"① 度上了哲学的破冰之旅，雪海中蜿蜒的深深脚窝，成了我一生中挥之不去的情结，因为它是我，也是我们成长的见证。在讲授中，学生们对先生所讲的道德部分普遍感兴趣。随后，先生开始讲授伦理学，先在东大讲，接着又在南大、南师大为哲学专业和思想政治教育专业的学生讲。给大学生讲伦理学专业课，王育殊教授在恢复高考以后在江苏是首创，在全国也是比较早的一批。

1984年，根据萧焜焘先生要求，王育殊教授开始在科技哲学硕士点下招收科技伦理学方向的研究生，仅八五级、八六级两届就招了20多位，我与朱小蔓教授（现任中央教科所所长、俄罗斯教育科学院院士）等就是八五级的研究生。到世纪之交退休前，先生到底培养了多少位研究生，我没有作过统计，印象中大概应当有30多位吧。先生桃李满天下，尤其为江苏伦理学的发展准备了许多优秀的师资和学术骨干。1988年，先生组织团队，主编了全国第一本《科学伦理学》，随后发表、组织了大批的学术成果。东南大学的伦理学科就是在这样的积淀基础上发展起来的。

对早期东南大学伦理学专业的研究生来说，不少人都认为自己有两位导师。一位是王育殊教授，是直接的导师；另一位是萧焜焘教授。以萧先生为导师，一个原因是因为那时的伦理学是挂靠在萧先生的科技哲学点下，另一个原因是萧先生讲授西方哲学、精神现象学，给大家以深刻的学术影响。我们一些"老弟

---

① 东南大学自1977年始恢复文科招生，七七级、七八级两届共招七十二人。按照系主任、著名哲学家萧焜焘先生的要求，前两年不分专业，共同修课，第三年分哲学、政治经济学等四个专业。因为两届一起上课，这位具有诗人气质的哲学家经常在课堂上笑言："孔子有弟子三千，贤者七十二，今天我们有七十二人，希望大家都能成为贤者……"

子"们经常将两位先生作比较,对王育殊教授的深刻影响的认识则往往随着人生经历的丰富而不断加深。萧先生睿智灼人,才势夺人,不怒自威,在他面前,常让人有一种"高山仰止"之感,所以萧先生虽然内心情感极为丰富,对学生也至为怜爱,但弟子们在他面前丝毫不敢放越,坦率地说,直到萧先生去世,那时我虽然已经做了多年的系主任,但在他面前仍怀着敬畏甚至几许畏惧。王先生则不同。即使是刚来的新生,他总是而且始终是慈眉善目地微笑着交谈,谈学术问题也总是拉家常式的,仿佛不是在指导和教导,而是在磋商,让我们感到毫无拘束之感,甚至有时还有点放肆。两位先生,萧先生恰似中国的烈酒茅台,启封满屋香,让人如痴如醉;王先生好比英格兰威士忌,幽香沁脾,如果一饮而尽,则不得其味,须小口品呷始生回肠之醉。用一句中国古代哲学家的话不恰当地表述,萧先生是恭敬之威,王先生是道德之威。

走过不惑之年以后,我每每感到,王先生对我的影响至少有两个方面。一是学术上的那种深入浅出的境界。年轻时,很容易认为深入浅出是一种平凡,更喜欢追求那种曲高和寡的高深。但随着人生和学术的推进,终于认识到这是一种化境,一种绚烂之极,是平坦的化境。萧先生那种一言让人顿悟的智慧固然是至境,这种至境也可以转化为一种至情和至性,但这是一种"道可道,非常道"的至境,一般人如果邯郸学步,只能是"以其昏昏,使人昭昭",不抄得三年药方,只能落得个东施效颦的悲局。王先生的深入浅出,似一种大巧若拙,大智若愚的真境,没有浓厚的学术积淀,不但不可学,而且不可知,误以绚烂为平坦,误将化境当凡界。在研究和讲习中,每当试图将一个难"道"、不可"道"的东西"道"出而又"道"不出,或"道"出了弟子们难懂时,我总是想起并由衷地感佩这种化境。第二个方面的影响是为人的那种笃厚与宽容。与先生交往的人都有一个感觉，先生好似一尊如来，其实他的心更像如来。在我的印象中，先生对弟子、对他人，从来不愠不怒，始终宽厚地微笑着，即使批评，也是轻轻的但是贯穿了某种理解的责怪。我们上学时，教授还不多，傍晚时分，总是看到先生挎着小篮在市场买菜，典型的一个布衣教授。我留校工作后，王先生作萧先生的副手，实际主持日常工作。那时还没有电话，遇上开会或有急事，先生总是爬上每一家的高楼，逐个通知。记得在后期，先生有一次开会时说，我这把年纪（当时已近六十），爬不动，有个电话就好了。可当时电话是一种身份，到从副系主任岗位上退休，先生终未盼到一部电话，倒是我这个刚出茅庐的学生，因为赶上时机，不久学校就给安了电话。现在想起来，我常常为此感到不安。入世做事，出世做人，可能是对先生比较恰当的概括。正是这种品德，使先生担任江苏省伦理学会会长达 20 年之久。先生的为学为人，常常给我警策。在我的主观意愿中，我总是思辨性想将萧先生和王先生的这些令人仰慕的东西兼收并蓄，无奈终未得其真传，虽未落得邯郸学步，却也未成正果。

　　眼前这部书是王先生在 1986 年左右给我们讲课的一个讲稿。多年来，我一直存有想将先生当年的讲稿出版的愿望，但先生于 20 世纪末生病，虽在师母的百般呵护下不断恢复，但毕竟已近 80 高龄，且事情已过这么多年，实属不易。这次我校伦理学科"985 工程"建设，我斗胆向先生提出请求，先生如当年那样宽厚地应允。经过两年，不知克服了多少困难，先生将这部凝结着心血的书稿放到我的手上，我感到沉甸甸的，因为它不仅是一部心血的结晶，更是一部历史，一部不应该忘却的历史。这部书既然已经呈现出来，自然无须我的评介，我也无德无能去评介。我想提醒的是：其一，这是先生 20 多年前的讲稿，放到 20 多年前中国伦理学发展的历史中，这部书的学术价值当不言自明；其二，这部书虽是讲稿，却是一般教科书所不可比，它实际上探讨的是道德发生，即由具体到抽象再到具体的辩证过程，在体系上渗透了哲学的辩证法。也许，有了这两点，我们对它的把握会更直接，也更合宜。

"道之所存，师之所存"、"尊德性，道学问"就是我当下的感悟。

樊　浩

2007 年 5 月 21 日敬识于东南大学"舌在谷"

目　　录

绪　论

谁都希望有一个美丽的人生，但如何去描绘人生的画卷，最好能提供一个人生选择的思考。在本书展开之前就阅读目的、指导原则和内容梗概简论一二，当不无裨益。

一　伦理学是人生的智慧

《说文解字》说："伦，辈也。"辈就是等级类别的意思，故人伦就是人与人之间的关系。伦理学就是人与人关系的规则、道理的科学。在中国古代伦理与道德是相通的，伦理学也就是道德学。

道德这两个字最早是分开的，后来才连用。《庄子·渔父》说："道者万物之所由也。"朱熹则说："人所共由谓之道。"可见道有两个用法，用在宇宙中是规律的意思，用在社会人生上是当然、应当的意思，是人的行为准则，孔子说到道的时候就分天道和人道。人道就是做人的道理，行为的准则。

"德"最初见于周书，指内心的情感信念。后人则往往这样解释："德者得也，得其道于心而不失之谓也。"（朱熹《四书集注》）其弟子陈淳更明确说："德是行此道而实有得于吾心者。"

（《孟溪字义》）陈淳还说："道是公共的，德是我所有的。"由此说明"德"是指个人品德。

从古人解释可见，道德具有双重含义。其一是社会的行为规范，其二是个人品德。如果把伦理和道德两个概念区分使用，则伦理是指社会的伦理，而道德为个人的道德。

伦理学是古老的科学，在中国和西方都有悠久的历史。几千年来虽然形式不同，争论不断，但一直经久不衰，而且日益进步日益丰富。伦理思想的历史，就是人类对道德现象的认识不断深入发展的历史。

在西方，伦理学本是哲学体系的重要部分。斯多噶派的哲学就分为物理学、逻辑学和伦理学；伊壁鸠鲁的哲学就包括物理学、准则学和伦理学；中国哲学的特点是紧密结合伦理问题，一部中国哲学史也可以说就是伦理思想史。蔡元培说过"伦理学是我国古代唯一发达的学术"。

伦理学历史所以这样久远并日益发展，因为它是关于人的科学。人要认识世界也要认识自己，古希腊悲剧家索福克勒斯曾说："世界上奇珍异宝真不少，像人这样美妙却难找。"在苏格拉底时代，希腊哲学就开始转向人生的研究。18 世纪法国启蒙思想家卢梭说："我觉得人类的各种知识中最有用而又最不完备的就是关于人的知识。"当然，有各种各样关于人的知识，有生理学、心理学、医学、教育学和人类学等等。但最重要的一个方面是对人生目的、人的行为价值和怎样成为一个道德上完善的人的知识。培根说过很深刻的话。他说："历史使人明智，诗歌使人俊秀，数学使人严密，科学使人深刻，伦理学使人庄重，所有这些，都能陶冶性格。"所以伦理学在人对自身认识中占有中心位置。

道德领域是广泛而复杂的，因而伦理学内容十分丰富，绝不仅仅是若干道德规范。道德不是存在于人以外的，人不仅是道德的直接主体，而且"道德是确定人之真正为人以及提示和实现人的社会本质的最重要方面"（阿尔汉格尔斯基）。几年来的道德建设实践证明，要形成良好的社会道德风尚，必须立足于社会个体，从而一个突出而又研究得很少的问题就被提出来了，这就是个体道德或个体德性。

道德是以个人形式表现的。马克思早就说过，个人是"人这个物种的表现形式"，社会联系的主体不是抽象概念，"而是作为现实的、活生生的、特殊的个人"。作为社会关系特殊形式的道德关系，当然也是以个人形式表现出来的。

研究个体道德，必然要深入到道德的微观领域。首先是行为，行为是个体道德的外部表现，也是形成道德关系、道德价值的客观基础。而行为价值理论又和道德选择理论密切联系。从亚里士多德以来，道德选择理论被视为伦理学的基础，康德和黑格尔也有这样的思想，所以恩格斯做出精辟的概括：如果不谈所谓自由意志，自由和必然的关系等问题，就不能很好地讨论道德和法的问题。沿着这条思路，本书对道德选择理论作了多方面开掘，阐发了道德选择中主体选择的特殊地位和主体能力的特殊要求，特别进一步探索了主体选择此种特殊地位内在规定性。道德选择的这些方面，对深入理解道德的本质和功能不无裨益。

其次，行为是内部心理状态的外部表现，研究的进一步深入，必然要向内在的道德意识结构过渡。道德选择也即个体自我调节过程，这个过程正是道德意识各成分的功能相互作用过程。本书在个体道德意识生成研究中，展示了各种意识成分功能上的联系，特别把道德情感提到重要位置。传统伦理学较少研究道德情感，或把道德情感笼统地归结为人的高级社会性情感，本书对此有新的认识，并深刻阐发了道德情感的本质和功能表现。

当然，个体道德与社会伦理是紧密联系的，个体道德以社会伦理为根据与方向，社会伦理即寓于个体道德之中，通过个体道德而实现。重要的问题是如何发现和探究两者的真实联系。

经济发展可以作为意识产生的实践基础和物质前提，但并不直接构成道德意识的内容和形式。考察道德意识问题不能停留于此，应当在实践基础和物质依据之上，考察道德意识自身的运动。任何社会意识形式都表现为个人意识和社会意识两种相互联系的形态，由于道德的不同特点，更加突出了二者的相互联系和相互作用的关系。在其生成和历史更替过程中，除了经济基础的演变为其决定动力以外，个人意识与社会意识的辩证运动，则是其直接的运作机制。丰富多彩的理与情交融，结构复杂、组合巧妙的道德意识，其生成与变动的全貌，不可能由经济决定所完全概括，也不可能由经济决定所全部揭示出来，只有深入到意识本身，即从社会意识与个人意识到意识本身，即从社会意识与个人意识的各自内涵及其互动关系，才能揭示道德意识在实践基础和经济交织中的全部运作过程。

对个体道德意识生长的重视，应当特别强调道德内化问题，道德内化实质是社会道德意识和个体道德意识辩证联系的中介环节。无论构建社会道德意识或个体道德意识，都不能忽视道德内化这一重要现象。作者审视传统伦理学的一些重要道德范畴，发现如果加以新的阐发，可以作为道德内化的范畴，成为道德内化过程的发展阶段和内在动因。同时，根据道德实践和已有的理论论述，发现审美在接受社会道德中有其特殊作用，可以概括为善美范畴，一并列入内化范畴体系，从而更加丰富了道德内化的规律，相信都会对道德自我的成长或有效的道德教育产生很大的作用。

德性问题是伦理学的重要问题，它就是传统伦理的道德境界问题，为思想家们所一贯重视，被认为是伦理学的基本内容。本书特点在于，从社会和个人两方面规定德性的实质和形成。首先肯定了德性的社会性和个体性的统一，德性素质构成的社会因素和个人因素的统一；其次提出了德性生成的主客体互动以及意识与活动统一的原则。在这一研究中，哲学方法与心理学方法的糅合应用，不仅丰富了理论内涵，而且提供了人格塑造的现实途径和方法。德性问题的研究不仅对个体道德水平的提高极为重要，而且对道德建设有重要意义，有效的道德建设，必须坚持把社会化和个性化结合起来并且根据道德内化规律进行个体德性的塑造。这是道德现象的实质所在，也是伦理学的根本目的。

但是道德的一切现象和活动，归根到底是最终目的的问题。道德的工具性理论并未穷尽其本质内涵，在其更高层次上，是社会至善和个人至善，是人的自由精神的升华，因此终极目的问题始终是令人向往的。古希腊以来西方伦理思想都包含着作为道德目的的人生目的或至善范畴，张岱年在考察中国古代伦理学说后指出："自古以来所讨论的问题虽然很多，实则可析别为两大类问题，其一为道德现象的问题，其二为关于道德理想和道德价值问题。道德现象问题是把道德看做社会历史现象，从而考察探索道德演变的客观规律。道德理想和道德价值的问题，是规定行动的指针，生活的目标，设定人生的理想，当然的准则。"①

所以伦理学绝不仅仅是关于道德规范的理论，道德也不仅仅是几条规范。伦理学应当有丰富的内容，它要给人指出人生目的和价值，作为人们道德行为的终极目标，而对人的本质或人性的解释，以及由此而对人生目的的探索，则构成了伦理学的基础和前提。阿尔汉格尔斯基曾经指出："伦理学作为关于道德的学说，

---

① 张岱年：《中国伦理思想研究》，上海人民出版社 1989 年版，第 18 页。

其目的是作为人的生活和自我分析的指导，要指出生活的目的和意义。"

本书专门探讨了作为道德和伦理学的终极目的问题。从历史的回顾及道德的追索，一直到探寻人生的真谛，深刻揭示了道德与人生的联系。最后还以终极境界的魅力，阐明树立人生目的对实现人生完善的重大意义，最终证明了伦理学是解决人生目的，实现人生幸福的理论体系，完全可以称之为"人生的智慧"。

二 伦理学的出发点

伦理学的出发点问题是伦理学的根本方法问题。科学的伦理学必须有科学的研究方法。我们不论做什么事都得有正确的方法。"我们的任务是过河，但是没有桥或船就不能过。不解决桥或船的问题，过河就是一句空话。"① 许多思想家都强调方法的意义，指出正确的方法在科学研究中的作用，培根将方法比作在黑暗中给路人照亮的明灯。他还说过这样的话："沿着正确路线走的跛子，甚至会胜过没有确定方向的乱跑的人。"② 此句强调了方法的决定性意义。

方法并不是主观臆想、凭空制造的。科学理论是方法的前提。正确的方法来源于正确的，经过实践检验的科学理论。任何一种科学理论，既是反映现实规律性的东西，同时又指出应该怎样去思考相应领域的新现象。所以，实际上方法是以往科学研究中形成的理论，反过来成为今后科学研究的出发点。

---

① 《毛泽东选集》第1卷，人民出版社1964年版，第125页。
② 培根：《新工具》第1卷，商务印书馆1984年版，第61页。

　　伦理学的根本方法是哲学方法，哲学方法直接同哲学世界观相联系。马克思主义哲学辩证唯物主义和历史唯物主义，既是世界观，又是方法论。因此马克思主义伦理学在其方法体系中，最根本、最重要的是马克思主义的哲学方法，它规定着伦理学研究应当遵循的根本出发点。

　　在伦理思想史上，人们总是以人为伦理学的出发点。即使宗教神学伦理学也是以人为出发点的。不过它认为神高于一切、主宰一切，而人是渺小的，只能听从神的摆布。所以人类的最高目的是灵魂同上帝结合，人在认识上帝、皈依上帝中实现真正的自我，即他的完善和最大幸福，近代那些唯物主义哲学家的伦理思想则在反对宗教神学中更加突出了人是社会伦理道德研究的出发点。爱尔维修认为："人的实质乃是理解社会生活的钥匙。"[①]霍尔巴哈则更明确指出："道德或关于义务的科学只有在研究了人的本性以后才会理解。"[②]在中国历史上，长期以来对伦理道德的认识和研究是同人性善恶问题联系在一起的。主张性善者把道德看做是先天的、生而具有的；主张性恶者视道德为后天形成的。其他还有主张"性善恶混"、"性无善无恶"的，也都是以人为伦理学的出发点，差别只是对人和人性的解释不同。

　　从表面看来，这样的研究方法似乎是正确的。因为道德等等社会现象归根结底都是人的活动，要解释这类现象不能不归结到人。然而人不是抽象的，问题的关键还在于怎样理解人。人是什么？人的活动是什么？以往的伦理思想家们并不真正理解人。他们往往从自己所理解的人出发，建立各自不同的伦理学体系。除宗教伦理学认为人是虚幻的因而实质是从神出发外，那些从人出

---

①　《十八世纪法国哲学》，商务印书馆1963年版，第478页。

②　费尔巴哈：《健全的思想》，商务印书馆1966年版，第9部分，第169页。

发的伦理思想往往把人看做是自然人，仅仅看做是同其他生物一样的自然物，而又由于他们或者重视人的感性欲望，或者重视人的理性思维，他们的伦理思想分别成为感性主义和理性主义两派。这种情况正是马克思在《德意志意识形态》一开头所作的历史概括："人们迄今总是为自己造出关于自己本身，关于自己是何物或应当成为何物的种种虚假观念。"①　因而，人是伦理学的出发点的命题是抽象的、不确定的，不是科学的根本方法。

诚然，我们不能把人理解为抽象的人，但是要"从抽象的人转成现实的、活生生的人，就必须把这些人当做在历史中行动的人去研究"。②　正是马克思完成了这个转变。马克思《1844年经济学—哲学手稿》中突出的哲学成就，就是关于人的本质的阐述，以及由此形成的一系列重要的历史唯物主义原理。

马克思这样阐述人的本质，他说："人的类特性恰恰就是自由的自觉的活动"，"生产生活本来就是类生活"。还说："整个所谓世界历史不外是人通过人的劳动而诞生的过程"，"实际创造一个对象世界，改造无机的自然界，这是人作为有意识的类的存在物的自我确证"。③　在这里人是"类"的存在物是马克思沿用了费尔巴哈的术语。费尔巴哈的"类"原意是指人的共同性。马克思却赋予了完全崭新的内涵。认为人之所以是个"类"存在物，并不是由于他们的自然属性的共同性，而是由于"自由自觉的活动"即人的劳动、人的生产生活。事物的规定性即在于它与他物的区别性。劳动是人的生命活动，正是劳动把人与动物区别开来。特别是事物的本质要通过它的对立物而深刻地展现出来，脱

①　《马克思恩格斯全集》第3卷，人民出版社1960年版，第15页。
②　《马克思恩格斯全集》第21卷，人民出版社1963年版，第334页。
③　《马克思恩格斯全集》第42卷。

离了人的改造对象的创造性活动，脱离了他创造的对象，就无法理解人的内在的本质。马克思论证说："太阳是植物的对象，是植物确证它的生命的对象；正像植物是太阳的对象，是太阳唤醒生命的力量的表现，是太阳的对象性的本质力量的表现一样。"① 对于人来说，"正是通过对对象世界的改造，人才实际上确证自己是类的存在物"。在他创造的世界中直观自身，而随着人的创造活动的日益发展，更清楚地展示了人的本质。马克思一再强调："工业是人的本质力量的公开的展示。"② 可见，马克思这里的思想是很明确的：劳动或实践是人的本质。

在《关于费尔巴哈的提纲》中，马克思提出："人的本质并不是单个人所固有的抽象物。在其现实性上，它是一切社会关系的总和。"这里"单个人所固有的抽象物"，是指费尔巴哈所说的单个人的自然属性的共同性，是人的类的存在。马克思要说明的是，人的本质不是人的自然属性，而是社会关系的总和，是人的社会属性。那么，"人的本质是一切社会关系的总和"与人的本质是劳动、实践，两个提法是否矛盾呢？假如我们的分析深入到它们的内在联系上就会发现它们并不矛盾，恰恰是全面揭示了人的本质。因为人的劳动和人的社会关系是密切联系的，人们只是为了从事生产，才结成社会关系，而只有在社会中也才能从事生产。其实，马克思在《1844年经济学—哲学手稿》中谈到人的本质是劳动时，并没有忘了人的社会性本质。他说："自然界的人的本质只有对社会的人说来才是存在的。"而在《关于费尔巴哈的提纲》中，每一条都提出实践的问题。当然，认识是个过程，就马克思思想来说，《手稿》处在转变过程中，《提纲》则完

① 《马克思恩格斯全集》第42卷，人民出版社1979年版，第168页。
② 同上书，第128页。

成了转变，详细表述是在《德意志意识形态》中。当《手稿》谈到社会性时还没有明确社会关系，《提纲》则指出"一切社会关系的总和"，这一论断包含了丰富的思想。首先，因为社会关系是在生产基础上形成的，因此这一论断内在地包含了生产力和经济关系的决定作用，以及随着生产力的发展经济关系及一切社会关系随之变化的思想；其次，由于社会关系是历史的具体的，因此这一论断也包含了存在着不同社会阶段和不同社会关系的人，人是具体的、现实的和历史地变化的思想，这点极为重要。如果仅仅认识到人的本质是劳动，而看不到人的社会关系，那人还是抽象的，不是具体的历史的人。当然社会关系的存在、发展和变化，归根结底又是劳动生产或人的实践活动决定和推动的。二者是相互包含、相互作用而不可分割的。看到人的劳动本质，同时也就看到人的社会本质；反过来，在看到人的社会本质时，必然同时也看到社会关系内含的劳动、实践的意义。

马克思正是抓住了人的本质在于生产劳动及其相应的社会关系这样一个根本性的观点，解决了两个方面的问题即人和自然的关系以及人与社会的关系。在人与自然关系上，人既依赖于自然，但又通过劳动而使自然人化，使自然表现为人的作品，表现为人的本质的对象化。在人与社会的关系上，首先一点是，人的存在和活动都是在社会关系之中，从而人和人的活动都是社会性的。由此引申出社会存在决定社会意识的原理。另一点是个人与社会的关系。个人是什么样的，取决于他们进行生产的物质条件和社会关系。个人不可能脱离一定的社会历史条件和社会关系。如果抽掉了个人的社会关系和一定的社会历史条件，就会把人的意识描绘成历史的动力。当然社会关系、物质生产又不是脱离个人的活动，它们都是个人活动的产物。二者是相互依存的关系，但其基础和前提，仍然是社会及其物质生产。正是在这两方面的

关系中，生长出生产力和生产关系及其相互关系是人的发展和社
会发展的原因和动力的思想，以及一系列历史唯物主义的原理。

　　所以马克思理解的人，是在社会关系中活动着的现实的人。
正是由于人不是抽象的人，研究社会现象就不能抽象地从人出
发，而恰恰应从决定人和社会的面貌、人和社会发展的规律，可
以说明人的生活、人的思想、人的活动的物质生产及其社会关系
出发。从抽象人出发，不能说明什么问题，也不能提供人应该怎
样行为的方法、途径和目标，而物质生产及其社会关系则是人形
成、存在和发展的基础，同时也是人的存在和发展的表现。从物
质生产及其社会关系出发，才是真正具体的从人出发，能够说明
人的问题，能够说明人的一切活动现象及其规律，并提供人应该
怎样行为的方法和途径，使研究人的理论成为科学。

　　经过这样一番分析，再回到开头所提出的伦理学的出发点问
题上来，很明显结论应当是：作为道德这种社会现象或社会意识
现象的理论的伦理学，它的出发点不可能是抽象的人或抽象的个
人，或个人的抽象需要，只能是决定人之为现实的活生生的人的
社会历史条件，具体讲就是社会物质生产及其相应的社会关系，
这是伦理学研究的根本方法。当然道德是社会意识现象也是个人
的意识现象，伦理学不能不研究意识问题，甚至个人的活动和意
识问题，但是这些都必须放在物质生产及其社会关系的基础上，
才能正确理解和说明。出发点仍然是后者而不是前者。

第 一 章

伦 理 底 蕴

伦理底蕴即伦理的本质和根本内涵，由它规定着伦理道德的运动规律和社会功能，规定着千姿百态的伦理生活现象。对它的认识和解决，影响、决定其他一切伦理问题的认识和解决。伦理底蕴的探索是伦理学研究的基础和前提，也是社会道德建设和个人道德实践的一个带有全局性、方向性的问题。

一 伦理学的第一原理

伦理学的第一原理也即根本原理，所谓"第一"是在决定性意义上使用的。它是就伦理学众多理论原理的相互关系而言，也是就其对整个伦理学理论体系建构的作用而言。具体说来，第一原理所涉及问题的解决决定着其他一切伦理问题的解决，决定着整个理论体系的展开路线和发展方向，该理论体系所有原理都以它为根据，都是在它的基础上建立和展开的。因此，所谓第一原理，是指学科理论体系中具有最终决定性质的原理，是整个理论体系的基石。譬如哲学以世界本原问题的解决为基础，关于世界的本原是物质的还是精神的理论，决定了两种根本不同的哲学体系，即唯物主义哲学与唯心主义哲学。物质第一性与精神第二性原理成为唯物主义哲学的基石。

那么，伦理学中的第一原理是什么呢？我们认为是关于道德本质的理论。首先，从伦理思想史角度考察：宗教神学主张神创论，认为神创造一切、主宰一切、而人是渺小的，只能听从神的摆布，当神的奴仆，所以人类的最高目的是灵魂同上帝融合，人在认识上帝中实现真正的自我，即他的完善性和最大幸福，这样，宗教伦理学把道德的根源归之于上帝的启示或安排，道德就是对上帝的态度，信仰为善，不敬为恶。

唯心主义哲学主张意识第一性物质第二性，这一派思想家的伦理学理论把道德的根源归之于外在的抽象的精神或人先天固有的理性，所谓善的理念、绝对精神、纯粹理性，在中国是所谓天理或良知良能。道德无非是这些先验的观念、原则的体现和实现。

具有唯物主义自然观的思想家，反对天赋观念论，但往往以自然人性论来解释道德的本质。他们从单个人的生理和心理需要去理解道德现象，认为道德是人的"趋乐避苦"、自我保存需要求得满足的表现。道德即人性，快乐是善，痛苦是恶，"幸福生活是我们天生的最高的善"。

从各派伦理思想的根本分歧可以看出，它们的分水岭在于对道德的根源和本质的理解。古希腊伦理思想在其发展过程中，就是围绕着"什么是善和至善"这个根本问题展开的。中国古代关于"人性善恶"、"理欲之辨"、"义利之辨"的长期争论，实质上也是各派伦理思想家，围绕道德的根源和本质问题争论而展开其伦理思想的表现。

其次，从逻辑上说，伦理学的第一原理也不能不是关于道德本质的理论。这里需要从两方面进行分析：第一，道德本质问题，集中体现了伦理学的哲学基础。因为"揭示任何一种特殊现象的本质，必须基于对世界的普遍解释，以及对该现象在世界上所处的地位的解释"。要确定道德现象的本质，必须确定道德在整个世界秩序中的地位，涉及物质与精神、社会与自然、自由与必然等哲学原则。所以，道德本质问题是伦理学同哲学联结的中心点，是哲学基本问题在伦理学的应用。道德本质原理的这一哲学特征，决定了它在整个理论体系中的地位。这就是说，道德本质理论作为世界观的问题，作为同哲学基本问题直接联系的问题，在伦理学中无疑是最普遍、最一般的原理。按照普遍原理是具体理论的指导原则，具体理论是普遍原理的展开，从而可以确保理论体系的一致性和完整性这一方法论原则，道德本质理论应当处于决定一切的地位。马克思正是在唯物史观基础上确定了关于道德本质的科学原理，伦理学的其他原理就在此基础上一一确立起来。马克思主义关于道德本质的理论是伦理学一系列变革的基础和前提，充分证明了道德本质理论是伦理学的第一原理。

第三，道德本质问题的解决模式，直接关系到伦理学理论的展开思路。伦理学的研究对象是道德，很显然，对研究对象没有认识清楚，具体的研究当然无从谈起。只有对道德本质的透彻了解，才能发现其多个方面的联系和相互作用的规律，建构完整的伦理学理论。伦理思想史也证明了，对道德本质问题的回答，即使不明确或不正确，也会成为解决伦理学所有其他理论问题的前提和根据。道德本质问题的解决，预先规定了整个理论体系的方向。各派伦理学正是由对道德本质问题的不同解决而区分出不同性质的理论体系，强调精神人性和道德的理性本质，就构成禁欲主义与理想主义的伦理学；强调自然人性和道德的生理欲望本质，则构成快乐主义、幸福主义或功利主义的伦理学。此外道德本质理论，也紧密联系着各项具体伦理问题的解决。主张"仁义礼智根于心"，必然在道德修养上强调"反求诸己"，"心之官则思，思则得之"。反之，主张道德在于"化性起伪"者，则强调"善伪假于物"、"注错习俗，所以化性"。整个理论循着对象模式而展开，概莫能外。

伦理学的第一原理也就是伦理学的基本问题。回顾近几年来伦理学界发生过关于伦理学基本问题的争论，有的提出道德与利益的关系问题是伦理学的基本问题；有的认为伦理学基本问题是道德与社会历史条件的关系问题；有的则认为善恶问题是伦理学的基本问题，最后得不到一致的认识。实际上，争论各方提出的种种见解，无不都是在道德本质范围之内。因此所有这些不同意见，貌似对立而实为互补。只是由于论者对道德本质的理解过于狭窄，各持一个片面，因而发生了不同意见的争论。然而通过这场争论，恰恰证明了伦理学的基本问题或第一原理不是别的，正是道德本质的原理，同时也证明了需要对道德本质作全面的考察和完整的理解，才能得到关于伦理学基本问题的统一。

二 特殊的社会意识形式

如前所述，伦理学的出发点不是抽象的人，而是使人成为现实的人的社会历史条件，即物质生产及其相应的社会关系。那么对道德本质的研究，就不应从个体人的生理或心理出发，从抽象的人性出发，而应从人的社会实践出发，从社会关系出发。从社会实践和社会关系出发，就可以联系道德的起源，即道德是怎样产生的来揭示道德的本质。

从人的社会实践出发和社会关系出发，首先我们看到的是，人类存在和发展的过程，是在物质生产基础上的共同的社会生活过程。人类在社会中生产、生活和发展，就必须协调彼此之间的活动，形成和保持一定的社会生活秩序。马克思说，调节和秩序是任何社会生存的条件，这是人类社会的根本特点。动物之间存在是自然秩序，即弱肉强食、适者生存，是盲目的自然规律的自然调节。人类的社会秩序则相反，是合作和协调，运用整体的力量同自然作斗争。达尔文在《人类的由来》一书中强调人类协调的重要性。赫胥黎也指出人类社会的进化不同于生物的进化，人类必须借助于人的自我约束来控制人的"自行其是"。正是协调人们之间的活动，调整好社会关系，以维持一定的社会生活秩序，才产生了道德。

当然，调节和秩序虽然是任何社会生存的条件，但道德却是经过漫长的过程由人类社会早期的习惯发展而来的。就是说，最初是群居的本能和狩猎、防御敌人这些简单合作，形成了维持这种状态的传统和习俗，这是与人类的意识水平相一致的。这时的意识水平，就如马克思所说，是"绵羊的意识"或"意识到了的本能"。但是，"劳动的发展，必然促使社会成员更紧密地互相结合起来。因为它使互相帮助和共同协作的场合增多了，并且使每个人都清楚地意识到这种共同协作的好处"。正是人的社会实践，社会生产的发展和社会关系的复杂化，进一步提出协作和秩序的要求。实践也使人们的意识提到自觉的水平，于是习俗就过渡到道德。正如恩格斯的考察："在社会发展某个很早的阶段，产生了这样一种需要：把每天重复着的生产、分配和交换产品的行为，用一种共同规则概括起来，设法使个人服从生产和交换的一般条件，这个规则首先表现为习惯，后来便成了法律。"①

这样，从道德起源可以推知：既然道德来自人类自身维持生产、分配、交换产品的共同秩序，也即经济关系的需要，归根结底也就是反映着社会经济关系的要求，从而揭示了道德是一定社会经济关系决定的社会意识形式。这是道德的社会决定方面，构成了道德的社会本质。

道德的社会本质是根本的本质，但也是一般的本质，是所有社会意识形式如政治、法律、宗教、艺术等等的共同本质。如果仅仅停留于此，还不能具体地、全面地、透彻地了解道德的本质。因为一般存在于个别中，但"任何一般只是大致地包括一切个别事物，任何个别都不能完全地包括在一般之中"。② 因此还应当研究道德的特殊本质。

再说，任何一个具体事物，都不会只具有单一的本质。马克思说："具体之所以具体，因为它是许多规定的综合，因而是多样性的统一。"③ 这说明本质应是多样性的统一。列宁也明确指出本质的层次，他说："人的思想由现象到本质，由所谓初级的本质到二级的本质。"④ 我们若要透彻地认识道德的本质，就必须超越原来只承认一种本质的局限，遵循上述辩证的方法，去发现道德的多方面本质。阿尔汉格尔斯基在《伦理学研究方法论》一书中对此也提出了类似的方法。他说："从系统论的观点看，道德本质也是个系统。系统性的所有这些方面，互相补充，展现道德统一整体的多层次结构，防止把系统的某一方面、某种观点

---

① 《马克思恩格斯选集》第 2 卷，人民出版社 1972 年版，第 538、539 页。

② 《列宁选集》第 2 卷，人民出版社 1960 年版，第 409 页。

③ 《马克思恩格斯全集》第 2 卷，人民出版社 1995 年版，第 18 页。

④ 《列宁全集》第 55 卷，人民出版社 1990 年版，第 190、213 页。

绝对化，而应看作是一个统一体，看作是整体范围内相互补充的一些不同方面。"①

我们研究道德的本质，深入把握其底蕴，首先应当确立这样一个前提信念：道德本质是全面的，既有根本的一般的本质，又有它特殊的不同层面的本质，并把它们看做有机整体内相互补充的不同方面。为此，我们在肯定道德的社会本质以后，还必须进一步探索道德本质的其他方面。

三 特殊的价值定向形式

事物的特殊本质是由其本身的特殊矛盾规定的。道德作为社会意识形式，善与恶是其特殊矛盾。就是说，它与其他社会意识形式不同，是以善恶形式反映社会存在的。如何剖析揭示道德的这方面内涵，即怎样认识善恶矛盾，从而探究道德的特殊本质？

1. 善恶反映人在价值世界的基本趋向

观察善恶矛盾，仍然要遵循方法论的活动原则，从人的实践活动出发。在社会实践中人们与外部世界一方面发生认识关系，同时发生价值关系。因为在社会实践中，人们既需要认识，更需要价值取向，社会实践总是为满足某种需要而展开的，实践的基础，认识的基础都在于价值的追求。道德就是一种价值取向。人们在社会实践中，根据社会共同生活和个人活动的需要，对人们的行为、活动、关系，进行价值评价和价值定向，给予肯定或否定，这就产生了善与恶的问题。

---

① 《伦理学研究方法论》，中国广播电视出版社1992年版，第228页。

　　善与恶是一对价值范畴，它们反映人在价值世界里的某种基本趋向，或明确地说，是反映伦理道德方面的基本价值趋向。作为具有需要的主体的人，面对的是一个价值世界，总是处于价值世界之中，无时无刻不进行价值定向。在人类早期，虽然还没有善恶的定向，但生活中的价值定向总是存在的。那时候，对于人们的行为、活动、关系，原始人只是做出有利、有害，或好与坏的判断，表示赞成或反对。人种志学的材料证明，善恶概念是从原始人识别"有利"和"有害"的活动中发展而来的。拉法格在《思想起源论》中考证，在拉丁文中"善"这个概念的原意是财富（即有利）。在中国，"善"从"羊"从"口"，说明也是与利益相联系的。后来，随着实践和社会交往的发展，社会关系的扩大和深化，人们的意识也发展了，才在价值活动中发展了道德这种形式，即以善恶进行价值定向。

　　达尔文在考察原始人类道德意识的发展时指出："野蛮人对行为的判断，哪些行为是善，哪些行为是恶，完全要看它们是不是显然地影响到部落的福利"，这是社会群体以善恶进行价值定向的写照。这种价值定向，完全是为了社会群体的共同利益。达尔文还认为，即使在人类早期，"社群所表达出来的意愿，自然而然地在很大程度上会影响每一个成员的行为"。[①] 其所以如此，固然有社群、父母的教育影响，但更重要的是，作为社会性的人，作为生活于社会、不断进行社会交往的人，不能不考虑社群的价值导向。因为一方面，人有社会交往与归属的需要（达尔文称之为"社会性本能"），另一方面社会生活造就人们"爱誉恶毁"之情，迫使他们以社会的价值为价值，以社会的准则为准则。因此达尔文强调，"德操的发展是由我们同辈对我们的毁誉

---

　　① 《人类的由来》，商务印书馆 1983 年版，第 182 页。

所提供的"。① 表明了社群的善恶评价如何转移为个体的自我评价，表现了人们（社会和个人）在社会实践中广泛的善恶价值定向，而这个价值定向过程，同时就是道德意识生成和发展的过程。由于善恶判断是一种评价，而评价也是一种反映形式，所以突出地表现了，道德作为社会意识形式，是以善恶判断的形式反映社会存在的，从而表征了道德的特殊本质。

由上述分析不难得出这样的结论，道德是一种特殊的价值定向形式，道德具有价值性本质。而从伦理学理论本身来说，正是善恶范畴突出了伦理学的价值论性质。

善恶矛盾是道德的特殊本质或者说是道德本质的一个重要层面，正是它显示道德之所以为道德。理所当然地，它在伦理学中处于核心地位。因此自古以来，善与恶一直是伦理学最基本的范畴，成为伦理学研究的中心问题，摆在十分重要的位置，各派伦理学都对这个问题做出自己的回答。历史考察表明，所有伦理学体系都以善恶观念为基础，都是围绕善恶矛盾展开的。从古代的柏拉图、亚里士多德、斯多噶派直至近代的康德等人。"善"是康德伦理学《实践理性批判》研究的问题，他明确指出："善恶是实践理性的对象概念。"善恶范畴在马克思主义伦理学中同样具有中心的地位。善恶矛盾在伦理学中具有如此突出的地位，难怪前几年国内理论界在讨论伦理学的基本问题时，有人提出善恶矛盾是伦理学的基本问题，这是很有见地的。

伦理思想史上这种对善恶问题的一贯重视，不可否认，确实反映了它是道德本质的重要方面，古往今来众多思想家并不都是在胡说，他们对道德的本质方面逐渐获得了相当深刻的认识。然而，话得说回来，他们的问题和缺陷在于，没有能够把道德本质

---

① 《人类的由来》，商务印书馆 1983 年版，第 203 页。

的这一方面（或特殊本质）置于道德的社会本质（这是根本性本质）的基础之上，相反，使善恶问题脱离人们的社会实践，脱离社会历史条件，变成抽象的不可捉摸的东西，从而歪曲了道德的本质，由此建构的伦理学体系，从根本上讲也就不是科学的了。

所以我们必须强调要全面地认识道德的本质，强调道德的社会本质是根本的本质或一级本质，善恶价值本质从属于社会本质，是道德本质的一个层面或二级本质。为此在善恶问题上必须进一步确立另外两个重要的观点。

2. 善恶的根据与根源

善与恶是所有伦理学的共同基本范畴，也是中外伦理学的传统的范畴，可是对其内涵与根源的解释，却是形形色色，莫衷一是。有的把某种普遍原则看做善的根源，如柏拉图的"善的理念"，黑格尔的绝对精神，中国古代的"道"和"天理"，有的如宗教学家把善的根源和根据归之于上帝，阿奎那认为"信仰上帝是善，最大的恶是对上帝的侮辱"。① 马勒伯朗士认为，神是至善的，人的意志分有神的善，所以任何意志总是求善的。而自古代至近代，一个突出的观点是把人性视为善恶的根源和根据。思想家们不是到神秘的"善理念"、"道"等外在领域寻找善的根源，而是直接诉之于人，诉之于人的本性。亚里士多德反对柏拉图的"善的理念"说，认为善是事物本性的实现，人的善就是人的本性即理性的活动和实现。孟子的性善论认为，善的根源即在人的善的本性。所谓善性即恻隐之心、羞恶之心、辞让之心、是非之心，是"仁义礼智"由之所发的四端，故曰"仁义礼智根于心"。与这种理性的人性观不同，另一些思想家把感性的欲望和

① 《西方伦理思想史》，辽宁出版社1984年版，第198页。

心理感受看做人的本性，古代西方的伊壁鸠鲁已经提出：善的根源就在于追求幸福的人性，所以"幸福生活是我们天生的最高的善"。近代西方的代表性理论则是培根、霍布斯、洛克的感性人性论。他们从人的生理和心理感受中寻找善的根源和根据，认为善就是人所欲求的、给人带来快乐的东西，恶就是人所厌恶的，给人带来痛苦的东西。斯宾诺莎也认为，只要我们感觉到任何事物使我们快乐或痛苦，我们便称那事物为善或者恶。他们从人本身寻找善恶的根源和根据，的确是向问题的解决接近了一步，然而由于他们抽象地理解人，终于不能找到善恶的真正根源。

1846 年，马克思与恩格斯在他们合作创立唯物史观的著作《德意志意识形态》中指出："人们是自己的观念、思想等等的生产者，但这里所说的人们，是现实的，从事活动的。他们受着自己的生产力的一定发展以及与这种发展相适应的交往（直到它的最遥远的形式）的制约。"① 因而"我们的出发点是从事实际活动的人，而且从他们的现实生活过程中我们还可以揭示出这一生活过程在意识形态上的反射和回声的发展"。② 马克思主义根本改变了对人的本质的理解，认为不能从人的意识、欲求去解释任何意识形式。认识善恶问题必须联系形成它的社会关系和社会生活。这样，善与恶的问题就从抽象的人性问题，转为客观的社会实践问题。就是说，善与恶的根源和根据不在人的意识本身，而在外部社会物质生活过程，归根到底，善恶观念仍以人的社会实践活动为它的根源和根据。

这样一来，"道德、宗教、形而上学和其他意识形态，以及与它们相适应的意识形式便失去独立性的外观"，没有抽象的绝

---

① 《马克思恩格斯全集》第 3 卷，人民出版社 1960 年版，第 29 页。
② 同上书，第 30 页。

对的永恒不变的善恶观念，善恶的内涵会随着社会物质生活条件的变化而变化。处于不同社会历史条件和经济关系中不同地位的人们，他们的善恶观念各不相同，甚至是根本对立的，"善恶观念从一个民族到另一个民族，从一个时代到另一个时代变更得这样厉害，以致它们常常是互相直接矛盾的"。①

具体地说，社会实践的物质生产，构成一定形式的社会经济关系，经济关系则集中表现为利益关系，而个人利益与社会利益的关系又是这种经济关系的一个断面。善恶观念就是以社会经济关系为根源，以个人利益与社会利益的关系为根据。就是说，善与恶作为价值评价的形式，对某一行为方式或关系做出肯定或否定的评价，那么，评价的根据、标准归根结底是什么呢？不是抽象的人性或个人的苦乐情绪，而是社会经济关系即利益关系，是个人与社会的利益关系。简单地说，善与恶是通过评价而调节社会关系的，所以其根据，只能是利益关系。

利益是道德的基础，善恶也以利益为基础，可是这个利益并不直接是行为者的个人利益。如果纯粹是行为者的个人利益，并无善恶问题。善恶作为道德范畴，当然不能离开利益，但反映的是调节利益关系的客观要求，而并不直接反映利益。善恶所反映的是价值关系、价值取向，是利益关系的调节要求。也就是说，善恶作为价值取向，表现了利益调节中有利与不利、有益与有害的价值取向。

3. 善恶的存在是主观与客观的统一

善恶是一种评价形式，是意识对社会存在的反映形式，但它并不停留于观念形态。黑格尔在其《逻辑学》中曾指出："这种

---

① 《马克思恩格斯选集》第 3 卷，人民出版社 1972 年版，第 132 页。

包含在概念中，和概念相等并且自身包含对个别外部现实性的要求的规定性，就是善。"① 列宁阐发这一思想，写道："实质'善'是对外部现实性的要求，这就是说，'善'被理解为人的实践＝要求（1）和外部现实性（2）。"② 善是主观目的和外部现实性的统一。善既是主观的"应有"（规范、义务），作为目的，作为价值追求；善又是与外部现实性的统一（行动及其后果以及相互关系），是价值的实现，黑格尔说："善是实现了的自由。"善是道德意识、道德实践、道德关系的统一。善不能仅仅理解为主观目的，如果这个目的没有实现，它还只是主观的"应有"，还不是真正的善。只有这个目的具有了外部现实性的形式，它才是真正的善。"善意"要外化为"善行"，构成"善果"，即善的动机生成动机化行为，作用于另一主体，形成主体间道德关系，实现了外部社会伦理的现实性，才成为一个善。善意、善行和善果互相联系而统一，善就是这种主观的善与客观的善的辩证统一。恶也是一样。黑格尔说："恶也同善一样，都是导源于意志的。"③ 只要恶意通过恶行而构成恶果，就是一个恶。当然，另一方面我们也不能把善仅仅理解为外部现实性。无论善与恶，都是预定目的的实现，并不是直接的外部性。"自然的东西自在地是天真的，既不善也不恶。"（黑格尔）无论皎月丽日还是狂风惊雷，都是非善非恶的。

善恶的这一特征，显示了道德对意识的超越性。道德是意识的形式，但道德的"应然"只有在现实世界里才能达到，它要超越意识自身，走向外部世界，因而道德是一种价值活动，它是社

---

① 《列宁全集》第 38 卷，人民出版社 1986 年版，第 229 页。

② 同上。

③ 黑格尔：《法哲学原理》，商务印书馆 1961 年版，第 145 页。

会实践活动的一个方面。

由列宁阐发的这一思想，揭示了善的更高层次的性质特征，善与恶作为道德范畴，如前所述具有道德评价与价值标准的性质和功能。善是一切道德上有价值东西的最高概括，恶是一切负面价值的一般概括。对于一个道德体系来说善的内容即是一切的"应该"，即整个规范体系，恶的内容则是相应的一切对立方面。然而"善"作为实践的形式，作为主观目的和外部现实性的统一，具有社会实践的整体性价值定向形式的意义，是整体性价值目标和价值追求。它反映社会实践中的历史需要，作为价值总目标，作为社会理想和道德理想而存在。善的这一本性，可界定为社会至善，当代中国要实现社会主义的现代化、国家富强和人民共同富裕，建立社会主义的文明、进步、公正的社会，以至实现人的全面发展，这便是社会主义的社会至善。这个至善也即我们社会的共同社会理想和道德理想。对个人来说，对人生价值目标的追求和实现，便是个人至善。体现为与世界观一致的人生理想与理想人格及其实现过程，这个至善也即自我实现、自我完善。无论社会至善和个人至善，都是与人们整个社会实践活动交织在一起的，并作为总的价值目标起着导向和统率作用，构成道德的灵魂或人的基本道德立场。

四 调节相互关系的活动规范

道德作为社会意识形态的形式，是我们对其本质的一般认识，还未能同政治、法律、艺术、宗教等其他意识形态形式区别开来，还停留于一般的认识。通过对善恶矛盾的考察，我们进一步认识道德这种社会意识形式是社会实践的价值取向形式，从而深化了也具体化了对道德本质的认识。这就证明，我们确实需要从其相互联系的不同方面来全面深入地认识道德的本质。现在让我们进一步探究道德本质的其他方面。

1. 道德是人类活动的一个方面

我们继续遵循方法论的活动原则进行探索。活动原则是历史唯物主义的基石和中心范畴。马克思、恩格斯以此为根据，解释社会历史现象及其规律。"历史不过是追求着自己目的的人的活动而已。"人和社会是活动的产物，又是活动本身。但是人的活动是有自觉意识和预期目的的，并且是在社会交往关系中实现的。因此劳动、生产的物质活动伴随着观念、意识的精神活动，"思想、观念、意识的生产最初是直接与人们的物质活动，与人们的物质交往，与现实生活的语言交织在一起的。观念、思维、人们的精神交往在这里还是人们的物质关系的直接产物"。① 意识就是意识到了的存在。但是，观念、思维不仅是物质活动、物质关系的结果和产物，社会意识不仅是社会存在的反映。因为意识自身不会产生，"只是由于需要，由于和他人交往的迫切需要才产生的"。② 意识活动不过是为了通过实践活动实现外部物质世界和社会关系的某种变化。所以意识既是存在的反映，又是对存在的实践关系。

在人的目的性活动意义上，意识构成人类历史产生和发展的前提和必要条件。"社会意识不仅仅是历史过程在人们头脑中的消极反映，也是这个过程的极重要的必要的组成部分，是它自我

---

① 《马克思恩格斯全集》第 3 卷，人民出版社 1960 年版，第 29 页。
② 同上书，第 34 页。

运动和自我发展的内在条件。"① 随着实践活动的扩大和深化，人的意识也不断丰富和更新。同时它以目的和目标的形式参与实践活动，推动历史发展的进程。物质文明与精神文明是互为因果、综合发展的，人类社会由低级到高级的发展水平，正是人类智慧的结晶。"人类的我的真正的谜，在这里，就在于意识创造力的谜。"② 道德作为社会意识形式，是社会存在、社会经济关系的反映。但它不仅是社会存在的反映，道德的产生适应了社会实践的需要，就必然要加入到整个社会实践活动中去，直接作为整个活动的一部分，或一个方面。

人的活动本性与人的社会本性是一致的，人的活动与人的关系是相互联结的。社会实践活动需要道德维护、巩固或推进其赖以进行的某种关系形式。道德的这种功能是通过人们直接道德实践（行为）构成道德关系而实现的。社会道德在意识层次上表现为价值取向（包括人生价值取向）的系列和对群体及个人的导向要求，提供行为动机，并力图物化为行为，最终导致现实的道德事实或"伦理实体"，道德对于个人来说，是其社会活动，在相互关系中凝结为社会心理，发展为道德需要。人在任何时候都有道德要求，譬如日常生活中家庭亲朋间的情感交往。这种道德需要以主体间的道德实践而得到满足。总之，道德虽然属于精神生活现象，但它的根本在于道德实践活动，活动是其根本的存在方式。因此可以说，道德是人的活动的一个方面。

中国古代思想家已经注意到道德的这一特征。《论语》有"博学、审问、慎思、笃行"等条文。孟子提出："仁者、人心

---

① 　托尔斯特赫等：《精神生产》，北京师范大学出版社1988年版，第47页。

② 　转引自托尔斯特赫等《精神生产》，北京师范大学出版社1988年版，第46页。

也、义者，人路也。"朱熹及其弟子强调："事亲则实得其孝。"
亚里士多德也曾明确指出："公正的人由于做了公正的事，节制
的人由于做了节制的事。如果不去做这些事，谁也别想成为有德
行的人。"①

　　道德活动作为特殊的活动形式，存在于其他活动形式之中。
换言之，道德以外的活动形式，往往并存着道德的方面。因为，
在对象性活动的动机和效果中，都可能包含道德的方面；在共同
活动的主体间相互关系中存在道德因素；活动主体本身操作态度
的道德性。道德活动不存在纯粹形式，它总是以别的活动形式为
其载体。例如营业员的职业道德活动是以对顾客的服务活动表现
的，医生与患者的职业道德关系，体现为医生对病人的医疗活动
和病人对医生医疗手段的配合。体育健儿的为国争光的道德活
动，表现在体育训练和体育比赛的活动中。

　　马克思提出的"把握世界的实践精神方式"的命题，就是对
道德活动特殊方式的最好概括。由这一命题人们可以更加全面深
入地认识道德的本质。

2. 道德存在形式的二象性

　　道德是一种精神生活现象。道德意识无论对社会或个体来
说，都是道德存在的基本形式。一切道德的东西都包含着道德意
识因素。正是因为道德以意识形式存在，它才能渗透于一切活动
形式，存在于行为和相互关系之中。道德行为、道德关系、道德
品质都是以主体内蕴的道德意识为前提和基础的。但是，道德又
不是纯粹孤立的意识现象，如前所述，它又是实践活动现象。它

---

　　① 亚里士多德：《尼各马科伦理学》，苗力田译，中国社会科学出版社1990年
版，第31页。

把精神、意识与主体的行为活动联结起来，即把道德意识与主体内外环境相结合，建构行为动机，规范人们的行为活动，以实现社会关系的合理调节。道德意识是价值意识，内蕴着客观化倾向。道德活动（行为）是道德更为根本的存在形式。任何道德体系都是意识形式与活动形式的统一主观和客观的统一。主观性与客观性的复杂和有机的统一，是道德的本质特征。

从意识方面看，道德是规范意识，表现为原则、规范、义务、良心和理想人格，是抽象的和内隐的；而从活动方面看，道德是社会关系中动机化的行为和道德关系，是现实的、感性的和外显的社会事实，并且或多或少改变了外部关系和内在意识结构。道德是改变现存社会关系的积极力量，它通过物化行为实现对现存社会关系的完善和超越。因此，在这个意义上，道德是实践精神地把握世界的方式。

就道德体系本身而言，道德的这种"二象性"集中表现在"善与恶"、"现有与应有"的对立范畴中。善与恶既是道德作为社会意识，反映社会现实的特殊方式。它以价值评价来反映现实关系和现实事物，把世界分成善的和恶的、正义和非正义的。但是同时，把世界客体分成善的和恶的，就意味着扬善贬恶，否定应该否定的东西，争取应该肯定的东西，意味着以道德实践铲除恶而实现善。可见，善与恶这对范畴具有行动意义。绝不是单纯消极地反映现实，而是要求善恶斗争来改变世界。从而道德成为改变现存社会关系的积极力量。善与恶，既标志道德是价值评价的意识反映，又表征道德是价值追求的实践活动。二者的综合，就是实践精神地把握世界的方式。

"现有与应有"也是这样。道德是现有与应有的统一。道德立足于现实又高于现实，道德向人们发出超越自身的要求，每个道德行为都是一次超越。这种超越只能通过道德实践活动来实现。所以"现有与应有"这种道德的动态反映，本身就包含着向善的理想推进的活动过程。因此可以说，道德不仅仅是反映，更是活动，二者综合，就是实践精神地把握世界的方式。

3. 道德的功能二重性

关于实践精神地把握世界的方式还可以这样理解，人类的思维历程是从对自然事物做出客观的本体论的回答，过渡到主观如何反映客观，即做出认识论的回答。而认识论的展开，必然要突出认识主体，转向人本身，探索人及其活动。因而早在古希腊时期思想家们就往往把知识区分为两种，一种是对自然的知识，称为"理论理性"；一种是关于人们行为的知识，称为"实践理性"。在亚里士多德那里名之为"实践的智慧"。他认为，"实践的智慧乃是人类企求人类的善恶事情的一种合理的才能或习性"，"科学的知识是一种关于普遍、必然的判断"，而"实践的智慧总是实践的，实践乃与特殊事实联系在一起的"。① 可见，实践精神的方式就是实践理性的方式，而实践理性即关于善恶实践的知识。

道德是一种理性，但它不同于科学与哲学的理论理性。科学与哲学是关于外部客体的知识，是用概念的逻辑体系来反映世界的。它以真理的形式表现对世界的认识。它要说明世界"是什么"，力求如实地把握实体的本质与规律。道德则指向人，是关于人的行为价值的知识。它向人们指出的不仅是客体本身的知识，而且是或主要是行为的价值方向。它以善恶的形式表明价值取向。它要说明的是"应该怎样"，提供人们应该怎样行为的知

---

① 周辅成：《西方伦理学名著选辑》上册，商务印书馆 1964 年版，第 315、319 页。

识，如何进行道德选择的知识。所以，一方面，作为理性，道德要反映现实的社会关系，同时在深层意义上，道德也要解决人在世界上的地位，人的生命活动的意义和价值，个人对社会的态度和责任等问题，这些同科学一样，是对人与世界关系的最高认识。因而道德具有认识功能。但另一方面，作为实践理性，道德并不满足于外部世界或内部世界的认识，只是借助于认识而行动。它提供道德实践、价值取向的知识，直接以行为规范的形式，即使如人和世界关系等世界观知识，也不是以纯粹理论形式提出来，而是以行为规范、理想人格的形式提出来的，即都是作为行为实践的问题提出来的，用以规范和指导人们的行为。所以道德具有行为模式的形式，起着调节行为的作用，具有调节功能。道德一方面以价值形式理解世界，另一方面通过行为实现价值，达到道德关系的调节。二重功能紧密联系，其认识功能是中介性的，非本质的；其调节功能则是直接的、本质的，决定性的和不可替代的。道德功能的二重性，从功能上确证道德是实践精神地把握世界的方式。

4. 道德的活动特征与规范性本质

无论是实践精神方式或实践理性，都揭示了道德的活动特征。从道德的活动特征，可以引申出道德的规范性本质。

首先，活动需要规范。道德作为人的活动的一个方面，表现为行为方式。由于行为出自目的和手段，必须解决行为目的性和行为路线的问题，即"应该怎样"，于是出现了道德规范。规范作为行为的价值标准和路线方向，可以规范和指导人们的行为。有了规范，人们就知道应该怎样行动，不应该怎样行动。没有规范，则无所适从，做不出道德行为来。因此凡道德都有规范，没有规范也就不成其为道德，规范体系标志着道德体系的基本内容。伦理学史上有人称伦理学是关于行为的科学，就是从行为与规范的密切联系出发的。

活动需要规范，从道德的活动特征不可避免地引申出道德的规范性本质来。

其次，规范的实质在于行动。表现在：第一，规范具有实践倾向性。道德规范是主观与客观的统一。在主观的意识层次上，规范的内涵是"应该"，即行为的价值取向和行为路线的规定；在客观的行为层次上，规范是道德效能的标志。行为样式直接体现了某一规范的模型，成为道德事实的标志和个体德性的表征。第二，规范具有效能现实性。道德规范的效能现实性，包括：具体性——如亚里多德所说的，"实践的智慧总是实践的，而实践乃与特殊事实联系在一起的"；道德规范具体规定多个实践领域的行为方式；可行性——它是生活实践的呼声和道德经验的积淀，是现实的、恰当的；普遍性——是社会公认的，普遍认可的；命令性——规定的明确性和规范的评价性、制裁性。

规范的这些特性就是规范的现实性和实践性，依靠这些特性和其他道德力量，足以在规范中保证道德的现实效能。

道德规范的实质在于行动，从另一角度证明了道德的活动特征必然引申道德的规范性本质。

五　自由精神的生产

人类社会道德的形成，有一个过程，伦理思想史上称之为"从习俗道德到反省道德"。这就是说，道德是从原始的习惯发展而成的。习惯与道德的区别在于：习惯是不自觉地服从，道德则具有意志自律和内省的特征，表现了主体性的本质。因此，历史发展中社会关系的复杂化以及社会意识与个体自我意识的发展，是由原始习惯过渡到道德和道德日趋成熟的两个相互联系的必要条件，就是道德的主体性本质的最好证明。

1. 主体性的历史形成

我们从中国和西方伦理思想史的发展可以略见此种道德演化的轨迹。西方在荷马时代（希腊从原始氏族制向阶级社会过渡的时期），道德意识逐渐发展。在荷马史诗中有所反映，可以看到因傲慢而犯错误所引起的悔恨。但是它还停留在外在的直观上，或视为某种外力的操纵，还没有内在化，在赫西阿德的《工作与时日》（或译《劳动与时令》）中，还有道德是人生之道的思想，显示了人们对道德行为的认识。希腊七贤则提出了规范和准则，如"适度为善"和梭伦的"公正"。他们的行动也促进了道德意识的发展。反映在伊奥尼亚的抒情诗中，歌唱"酒是人心的窥视镜"，"为了试人心，首先要用酒"。表明人们已逐渐意识到精神上的结合和沟通的需要。

再后到公元前5世纪，希腊奴隶制已经确定。社会道德和伦理思想有很深刻的变化。反映在哲学上是赫拉克利特提出的"逻各斯"，表明人们认识到需要普遍规范。体现在文学作品中是希腊悲剧中出现的关于义务和良心的描写。索福克勒斯的《安提戈涅》刻画了安得戈涅这个为自己的义务而俨然自我牺牲的形象。欧里庇得斯的《美狄亚》，通过美狄亚的独白，描绘了良心的谴责。

在苏格拉底和德谟克利特时代，经过希波战争和伯罗奔尼撒战争，希腊社会经过鼎盛繁荣又跌到衰落。社会生活、社会心理急剧动荡，人们的道德思考进一步深刻化。反映在苏格拉底的伦理思想中是"认识你自己"和"做自己的主人"，强调道德的理性基础和行为的自我控制与道德的自由选择。反映在德谟克利特的伦理思想中是："在无人看见时同大家看得见时一样不做坏事"，"把下列箴言铭刻在自己心上：丝毫不做不适当的事"，突出了道德的本性——意志自律。有人提出应给德谟克利特一个伦理学创始人的称号，在伦理思想史上，他完全可以与苏格拉底并列。

在中国，传说原始社会"舜使契为司徒，敬敷五伦"。进入奴隶社会到了周代，道德意识有了发展，《礼记·夏记》称："夏道遵命，殷人尊神周人尊礼，敬鬼神而远之。"殷周两代虽共同信仰天，但有所不同。对周代来说"天命靡常"，已经发生动摇，甚至到了"疑天"的地步。同时却非常重德，德比尊天、畏天更重要，所谓"君王以德受命"。什么是德？"德"字的意思是：人的行为把"直"放在"心"之上，而"直"就是义、正。这说明从周代开始，道德已具有内心自觉、意志自律的意义。

孔子进一步阐发了道德的这一特征。"孔子之学"常被称为"为己之学"（"求诸己"、"为仁由己"），强调修己内省、意志自主，使"习俗道德"转变到"反省道德"。此外，在孔子之前，已有人把礼仪加以区分（仪是习俗，礼是道德规范）。到了孔子则不仅区分礼与仪，而且区分了礼与仁，仁内而礼外，把礼、道德规范建立在自觉的仁心之上，这是孔子伦理思想中的活泼生机。

历史考察后若再进行逻辑分析，则应从人的本质着手。人的本质是个历史形成和历史展现的过程。在自然因素的前提下，人通过劳动而自我生成。劳动、实践就是人的本质，并规定其主体性本质，然而这一主体性本质并不是一开始就成熟而突现的，相反，如马克思所说，刚刚脱离动物界的原始人还与动物差不多，氏族社会"使人的头脑局限在极小的范围内，成为迷信的驯服工具，成为传统规则的奴隶，表现不出任何伟大和任何首创精神"。[1] 实践和意识是自觉能动性即主体性的基础。起初，实践是贫乏的，意识则和实践相适应，也一样贫乏。意识起初只是对周围的可感知的环境的一种意识，是感性的表象，与动物感觉差不多。以后与动物不同的地方也只是意识代替了本能。或者说，他的本能是被意识到了的本能。自觉的能动性必须建立在抽象思维的基础上。在人类早期，巫术、图腾和原始宗教虽然是人的主体性的最初表现，[2] 但是其自觉性和科学性是极低的。只有在实践复杂化基础上产生了科学，才使人的主体性本质或创造本质突现出来。"工业是人的本质力量的公开的展示。"[3] 所以，人的本质是个历史展现的过程。

作为人的特性的道德，它的本质也必然是个历史形成和历史展现的过程，由不同实践基础决定的社会意识和个体自我意识的发展水平不同，决定人的社会生活、社会行为的状况不同，表现在调节相互关系上就是依靠习俗的力量而无意识的调节，还不是依靠道德来自觉调节，在原始社会生活条件下，谈不上什么个人的自觉能动性或主体性，部落成员对部落习惯只是无意识的服从，"传统和习俗通过纯粹精神惰性或通过渗透一切的族类本能而被盲目地不知不觉地执行着"。[4] 当人的主体性尚处于蒙眬之中时，真正的道德和道德的主体性本质还未形成和展现的。

而当社会意识与个体自我意识发展起来以后，情况就不同了。这时社会道德思考的水平提高了，理性成分增强了，有了明

① 《马克思恩格斯全集》第9卷，人民出版社1961年版，第148页。
② 参见恩斯特·卡西尔《人论》，上海译文出版社1985年版。
③ 《马克思恩格斯全集》第42卷，人民出版社1979年版，第128页。
④ 恩斯特·卡西尔：《人论》，上海译文出版社1985年版，第115页。

确的规范、准则，不仅是那些直接福利的准则，而且是那些道义性的准则，这是理性自觉的结果。同时，社会舆论也在人们之间扩张，唤醒他们的自觉意识，"社会德操发展的刺激，是由我们同辈对我们的毁誉所提供的"。而个人道德自我意识的发展，更丰富了个体道德意识和道德动机。在这方面，无疑地首先是规范意识的增强，因为规范意识就是达尔文所说的："所谓应该，无非是对行为所应遵守的准则有所意识而自觉地加以服从而已。"①它当然就是道德内化的第一步。而人们心理素质的改善和心理能力的提高，势必活跃道德思考，由社会交往诱导的同情、荣誉、羞耻、良心等心理情绪，统一凝结为内在道德意识结构，成为个人自由选择的动机和能力，成为社会道德生活的个人基础和个人特征。

道德的形成与存在方式是同社会意识与个体自我意识的发展交织在一起的，这就决定了道德的两大重要特征。一是道德的客观性与主观性的统一；二是道德的社会性与个体性的统一。道德的客观性即它的社会性和经济基础制约性，这是必须首先肯定的。但道德又有主观性的方面，不仅社会意识是主观性方面，而且作为与心理活动并存的个体道德意识和个体自我意识，更有强烈的主观性。同样，我们必须强调道德的社会性方面，但不应否认或忽视其个体方面。个体是人的存在形式，个人是活生生的存在物，因此道德生活、道德意识都是以个人活动和个人意识的形式表现的。道德在很大程度上取决于个人的主观状态，如果人为的贬低，忽视道德中的主观的个人的因素，道德就不能理解，就会使道德变成苍白无力，不起作用的东西。只有当社会的道德规范、道德要求为个人所认同，变成个人内心的自我规范和道德信

---

① 达尔文：《人类的由来》，商务印书馆1983年版。

念，才有道德行为，才能形成现实的道德关系和伦理现实，实现道德的调节功能。离开了规范命令向个人内心精神世界的过渡，道德就是不可思议的，不能充分理解其本质、功能和力量。所以不能否认，恰恰还要强调主体性是道德本质的重要方面。当然道德的本质是历史展现和历史形成的，我们要辩证发展地去认识和掌握它。

2. 道德主体性的内涵

道德主体性的存在，早已为历史上许多杰出的思想家所承认和探索，成为伦理学研究的一个重要问题。

黑格尔在《哲学史讲演录》中曾说，在苏格拉底那里"我们看到出现了认识的自由，亦即独自决定什么是公正，什么是善的"，"人对于他所应当做的特殊事务，也是独立决定者，自己迫使自己做出决定的主体"。[①] 黑格尔自己认为："道德学的意义，就是主体由自己自由地建立起善、伦理、公正等规定。"[②]

亚里士多德则反复强调："德性依乎我们自己，过恶也依乎我们自己，因为我们有权力去作的事，我们也有权力不去作。"[③] 这是伦理学关于意志自律思想的发端。

康德第一次全面地提出主体性问题。开始在认知领域，认为人是认知的主体，主体用先验认知形式（时空范畴）去整理感性材料。后来在伦理学领域提出道德的主体性，突出意志自律。"人为道德立法"、"自己立法，自己服从"。

中国古代的孔子也已经重视道德的主体性。他反复强调：

---

① 黑格尔：《哲学史讲演录》第 1 卷，商务印书馆 1959 年版，第 86、42 页。
② 同上。
③ 《马克思恩格斯全集》第 3 卷，人民出版社 1960 年版，第 3 页。

"三军可以夺帅，匹夫不可夺志。""博学而笃志，切问而近思，仁在其中矣。"① 还说："人而不仁，如礼乎？""礼云礼云，玉帛云乎哉？""今之孝者，是谓能养，至于犬马，皆能有养，不敬，何以别乎？"② 这些都说的是仁内而礼外。孔子还有一段"绘事后素"的比喻。子夏问曰："巧笑倩兮，美目盼兮，素以为绚兮，何谓也。"子曰："绘事后素。"曰："礼后乎？"子曰："起予者商也，始可与言《诗》已矣。"③ 这里孔子的意思是礼后于仁，遵守外在的道德规范，要以内在的仁即道德情感信念为基础。显然，这些都是道德主体性的明确表述。

但是，他们的主体性原理是片面的，正如在哲学中那样，"和唯物主义相反，能动的方面却被唯心主义发展了，但只是抽象地发展了。"④ 他们的道德主体性排斥了客观的社会制约性，因而道德主体性被视为独立存在的和人心固有的，从而陷入了唯心主义。

何谓主体性？主体性是人作为活动主体的特有属性。人是实践的存在物，人在实践中区分主体和客体，人是主体，主体活动、作用所及的对象世界为客体，主体性就是使客体主体化和主体客体化的那种主体的属性和功能。表现为：（1）人在活动中对自己活动的目的、方向和途径相对自由的选择和决策；（2）人在活动中推进活动的主动性；（3）人在活动中对活动的调节和控制。概括起来是自决、自主、自控，这是主体性的基本特征，也即意志自由是主体性的基本特征。在这里客体主体化和主体客体

---

① 朱熹：《四书集注》，岳麓书社 1983 年版，第 143、227 页。

② 同上书，第 85、215、79 页。

③ 同上书，第 87 页。

④ 《马克思恩格斯选集》第 1 卷，人民出版社 1995 年版，第 54 页。

化是统一的，因为人是受动的，又是能动的，因而主体与客体是统一的，主动性和制约性是统一的，这就同唯心主义的主体性区别开来。

道德主体性即人的道德活动立体性，或人作为道德主体的主体性。人的主体性包括认识主体性、审美主体性和道德主体性等，道德主体性即人在道德活动中的自决、自主、自控的属性和功能。道德主体性更加突出表现为意志的特征和行为的特征。

道德主体性同样是受制约的。首先，人的道德主体性本身是社会历史的产物，如为前述。其次，个体的道德主体性也离不开客观世界，离不开个人所处的外部环境，离不开道德客体，社会的经济、政治、文化背景，历史的文化遗产，社会的伦理观念和伦理关系，以及个人在现实伦理关系中的道德实践，这一切构成个体道德主体性生成的土壤，在直接意义上，一定的社会历史条件构成个人无法超越的道德情境，制约着主体的道德价值取向，制约着个人的道德选择。

主体和客体的统一，能动性和制约性的统一，规定了道德的主体性本质与道德的规范性本质、道德的社会本质是不可分割的有机统一，这同唯心主义有根本区别。

3. 意志自律和人生追求

意志自律和人生追求是道德的主体性本质的集中表现。

马克思说："道德的基础是人类精神的自律。"[1] 前述道德主体性即人在道德活动中的自主、自决、自控的属性和功能，突出表现为意志的特征和行为的特征，这就是意志自律。意志自律机制包含两大部分，一为能力，二为意识结构。亚里士多

---

[1] 《马克思恩格斯全集》第20卷，人民出版社1957年版，第15页。

德曾说："德性不只是根据正确的理性法则的能动性，而且是具有正确理性法则的能动性。"① 意志自律的能力即道德选择的能力，就是道德主体按照一定的价值方向，在道德上自主、自决、自控的能力，非此不可能有道德行为的发生，因而成为道德的本性。与意志自律能力相联系的是主体内在意识结构，是意志自律能力的基础，是一种带有个性特征的精神世界和精神力量。这种内在意识结构的性质与水平，也是道德境界状况，具有个性特征和个体差异性。它决定着意志自律的方向和意志选择能力的强度。

道德主体性突出体现在人生追求的精神。意志自律的基础是内在意识结构，此内在意识结构不仅是个体的，也是社会的，是社会规范的内化，但这个内在意识结构是很复杂的，不同个人的差异很大，就此内在意识结构的涵蕴而言，并不仅仅是社会规范的直接内化。人生追求的精神即有很大的独立性。

对个人来说，人生追求是道德成熟或道德自觉达到一定高度的标志。人在道德生活过程中经验的积累、心理体验的积淀和社会文化的影响，不免在实践中反观自照，认识自己，把多方面（与自然、与社会、与他人）关系糅在一起，比较得失是非，寻找安身立命之所，这便是对人生的探索。这种人生理解，决定道德境界的高低，也即道德自觉或道德主体性的强弱。人生领悟不同"觉解"不同，人的境界也就不同。冯友兰在其《新原人》中把境界分为自然境界、功利境界、道德境界和宇宙境界四种，他说："境界有高低，此所谓高低的分别，是以某种境界所需要的人底觉解之多少为标准。"由此伦理学认为，道德是人对世界和社会人生的态度，"道德伦理体现着人对生活的某种看法，体现

_____

① 亚里士多德：《尼各马科伦理学》，中国社会科学出版社 1990 年版。

着人对本身的态度，以及对社会、对世界的态度"。①

　　人生追求之所以是道德主体性的突出体现，在于它是自我意识的最高层次。人的思维和意识发展到一定阶段才有自我意识，又正是人发展了自我意识而有道德的产生和道德主体性。个体也是这样。自我意识是人对自身地位和作用的意识。人生追求是：人确认自身在世界历史的地位，对民族、群体的认同和回归，有成己成物的情感与责任。这种自身的终极关怀，无疑是大彻大悟或迈向大彻大悟，因而成为道德自觉、意志自律的基础和强大推动力。

　　在伦理生活中，人生追求作为深层的自我意识和道德意识，是以道德终极目的或道德理想而存在的，并起着支配一切的作用，历来受到伦理思想家的高度重视，被作为根本性的原理而纳入他们各自的伦理学体系中。例如古希腊伦理学都有"幸福"这个终极性范畴。在他们那里，所谓幸福并不仅指生活的满足，而是意味着应该的生活，而幸福的内容则与人生的目的与使命相联系。他们提出"人生的目的是幸福，幸福即至善"，或"人生目的是至善，至善即幸福"的命题，把人生目的与道德理想直接联系在一起。中国古代伦理思想家把道德理想人格化，把理想人格也与人生的目的和使命相联系。孟子的"大丈夫"，即道德最高原则的人格化，"居天下之广居，立天下之正位，行天下之大道。得志，与民由之，不得志，独行其道。富贵不能淫，贫贱不能移，威武不能屈。此之谓大丈夫"。② 儒家伦理把"以天下为己

---

　　① ［苏］阿尔汉格尔斯基：《伦理学研究方法论》，赵春福等译，中国广播电视出版社 1992 年版，第 125 页。

　　② 《孟子·滕文公下》，《中国哲学家论点汇编》，上海人民出版社 1986 年版，第 268 页。

任"视为人生的目的和使命，并把它视为理想人格的主题。张载的"为天地立心，为生民立道，为去圣继绝学，为万世开太平"，既是他的伟大抱负，也是他为人们树立的人生目的和理想人格。孟子的"大丈夫"和张载的"四为"人格，对我们民族道德生活具有深远的影响，造就了一代又一代"民族的脊梁"。

4. 道德是人的本质的对象化

揭示道德的主体性本质或道德本质的主体性方面有重要的意义，有助于对本质的深层理解，并达到对其在人的活动中的地位、作用与历史前景的高度认识。

道德的主体性本质说明，道德是人的主体性的一个方面，而主体性实质上是人的实践本质的体现或实现。马克思曾把人的主体性的发展看做是对象的存在而产生出来，即由于人的本质的对象化。他说："不仅五官感觉，而且所谓精神感觉、实践感觉（意志、爱等等），一句话，人的感觉，感觉的人性，都只是由于它的对象的存在，由于人化的自然界才产生出来的。"① 这里所谓对象的存在，是人的本质的对象，正如"植物是太阳的对象，是太阳的唤醒生命的力量的表现，是太阳的对象性的本质力量的表现"。人的主体性是由自然界的人化而产生出来。马克思强调："为了创造同人的本质和自然界的本质的全部丰富性相适应的人的感觉，无论从理论方面还是从实践方面来说，人的本质的对象化都是必要的。"②

道德是人的本质的对象化，必然就是自由精神的生产，因为人的本质是自由。"自由的人的本质"是个古老的命题。但马克

---

① 《马克思恩格斯全集》第 42 卷，人民出版社 1979 年版，第 126 页。
② 同上。

思给以唯物主义的改造，肯定人的本质是"自由的自觉的活动"。自由的自觉的活动即人的实践，自由就是人的实践能动性的实现。然而，由于实践是能动性和客观制约性的统一，决定了自由的相对性和历史性。"人们每次都不是在他们关于人的理想所决定和所容许的范围之内，而是在现有的生产力所决定和所容许的范围之内取得自由的。"① 因此道德作为自由精神的生产，是一个同生产力发展水平相联系的逐步发展的过程，其自由精神的深度和高度，自由精神表现的角度和广度，是一个历史递进的过程。

　　道德不仅是随着生产力的发展而提高其自由实现的程度，而且是在善恶对立的社会过程中提高其自由实现的水平。因为道德作为自由精神的生产，关键是人的本质的对象化。在人与自然、人与人的关系中，人都是主体性存在。凡是使人向客体转化，丧失其主体存在，被置于外在力量支配下，就都是非人的关系，都将是自由的失落。那种使人屈从于上帝，使个人淹没于整体的"道德"，只能是对自由的背弃。但是从辩证的角度看，一旦人们反抗这种非人关系，那就等于是人的本质的对象化，从而是自由精神的生产。恩格斯说："只要他们还对统治阶级感到愤怒，他们就仍然是人；但如果他们乖乖地让人把挽轭套在脖子上，只想把挽轭下的生活弄得比较过得去一些，而不想摆脱这个挽轭，那他们就真的变成牲口了。"② 所以，在辩证的意义上可以说，真正的伦理是人认识到自己的生活条件的非人性时开始的。阶级压迫的存在，社会关系中的不平等、不自由、非人待遇，在被压迫阶级和劳动群众中就会不断爆发对自由、光明、平等、幸福、互

---

① 《马克思恩格斯全集》第 46 卷，人民出版社 1960 年版，第 89 页。
② 《马克思恩格斯全集》第 2 卷，人民出版社 1957 年版，第 400 页。

助友爱的社会理想和道德理想，即对人道的思考。在前资本主义时期大量表现在神话、传说、寓言、民歌。在希腊神话中描写过：人类的黄金时代，人和神住在一起，和平幸福，没有劳苦和忧愁，一生享受盛宴和欢乐。可是到了黑暗时代，人类到处是罪恶，父亲不爱儿子，儿子不爱父亲，弟兄们都不赤诚相待，守约、良善、公正的人得不到好报，而作恶的人则备受光荣。至善和尊严的女神们悲哀地以白袍遮掩她们美丽的肢体，回到永恒的神祇中去了，留给人类的除了悲惨以外，没有别的。这里的伦理思想相当于中国古代的《礼记》"礼运篇"："大道之行也，天下为公。选贤与能，讲信修睦，故人不独亲其亲，不独子其子……"人们都憎恨现实的丑恶，向往和睦的关系。"当亚当耕种，夏娃纺织的时候，谁是贵族?"这是14世纪英国农民领袖波尔的诗句，曾在农民中脍炙人口。中国有陶渊明的《桃花源记》和杜甫的《茅屋歌》，向往那"安得广厦千万间，大庇天下寒士俱欢颜"。西方文艺复兴时期开始的人道主义，反对封建主和教会的精神统治，高扬人性和个性，是自由精神的觉醒，标志人类伦理思想的一大进步。留下不少感人的名篇佳作，成为人类文化的瑰宝。资本主义关系下工人的生活条件，一方面使他们道德沦丧，另一方面却迫使他们思考"挽救自己的人类的尊严"，形成工人特有的社会性格：仁慈、同情、不自私。尤其在革命高涨时期，人们往往提出同旧道德对立的新道德，还出现许多放射道德光辉的可歌可泣的事迹。恩格斯说："每一次革命的胜利都引起了道德上和精神上的巨大高涨。"①

　　道德所以是自由精神的生产，其主要根源在于，道德是人的社会本质的对象化，道德总是生长、存在和推进于协调关系的需

① 《马克思恩格斯选集》第3卷，人民出版社1960年版，第223页。

要。马克思认为，人的相互的社会需要的形成，是人类文明和人性发展的重要标志，"别人作为人在何种程度上对他说来成了需要。他作为个人的存在，在何种程度上同时又是社会存在物"。①这里显然包括道德文明。道德本身恰恰是由人（所有个人）的社会因素决定的。社会交往和精神交往的需要，同情、互助、尊重、情感共享等社会心理，常常发展为人的内在道德需要，是道德意识的土壤和温床。"正是按照客观规律形成起来的社会心理……才是道德评价、道德规范和道德感情产生的深刻根源。"②可以说，道德实际上不过是人本身的社会因素的特殊表现。

在漫长的历史过程中，正是由社会交往决定的社会心理，时时刻刻引发关于人们之间和谐关系和爱的情感的愿望，表现为准则、理想、评价、舆论、风尚和高尚人格，积淀为传统的美德和优秀的民族精神，显然这些都是道德的自由精神。它们跨越时代，源远而流长，在人类世代生活中为人们所尊重和信守，成为共同的精神财富。

然而历史是辩证发展的，道德的自由精神生产并不是孤立的、静止的、平稳的生长。"在道德方面也和人类知识的所有其他部门一样，总的说是有过进步的，但我们还没有越出阶级道德。"只有消灭了阶级对立，"真正人的道德才成为可能"。③恩格斯如是说，同样适用于自由精神的生产。

在分裂为阶级的社会里，无论怎样，不能解决人们之间的和谐关系特别是道德所涉及的个人与社会之间的和谐关系。虚假的

---

①　《马克思恩格斯全集》第 42 卷，人民出版社 1979 年版，第 119 页。

②　阿尔汉格尔斯基：《伦理学研究方法论》，中国广播电视出版社 1992 年版，第 135 页。

③　《马克思恩格斯全集》第 3 卷，人民出版社 1972 年版，第 134 页。

共同体代替真实的集体，也就割断了个人与社会的纽带。作为阶级统治工具的统治阶级道德，绝不能当作自由精神的生产。自由精神的生产只在它的辩证意义上或劳动者的真正人的关系中。即使如此还要常常受到限制、责难和破坏，变成仅仅是美好的理想甚至是空想。正如马克思在早期就估计到的那样，"只有当对象对人说来成为社会的对象，人本身对自己说来成为社会的存在物，而社会在这个对象中对人说来成为本质的时候，这种情况才是可能的"。"社会的"，在当时马克思来说，是扬弃了私有制。就是说，只有在社会与个人的关系和谐统一的情况下，道德才是真正的自由精神的生产。"在真实的集体的条件下，各个个人在自己的联合中并通过这种联合获得自由。"①

---

① 《马克思恩格斯全集》第 3 卷，人民出版社 1960 年版，第 84 页。

第 二 章

行 为 起 始

　　人类生活的各种纷繁复杂的现象，归根到底是人的感性的实践活动的表现，因而都立足于行为之上。行为是一切社会生活现象的基质和元素。作为社会生活现象的伦理道德，从发生论角度看，行为也是其历史起点，正是人的行为在人类生活和社会关系中的善恶效应，逐渐引发了社会生活的伦理调节需要，并发展为道德规范体系。可以说伦理道德的直接起源是人的社会行为，道德行为是最基本的道德现象。

　　研究行为的本质及其发生和运行的规律，是深入理解道德现象的关键，具有重要的理论意义和实践意义。

一　行为起始原理

　　伦理学研究从行为起始，首先是遵循了活动原理。马克思把实践活动当成人和社会的本质和存在、发展的基础，着重给予了考察，人类生活的各种现象，归根到底是实践的感性活动的表现，因而都立足于行为之上，在研究人类伦理道德现象以前，应当先研究行为问题。正是人的行为在社会关系中的善恶效应，逐渐引发了社会生活的伦理调节需要，并发展为伦理规范准则及相应的调节手段。可以说，伦理道德的直接起源是人在社会关系中的行为。

实际上，就整个道德领域而言，诸多的组成要素，错综复杂而又相互制约、相互渗透的道德现象，道德行为却是最基本的道德现象，道德原则和规范只有客观化为相应的道德行为，才能形成现实的道德关系，实现道德的调节功能；道德行为的聚积才成为德性或品德；道德行为也是道德教育的现实目标；道德行为更是道德评价的直接对象。"道德世界是一个行为的世界。"①

伦理思想史上十分重视对行为的研究，有的学者正是从行为出发研究道德现象。古希腊关于"人类行为的神秘指导者"的研究，渐渐成为哲学的主要问题；阿奎那认为，伦理学的对象就是研究抱着某一目标的人类的行动；洛克认为，伦理学的职责"就在于找寻出人类行为方面的规则和尺度及实践它们的方法，这种学问的目的不在于纯粹的思维和对于真理的认识，它的目的只在于所谓'正当'和正当的行为"，②康德和黑格尔也把行为研究置于十分重要的地位。康德认为行为是道德研究的对象，黑格尔说："更高的道德观点在于在行为中求得满足，而不停留于人的自我意识和行为的客观性之间的鸿沟上。"③

其次，伦理学研究从行为起始也是根据历史和逻辑统一的方法，恩格斯说："历史从哪里开始，思想进程也应当从哪里开始。而思想进程的进一步发展不过是历史过程在抽象的、理论上前后

_____

① 阿尔汉格尔斯基：《伦理学研究方法论》，中国广播电视出版社 1992 年版，第 246 页。

② 《人类理解论》下册，商务印书馆 1981 年版，第 721 页。

③ 黑格尔：《法哲学原理》，商务印书馆 1961 年版，第 124 页。

一贯的形式上的反映。"① 历史从哪里开始，逻辑也从哪里开始，行为是道德的历史起点，也应该是伦理学的逻辑起点，所以伦理学的研究方法应从行为开始。

马克思还指出："我们采用这种方法，是从历史上和实际上摆在我们面前的、最初的和最简单的关系出发，因而在这里是从我们所遇到的最初的经济关系出发。"② 列宁解释了马克思的方法，他说："马克思在《资本论》中，首先分析资产阶级社会（商品社会）里最简单、最普通、最基本、最常见、最平常、碰到过亿万次的关系——商品交换，这一分析从这个最简单的现象中（从资产阶级社会的这个细胞中）揭示出现代社会的一切矛盾（或一切矛盾的胚芽）。"③ 行为不仅是道德的历史起点，它也是最简单最基本的道德现象并且包含着"一切矛盾的胚芽"，"行为"细胞包含了一切伦理原理的胚芽。

阿尔汉格尔斯基在《伦理学研究方法论》中说过，把行为当做道德体系的"原始细胞"，应当列入关于对象的起始阶段的划分中去，这样做有充分根据。行为起始原理有充分的科学根据，研究行为的本质及其发生运作的规律，是深入理解整个道德现象的关键。

二　行为的本质

在人类思想史上，人们对行为概念作过无数界定，或说行为

---

① 《马克思恩格斯选集》第 2 卷，人民出版社 1972 年版，第 122 页。

② 卡尔·马克思：《政治经济学批判》，人民出版社 1972 年版。

③ 《列宁选集》第 2 卷，人民出版社 1960 年版，第 712—713 页。

是宇宙万物共有的现象，凡是变化或物体变化的外在形式即行为；或说行为是人生整体现象，生命的旋律即行为。斯宾塞把人类行为和自然界变化活动看做没有根本区别，只是演变进化的不同阶段。生物学认为行为是有机体对外部刺激的反射动作。行为主义心理学派认为，可以用刺激的反应公式解释行为；行为遗传学则从遗传基因解释行为，"犯罪行为与染色体畸变相联系"，人类行为是遗传的、先天的和本能的。与此不同，不少思想家认为行为是人类有意识有目的的活动。如荀况的"虑积焉、能习焉而成谓之为"，墨子的"志行谓之为"。亚里士多德把行为同目的性和意志联系起来，认为人的行为是根据理性原则而具有的理性生活。日本的西田几多郎则作了较完整的界定；所谓行为，从外部看就是肉体的运动，但它和水流、石落的物体运动不同，是一种有意识有目的的运动，同时又和有机体的反射运动相区别，所谓行为是指它的目的被明确意识到的动作而言。① 然而即使这样，由于他们不了解人的社会本质，仅仅从孤立的单个人看待人的活动，因而未能从根本上揭示人的行为概念及其本质。

人是自然存在物，但又不同于一般生物和动物，人是"属人的自然存在物"。作为人，与自然界处于能动的实践关系，与人本身处于复杂的交往关系，因而决不应从单纯自然物体或人的自然本性去考察人类行为，而应从人的实践和社会本质、社会关系去揭示人类行为的本质。人类行为不是作为生物个体对周围环境的简单刺激反应，也不是抽象的有意识有目的的活动，更不是简单的生命运动的动作，而是改变周围环境的人的社会实践活动的表现形式，具有目的性、对象性和社会性的特征。

马克思指出："有意识的生命活动把人同动物的生命活动直

---

① 《善的研究》，商务印书馆 1965 年版，第 77 页。

接区别开来，正是人的自觉意识，在物种关系方面把人从其余的动物中提升出来。"① 动物充其量只有外部事物的直接表象，缺乏与外界事物的关系的意识，人的活动，人与外部关系却有意识为中介，因而才能在自己的活动中提出目的。所谓目的，就是预想的结果，目的是自觉意识的产物，并成为行动的先导。"人本是一个依照目的而活动的东西，他没有一个目的，他什么也做不出来。"② 另外，人的活动导源于人的需要，"任何人如果不同时为了自己的某种需要和为了这种需要的器官而做事，他就什么也不能做"。③ 动物也有需要，但动物的需要同动物的行动直接同一，不存在意识的中介。动物的行动是本能的动作，没有达到对行动的预见和自觉把握。人的需要是一种客观规定，但人的自我意识又必然意识到自己的需要，表现为欲望和情欲。"人们已经习惯于以他们的思维而不是以他们的需要来解释他们的行为。"（恩格斯语）可见需要与行为之间有意识为中介，于是客观的需要转化为主观的目的，康德说："有理性者与世界的其余物类的分别，就在于有理性者能够替自己立个目的。"④ 人的行为总是有目的的，目的性就成为人的行为的基本特征。

"人是有形体的赋有自然力的有生命的现实的感性的对象性的存在物。"⑤ 亚里士多德在《尼各马科伦理学》中也曾指出，人类的活动具有指向某种目标的性质。人的目的反映了人的需要，而需要的满足，就在于对象。需要是有对象的，它总是指向外部环境中的某个对象。所以人的有目的的行为总是指向一定的

---

① 《马克思恩格斯全集》第 3 卷，人民出版社 1960 年版，第 96 页。
② 《费尔巴哈哲学著作选集》下卷，商务印书馆 1977 年版，第 627 页。
③ 《马克思恩格斯全集》第 3 卷，人民出版社 1960 年版，第 342 页。
④ 康德：《道德形而上学探本》，商务印书馆 1957 年版，第 51 页。
⑤ 马克思：《1844 年经济学—哲学手稿》，人民出版社 1979 年版，第 121 页。

对象，具有主体和客体的相对关系。

　　人在观念中设定了目的，又必须采取一定的手段，通过对象性的实践活动，改造现存的客观现实，从而使主观观念的目的现实地对象化，实现预想的结果。目的包含实现自己的趋向，它"通过扬弃外部世界的各个规定来使自己获得具有外部现实性形式的实在性"。① 使对象变化，就是目的的实现。可以说，目的指向对象，手段作用于对象，结果是对象的变化改造。目的的对象化，就是行为的对象性。行为的对象性特征是与行为的目的性密切联系的。

　　由于不了解人的社会性本质，人们往往孤立地看待人的行为，甚至仅仅看到单纯的动作，即使能够深入到自觉意识和目的，也看不到其中的社会制约性和社会意义。行为科学概括了行为的若干特征，却无视其社会性特征。实际上，人生活于社会关系之中，社会关系就成为人的行为的社会心理基础。众所周知，就行为前提的目的或动机而言，纯粹本能的动机，心理学很难证明。一切动机固然都有生理和心理基础，但都要受后天学习和参与的影响，受社会文化的限制，行为动机是个体与社会环境交互作用的产物，作为社会的人，每个人在社会上都扮演着各种角色，对社会角色的认识，决定了他的行为。人的行为也不是孤立的单个人的活动，总是在一定的社会关系中进行的，同他人和社会发生千丝万缕的联系并导致一定的后果。任何个人的行为都不是抽象的，都具有一定的社会内容和社会意义，社会性是人的行为的又一重要特征。

　　行为的目的性、对象性和社会性特征，集中体现了人的行为的本质，它是人所特有的对周围世界的关系的形式，是人类特有

----

　　① 《列宁全集》第 38 卷，人民出版社 1986 年版，第 230 页。

的生存方式。

认识了行为的本质和特征，就很容易揭示行为的构成。行为构成可分为内在和外在两个过程。行为的目的性揭示了目的是行为的基础和前提，黑格尔说，"我的目的构成，规定着我的行为的内容"，目的构成的生成过程就是整个行为过程的第一阶段，是内在过程。行为的对象性则显示目的的客观化和对象化，表现为外部的动作作用于对象。所以外部动作过程及其结果为行为的第二阶段，是外在过程。这也就是康德说的"人的行为的意志过程和效应过程。意志过程是决定做出某一行为的动机过程，效应过程是行为产生结果和起作用的过程"。或如西田几多郎所揭示的，"行为构成包括：外部的运动即动作和内在的意识现象"。若从需要产生到需要满足的过程，可分为目标整合和目标行动两个阶段。

在行为的内在过程和外在过程之间，还可区分出中介或过渡环节，这就是态度。中介衔接前后两端，蕴含两端各自因素。态度就是目的确定后的行为倾向，它既蕴含目的意识，又有行动的意向。态度还处于内在心理状态，是行为活动的心理准备。态度是预期的行为活动，是内隐行动，动作是实现的行为活动，是外显行动。

在了解了行为的一般本质以后，便可探索道德行为的规定。"道德行为就是道德在实践上的存在，是道德的活生生的实体"（阿尔汉格尔斯基），道德行为是道德的存在方式。

道德行为是善恶意义的行为，在一般行为本质之上增添了自己的特色，突出于行为的目的性上。

道德行为是"自知"行为。这种"自知"不仅是关于事实之知，关于事实之知乃是一般行为的认知，道德的自知是价值之知。行者的行为目的以自觉的价值判断为基础，没有这种自觉的价值判断，就不是道德行为。而这种价值判断，又以自身拥有的社会价值观念为标准。黑格尔曾说："道德的东西具有两重意义。在故意中的普遍与意图的特殊性。"在行为者的目的意识中，普遍（社会）性原则与个人特殊动机的联系，社会理性与个体理性相交融而存在。

构成价值判断的道德理性是一切道德行为的基础和内容，《大戴·礼记》说："知可为者，知不可为者，知可言者，知不可言者；……是故审伦而明其别，谓之知，所以正夫德也。"真正的道德行为是有意识地导向最高目的的行为，是清醒地了解伦理原则和规范而付诸实践的行为，是依据理性而履行义务的行为。道德行为意味着一个人对善、义务有完全和确实的知识，无"知识"和无"意识"的行为，不是道德行为。

道德行为也是自主的行为，是自由选择的行为，即由自己意志决定的行为。康德说："没有意志自由的地方就没有道德。"①道德行为必须是行为者自己自由意志做出的抉择。理性只能判断善恶而无决定能力，意志才能根据理性判断做出选择和决定、所以道德行为的突出特征是"意志的行动"。没有独立意志做出自我选择的行为，不是道德行为。

在行为对象性上，道德行为的对象客体，则限定为另一主体——人（或间接的人）。正由于对象是人，就使主体在行为客体对象的效应中反观自照，责任说明人格，获得双重的行为价值。而对象客体是另一主体，则规定道德行为必须发生在与他人的社会关系中，与一般的行为不同，显示了直接社会性的特征，不及于他人的行为或仅止于行为的意向，均不属道德行为。

---

① 康德：《实践理性批判》，商务印书馆 2000 年版，第 31 页。

三　行为的发生与选择

行为包括内在和外在过程，或如康德所说包括意志过程和效应过程，如果从行为构成来研究行为的发生，无疑应首先考察这个内在过程即意志过程，或动机过程，动机过程也是目的过程或目的的整合，包含一系列意识过程和环节。人的需要是行为的基本动因，需要趋向于满足，在主体意识中体现为狭义的动机。动机的原意是引起动作，"机者，发内而动外"（《管子·七法》注），"机者，发动所由"《大学》注），"几，萌兆也"、"几，初也"（《荀子·解蔽》注），都说是行为的起因和行为的发端，心理学把动机认作是激励个体发动和维持其行为并导向某一目标的心理过程。

动机进一步指向一个外在的目标，动机就发展为目的。动机是意识到的行为动因，目的是观念中预设的行为结果，动机是目的确定的内在根据，目的是动机指向的外在目标，由于目的是外部对象进入主观观念，所以外在因果性制约着目的的内容。目的的设定既需要一系列心理过程和意识结构，目的的外在因果性也决定了目的的整合。整个动机过程或目的整合过程既是主体意识的活跃和升华，也是主体和客观环境交互作用的过程。

与行为的动机过程或目的整合相联系的是行为能否自由选择。行为能否自由选择，就是意志自由问题。

何谓意志自由？在哲学、伦理学史上有非决定的、无前因的所谓自因说的自由，"自由意味着无因的意志"，是无需任何前提的自我引起的东西。绝对决定论则相反，否认有自由意志存在，一切都处于因果链条中，任何行为或意志本身都是预先决定的。

但大多数论者认为，意志自由"只是指可以照自身意志的决定来行为或不来行为的一种能力"。意志自由是行为者按自己的意愿行为的自由，是不受他人意志的干涉、外力影响的自由，在这个意义上，意志自由也就是意志的自主自决能力。这是为大家所承认的通常的说法。

意志自由是人的特性，是整个人类在历史发展中获得的，并且由每个个体去重新获得。

意志自由是同人的意识的发展相联系的，在人类发展初期，意识和实践同样贫乏，它只能作为原始人的直接需要引起的主观行动，无自由意志可言。随着人的实践的日益丰富复杂，意识也发展起来，在能够运用关于外界物的属性、规律的认识的意义上，意识具有了相对独立性，并且反转来影响实践，当达到这样的程度，在意识发展的这个阶段上，就产生了人类活动的某种自由。也就是说，按照对外界物的认识，人的意识为自己确定一个目的，并按照目的而行动，这就是意志自由。意志自由的特征就在于具有自觉的目的，意志自由概念是与目的概念紧密联系的。

承认意志自由并不是离开决定论，因为意志自由只是指设定目的并按目的而行动，然而目的依然受因果制约。目的是客观结果的主观化和自然现象的主观规定，作为目的意识，形式是主观的，内容是客观的，承认意志自由与决定论的统一，同承认人是主体和客体的统一，能动性和受动性的统一相一致的。

从意志自由与决定论的统一来看，意志自由可被认为是选择的自由。实践的发展和客观世界的多样性，决定了人的需要及其满足手段的多样性，从而在一定的客观条件基础上，存在着多种行动的可能性。在此范围内，人的意志有选择不同目的和不同行为的自由。

再从意志自由与决定论的统一来看，行为选择可理解为内部因素和外部因素的交互作用。外部因素是作为行为环境的社会文化因素和自然因素，是行为选择的客观前提。"如果他要进行选择，他总是必须在他的生活范围里面，在绝不由他的独自性所造成的一定事物中间去进行选择的。"①　客观决定性和意志的被决定性给人的意志自由规定了界限，精神不能超越物质的界限，意志自由只是自由的选择，并不是超越。它只能在客观条件提供的多种可能性中自由选择，社会心理学的帕金斯选择理论指出，先在的文化因素预先决定了个体选择的范围、方法和心理格局，任何个人都是在特定的文化关联域中进行选择的。

然而在客观前提下，行为选择的决定性作用在于内部因素，即主观选择能力，客观条件无论怎样简单明白，怎样优越方便，也只提供行为的可能性，何况客观情况复杂隐蔽，并不提供直接行动的环境。黑格尔说得好："规律不会行动，只有现实的人才会行动"，②　在客观前提下，行为选择的决定因素是人的内部因素。内部因素包括个体前选择因素，即已建立了的认知结构如对外部事物的认知判断能力和价值观等，以及意志决定能力即意志的强弱水平。

道德选择即道德行为的选择中，突出体现主体选择的特殊地位以及主体能力的特殊要求。在道德选择中，主体的认知客体不仅是"真相"，而且是事件和行为的价值。道德选择是价值选择，其认知判断不同于一般逻辑判断，夫辨者将以明是非之分，审治乱之纪，明同异之处，察名实之理，处利害、决嫌疑焉《墨子》。这里所谓"辨"，即有价值判断的意思。梁漱溟也把道德理性与理智加以明确的区别，认为，"理智者人心之妙用，理性者人心

---

① 《马克思恩格斯全集》第 3 卷，人民出版社 1960 年版，第 355 页。
② 黑格尔：《法哲学原理》，商务印书馆 1961 年版，第 154 页。

之美德，主动性、灵活性、计划性者，人心之妙用，顾于人心纯清伟大光明公正之德尚未之及焉"。① 逻辑判断与事实判断在于获得事实性反映，所谓事实性反映是主体对客体的真实反映。价值判断则是主体对客体价值的评估衡量，有一个价值标准为前提，价值判断的结果不仅依赖于判断的客体本身，而且在很大程度上还依赖于判断的主体，受制于判断主体的观点、信念、情感、趣味等主观因素，所谓"仁者见仁、智者见智"。包尔生指出："自由在于选择，但又不是基于欲望的选择，而是理性自身的道德规律发号施令"（《伦理学体系》），在这个意义上，康德坚持理性规律与自由的统一是道德的真谛。道德选择的自由，不是脱离任何依据、准则而完全随心所欲，重要的是行为者对社会伦理规范的认同。正如包尔生所说："意志自由意味着依靠理性和良心，根据目标和法则，独立于感官冲动和爱好而决定一个人的生活的能力。"② 而《大戴·礼记》也突出了道德理性，"知可为者，知不可为者，知可言者，知不可言者，知可行者，知不可行者，是故审伦而明其别，谓之知，所以正夫德也"。道德选择的优劣和正误，很大程度上正是取决于行为的内在道德理性。

　　道德选择的主体能力，从上述考察可知，就认知结构或内在意识结构而言，首先是道德理性的发展水平。进一步考察则从理性到意志。"选择为意志的固有活动，系意志对于实现目的之理性衡量或思虑的同意。"（托马斯·阿奎那语）意志是人自觉地确定目的并支配其行动以实现预定目的的心理过程，意志过程首先是决定的采取包括目的的设定、动机的斗争和手段的选择，然后

① 梁漱溟：《人心与人生》，学林出版社1984年版，第85页。
② ［德］弗里德里希·包尔生：《伦理学体系》，何怀宏、廖帕译，中国社会科学出版社1988年版，第401页。

是执行决定，调节、控制行为以实现目的，包括调节内部动机、克服内在障碍和外在障碍。意志在行为选择中的这一重大作用，黑格尔在《法哲学原理》中倒是很明确指出了。他说："人唯有通过决断，才投入现实。因循怠惰的人才不愿从内心酝酿中走出，有自信意志的人不会在被规定的东西中丧失自己。"在中国古代伦理思想中也有所谓"诚之者"，"也即择善固执"。并说，"人一能之，己百之，人十能之，己千之，果有此道矣，虽愚必明，虽柔必强"。意志在这里被理解为推动人们去行动的一种内在力量和决心，是人们把自己的主观动机、目标、意图贯彻在自己行为中的一种推动力量。一个行为的实现，必须经过意志的决定，没有意志的决定便不可能有任何行为。道德行为的选择，尤其如此，荀子曰："小人可以为君子而不肯为君子，君子可以为小人而不肯为小人。小人君子者未尝不可以相为也，然而不相为者，可以而不可使也。故涂之人可以为禹，则然；涂之人能为禹，未必然也。……然则能不能与可不可，其不同远矣。"① 荀况这段话说了可能与现实的区别，要使可能转化为现实，就在于行为和意志。

不仅理性和意志，情感也是行为选择中内在意识结构的重要因素。关于情感的功能后文将详细展开，这里从略。理性、意志和情感都不是各自孤立地起作用的，相反，总是相互联系、相互渗透、相互制约而共同决定行为的。在道德选择中，意志是中心，理性作为意志的前提，不仅在确定目的中，而且在执行决定中起着强化意志的作用，"思虑熟则得事理，得事理则必成功，必成功则其行之也不疑，不疑谓之勇"（韩非：《解老》）。同样，情感也有强化意志的作用，"激情、热情是人强烈追求自己对象

---

① 《荀子荀注》，上海人民出版社1974年版，第265页。

的本质力量"，① 心理学认为，影响选择认知有两个因素，一个
是外部刺激的新异性和强度，另一个是个人的特性。而可以影响
选择性的是领会的广度和选择感受性的心理定向，还有个人的情
绪欲望。道德选择不仅存在于行为的发生，而且存在于行为的整
个过程。有的伦理学家就认为，道德选择有两种形式，一种是价
值定向形式，动机化过程是其基础；一种是目的实现形式，合理
手段的选择和决定的执行是其基础。因此道德行为选择依赖着全
面而和谐发展的内在道德意识结构。

概而言之，道德的内在意识结构作为动机过程的心理和意识
基础，是道德行为选择的主宰者。这一问题是伦理学研究的老命
题，在古希腊就有"行为的神秘指导者"的研究，在中国古代就
有性善和性恶的研究。两千多年来绵延不绝，引发了幸福论、快
乐论、功利论以及感情主义和理性主义、自然主义和理想主义的
分野，性善论和性恶论，先天说和后天说等等的区分，充分说明
它在伦理学发展史上的重要地位。详细探讨意识问题将在下
一章。

四 道德选择的内在规定性

所谓道德选择是指个人在形成道德动机以前和过程中，在形
成动机的各种要素及其复杂关联中，独立自主地采取某种决定的
意志活动。或者道德选择是指在道德生活领域人的行为方向出现
多种可能性而需要决定一种行为方向的那种道德活动。道德选择
是道德的本质特征，也就是说道德选择是道德的根本特性。从亚

---

① 《马克思恩格斯全集》第 42 卷，人民出版社 1979 年版，第 169 页。

里士多德开始，就明确揭示了这一特征，并对此作过不少论述。如说："德是一种在行为中造成正确选择的习惯"，"德行和过恶都出于自愿"，"德行依乎我们自己，过恶也依乎我们自己，因为我们有权力去作的事，也有权力不去作"。① 还说："选择是德性所固有的最大特点，它比行为更能判断一个人的品格。"② 中世纪托马斯·阿奎那同样认为："在伦理学领域里，'选择'是伦理行为的核心。"近代康德进一步明确指出："意志自律是一切道德法则所依据的唯一原理。"③ 当然他是从唯心主义的先验理性的角度提出和论证这个问题的。我国古代思想家以不同形式描述了这一特征。孔子说："见得思义"，"不以礼节之亦不可得也"，意即人当有所为、有所不为，作自我控制。孟子的"生亦吾所欲也，义亦吾所欲也，两者不可得兼，舍生而取义也"，则以实例指出道德的最高选择。荀子说："心之所可中理，则欲虽多，奚伤于治？心之所可失理，则欲虽寡，奚止于乱？故治乱在于心之所可，亡于情之所欲。"④ 心之所可，所可中理或失理，也就是选择，荀子以道德选择论治乱，揭示了行为选择差异的原因与其后果。

康德甚至说："在没有意志自由的地方就没有道德。"他的这一论断在黑格尔那里得到肯定并作了进一步的阐发。黑格尔指出："这个关于意志的自我规定和动机以及关于故意的问题，在道德领域中才被提到日程上来"，道德主要地包含着我的主观反省，我的信念，我所作的遵循普遍的理性的意志决定或普

---

① 周辅成：《西方伦理学名著选辑》，商务印书馆 1964 年版，第 306 页。
② 《尼各马科伦理学》，中国社会科学出版社 1990 年版，第 45 页。
③ 《实践理性批判》，商务印书馆 1996 年版，第 33 页。
④ 《荀子荀注》，上海人民出版社 1974 年版，第 253 页。

遍义务。① 自由选择的问题"在道德领域才被提到日程上来",
问题已经提得十分明确,正如后来恩格斯所指出的一样,恩格
斯说:"如果不谈谈所谓自由意志,人的责任,自由和必然的
关系等问题,就不能很好地讨论道德和法的问题。"② 自由意志
即自由选择问题,似乎是道德的核心问题,离开了这个问题,
就不能理解和处理道德问题,就不能把道德和法加以严格的区
分。在这个意义上,阿尔汉格尔斯基说:"道德选择理论是整
个伦理学理论的基础。"③ 因此,我们说道德选择是道德的本质
特征。

　　道德选择是道德的本质特征,这就是道德选择的内在规定
性。那么,道德何以有此特征,在道德领域主体选择何以有其特
殊地位,为什么特别赋予道德领域以特殊的意志自由?回答这些
问题,我们的思考就进入道德现象的深层,同时也就具体展开道
德选择内在规定性的深刻内涵。

　　第一,道德的超越性。

　　道德的超越性在于其应然性。道德是实践理性以规范形式向
人提出应该的要求,它回答的不是"是什么",而是"应该怎
样"。道德超越性的社会表现是道德的价值取向,是社会教化或
道德社会化过程,是协调社会关系趋向于一个目的以至于理想境
界的过程。在西方古希腊时代,人们的道德思考就是追求终极目
的,即至善或幸福,或善的理念,或合乎自然,或趋于逻各斯,
在中国古代,《大学》开宗明义第一句就说:"大学之道,在明明

　　① 《哲学史讲演录》第3卷,商务印书馆1959年版,第36册。
　　② 《马克思恩格斯选集》第3卷,人民出版社1960年版,第517页。
　　③ 阿尔汉格尔斯基:《马克思主义伦理学的对象、结构、基本方面》,杨远、
石毓彬译,中国社会科学出版社1990年版,第97页。

德，在亲民，在止于至善。"都是一种价值追求。

伦理道德作为社会意识形态是经济基础的反映，同时又有其意识的能动性，推动社会现实生活的发展。道德又往往是关于人际关系和人生目的，在人类世代以不同水平持续延伸的理想形态。所以道德是理想性和现实性的统一，来自现实而高于现实，"道德特点是它能反映实在的现实，并把它义务化，就是说它能表达客观的社会历史发展的必然性，而这一必然性对于存在的东西来说表现为应该的东西，表现为理想，表现为未来东西的模式。"① 任何现实的道德规范、义务、律令，都是一种"应该"，是社会的价值追求和价值导向，对社会群体和个体来说，都是一种新的超越。

道德超越性的个体表现是自我超越。就形式而言，个体道德行为的发生与坚持，总是一种超越。"行动的完成不是为了行动而行动。而是为了取得某种实际的效果，在具体行动中已经包含有某种理想的东西——关于目的的观念，关于必须做什么的观念。因为行动是达到目的的必要阶段，这一目的正是在任何行动的开端已经存在，先于活动而存在，它以应该的东西的形式表现出来。"②

就内容而言，道德的自我超越包括理性对情欲的超越和现实的我向应该的我或理想的我的超越。关于这点，费希特曾经说过："所谓道德，即放弃自私，即个性的超越。"动物与人都有欲望，其区别在于动物没有关系，其生活规律是生存竞争，自然淘汰。人则有交往关系，组成社会，其生活规律是合作。从而产生

---

① 科诺瓦洛娃：《道德与认识》，杨远、石毓彬译，中国社会科学出版社 1983 年版。

② 同上。

道德与法，以外部强制和自我规定的形式，使个体适应社会群体，获得秩序与和谐，这种自我规定就在于理性控制情欲，把本能欲望转化为人的需要，转化为理性欲望。此即理性对情欲的超越。道德的应然性就是以普遍的东西为目标和根据，把个人的特殊性上升为普遍，使特殊和普遍达到统一，无论道德意识或其孕育的动机目的，以及道德实践的变革性中，都有此种超越，黑格尔认为自然冲动违反人的本性，冲动是自然规定，一般地与自由和精神的概念相对立的。人是一种自由的本质，他具有不受自然冲动所规定的地位。因而他认为"处于直接无教养的状态中的人，是处于其所不应处的状态中"而且必须从这种状态解放出来，由自然"物性"状态解放出来，上升到社会人性的自由状态。这意思也就是恩格斯所说的"减少兽性，发展人性"，此即理性对情欲的自我超越。

道德超越性在个体的突出表现是，新旧自我的交替和新我尺度的递升。唐君毅明确指出这种道德自我超越的普遍特性："一切道德心理的本质都是自己超越自己。"是故《大学》有"汤之盘铭曰：苟日新，日日新，又日新"之句，要求不断地超越，永无止境。《易经》有"富有之谓大业，日新之谓盛德"，明白告诉我们，自我超越是盛德的真谛。古代西方一些思想家总结概括人们的道德经验，也提出一些有价值的意见，常常能达到这一点。塞内加尔把内省作为道德生活的必要条件，他认为不思考自己的生活最能使一个人变坏。马可·奥勃留说："一个人因为不注意别人的内心活动而变得不幸，诚属少见，而一个人若不注意自己的内心活动则必定不幸。"这种内省功夫，正是心灵的去旧更新，它是内在的超越，也必然要转化为外部关系的超越。由于道德的这种超越性，特别是内在的超越，决定了道德领域没有意志自由是不可思议的。

第二，道德的自律性。

道德历史发展的关节点就是道德自我意识的产生，作为道德自我意识形式的良心等等的逐步形成，标志了道德的生成过程，在此之前人们对社会规范的遵守，都是基于外部强制力，基于习惯与传统，很少有内部意识的指导和规定。伦理学家们常称道德发展经历了习俗道德到反省道德的过渡，或者说从前道德的习俗阶段过渡到道德阶段，所以有此阶段区分，端在于意志的自由选择。我国孔子早就看到了道德的这种特性，提出了仁内而礼外的思想，他说"礼云礼云，玉帛云乎哉"，"人而不仁，如礼乎"，中国伦理思想史上因此出现了道德内省的功夫学。在西方，《尼各马科伦理学》是一本"经过深思熟虑，出于一个伟大天才之手的作品"，亚里士多德的这本最早的成熟的伦理学著作，全面考察了道德问题，而首先对行为选择作了详细的研究。它既不是意图，也不是意见，"选择是德性所固有的最大特点"。选择说明"人是自身行为的始点"，"做一个善良之人还是丑恶之人，也就是由我们自己"。

道德与法律，同是社会规范，起着各自的社会生活的调节控制作用。但是道德与法律有着根本的区别，法律是依靠外部强制力，依靠国家强制机构来维持法律的权威，它依靠强力机构的惩罚手段来保证社会成员对法律的遵守，以罪与非罪判定人们的行为，一当失去强制力，一当执法机构或执法能力的缺失，法律也就荡然无存，正如列宁所说："如果没有政权，无论什么法律都等于零。"道德则不同，它不是依靠外部强制，它没有实行强制的机构，它只能依靠社会舆论的说服和个人内在道德意识的决定，它是软性的，既不是硬性规定，也不是强制执行，它不是用畏惧惩罚来保证，而是靠社会成员的情感信念，人品来实现。它能形成一种个人的精神生活和社会的道德氛围，孔子早就说到道德与法律的这种严格区别：“道之以政，齐之以刑，民免而无耻，道之以德，齐之以礼，有耻且格。”当然，道德和法律各有其社会调节功能，不可偏废，要法治与德治并重。但是由此也可以看到，道德与法律的根本区别就在于道德的自律性。

马克思曾指出，道德的基础是人类精神的自律，道德的这种精神自律性也引申出道德的意识性，人们必须有一个道德的精神世界。行为选择表明，人是自身行为的始点，行为主体必须是自知的和自愿的，他不仅要有明确的是非观念，以理性去理解接受外部社会规范，还必须把它们融化为自己的情感信念，变成了自我的道德意识，变成了自我规定和自我决定，就是说形成一个稳定的道德内心世界，达到一种精神境界，起码的道德行为选择由起码的道德意识决定，高尚的行为选择由主体的高尚道德意识决定，于是意识决定行为，道德决定人品。道德的这种意识性，通过人们的行为选择，通过人品，构成社会道德生活的全部内容。

道德的自律性决定了在道德活动中的一个根本现象。一切道德研究和道德教育都强调行为主体意识的作用，强调道德的内心说服力，以人的心理韵律促进道德意识的发展。“道德甚至作为社会风尚也被认为旨在促进社会成员之理性的自我指导或自我决定。”① 道德教化和社会道德建设要着眼于提高人的道德素质，形成人的内心世界。

道德的这一特性，也是许多伦理学派失足之处，他们从道德的主体意识作用得出了道德起源于天生的人性。天赋论认为人有与生俱来的善恶感情和是非原则。孟子的“四心四端”说和沙甫慈伯利的“天生社会情感”都如是说，甚至伟大的资产

_____

① ［美］威廉·弗兰克纳：《善的求索》，辽宁人民出版社1987年版，第15页。

阶级革命思想家卢梭虽然认为人类完全有选择善恶的能力，并正确地阐明了良心的作用，但又认为"在我们的灵魂深处生来就有一种正义和道德的原则"。"有些著作家甚至认为，道德的唯一的特有动机或约束乃是为仁慈的感情或为做正当之事的欲望那样纯粹内在的动机或约束。"①（弗兰克纳）殊不知道，这种内省和内在意识绝不是纯粹主观作用和主观自生的，道德有其社会经济基础和人们的实践基础，道德规范和道德舆论是道德调节的社会形式，它们与个体道德意识与道德选择交互作用，构成社会道德生活的全部内容，因此从道德总体说，道德乃是"规范性和主体性的统一"。

道德的自律性无疑与道德选择密切联系，道德选择即意志自律，道德的自律性乃是道德选择的内在根据。

第三，道德的善我性。

意识上的自我规定和关系上的行为实践，乃是道德人格的自我展现，黑格尔认为，道德不是达到目的的手段，道德自身即是目的，它所追求的不是福利而是善。小仓志祥在《伦理学概论》中引亚里士多德指出的"创作的目的存在于创作活动之外，行为则与其相反，好的行为其自身就是目的"的观点，认为这表示道德活动要依靠自己行为目的的人格来承担，从而具有实现人格的意义。伦理规范的功利性与道德命令的非功利性，伦理的他律与道德的自律，体现了道德目的的善我与功利二重性，就社会全体观之，伦理道德以义利并重为原则，就个体道德生活观之，则应重义轻利，以义为先。历史上的快乐论、功利论以及个人感官欲望满足和感性快乐为善的原则，现实生活中以追求个人利益即为道德的所谓"道德新思维"是背弃伦理，"物化"人类，背离道

---

① ［美］威廉·弗兰克纳：《善的求索》，辽宁人民出版社 1987 年版，第 15 页。

德的真义。

德行见德性，道德行为具有利他和善我的双重价值。在认知行为中，知识的向度是外射的，它虽然发生于人自身，但不是自我导引，道德的向度不仅是外射的，而且具有内返性，因为道德发生于主体与主体的关系，在行为选择中道德不只决定于我的行为对象，更重要的是决定于我自己，在道德行为中，我自己即是一个目的，是自我决定和自我实现，既利他而又善我。道德行为的特征是经由意志而表现出来的人格意识，所谓义务、责任就是从完成某种社会道德要求的角度说明人格。黑格尔说："有教养的和能内省的人，希求他本身体现在他所做的一切事情中。"①人各有志，各有追求，有人追求享受，有人追求奉献。但是，德行见德性，要是一个人的全部生活都奉献给一种道德追求，那人们在这个人身上就看到崇高的善。这就是道德的善我性。

正是道德的善我性，决定了在道德生活中必须贯彻意志自由和意志选择，从而也揭示了个体内在的道德需要是个体行为品质的源泉和价值水平的尺度。

第四，道德的情感性。

培根曾经指责伦理学说绝大多数都没有重视对情感的研究，亚里士多德写了几卷伦理学竟没有研究伦理学的主要对象情感问题。培根认为情感应是伦理学研究的重要内容。在中国古代，韩愈反对佛道"灭情以见性"，认为："情而处其中"，合乎中道的道德情感是高尚的情感，不能否定，李翱认为情动而正，"中于节"，这种情同善是一致的。王安石也认为："情动而当于理，则圣也、贤也。"他们所肯定之情，都是升华的情即道德情感。

以往伦理学研究中，道德往往被看成仅仅同人的意志方面有

---

①　黑格尔：《法哲学原理》，商务印书馆 1961 年版，第 112 页。

密切联系，其实重视道德意识的理性与意志方面和重视道德意识的情感及其变化方面，都是必不可少的，道德情感是道德行为的强大动机，"人的行为是一个有机整体，情感则构成了行为方式的动力状态，没有一个行为模式不以情感为动力"。[①] 作为一种内在力量，道德情感对道德行为的发动，调控和完成，都起着十分重要的作用。

社会道德与个人道德是密切联系的，个人道德就是社会规范的内化与外化，在这内化与外化中，如果没有情感的拨动，社会道德只是一种形式的善，只是一种他律，"如果这些知识不在人的感性体验，偏爱和需要的烈火中熔化，任何道德规范、义务、禁令等知识，都不能保证个人道德上的可靠性"。[②]

从道德行为的动力，规范的内化和外化，到整个意识结构，都可看到道德情感的因素及其关键地位，尤其是，道德的"自尊和爱人"的本性，更显出道德情感的核心地位，雪莱说过"道德的最大秘密就是爱"，这话虽然简单，但也形象地揭示了道德的某一方面实质。宗白华在他的《美学散步》中也有一段话说得很有意思，他说："孔子知道道德的真精神在于诚，在于真性情，所谓赤子之心，扩而充之，就是所谓仁。"[③] 我们也可以说，道德情感乃是道德的本质特征或存在方式之一。

正因为如此，道德的行为功能及传播中介也都显示情感形式。"仁以感通为性，以润物为用。"[④] 以"感通为性"即是仁以情感交融为本质特征，也即所谓"夫子之道一以贯之，忠恕而已

---

① 皮亚杰：《儿童心理学》，商务印书馆 1980 年版，第 86 页。

② ［苏］季塔连柯：《情感在道德中的作用感觉论原理在伦理学中的作用》，载《哲学译丛》1986 年第 3 期。

③ 宗白华：《美学散步》，上海人民出版社 1981 年版，第 188 页。

④ 牟宗三：《中国哲学的特质》，台北学生书局 1963 年版。

矣";以"润物为用"即其功能在于予人以温暖。道德情感的贫
乏,足以造成一种道德隔阂,冷漠空虚的气氛,形成精神的疏
远、冲突和自我折磨的心态。相反,丰富的道德情感,可以形成
道德上的相互理解、尊重,从而保证协调和谐的相互关系。

情感的深化和净化是个体道德形成过程的特征,道德情感的
培育直接表明个人道德素养的水平,个体的道德积极性和坚持
性,也总是通过情感的心理机制表现出来。

人们不会去爱他所不爱的人,不会去做他不喜欢做的事,道
德活动中的情感机制本身体现了道德的自主选择,道德的情感性
无疑是规定道德选择特征的内在根据。

行文至此,我们可以看到,从道德选择是道德的本质特征,
足以窥见道德领域的一系列问题和伦理学理论的一系列原理和原
则,因而行为的研究确是具有道德研究的起始意义。

第 三 章

意识奥秘（上）

　　意识是道德的存在形式，道德的一切方面、一切部分无不表现为意识，或内蕴着意识。要深入理解和把握道德的实质及其运作机制，不揭示意识的奥秘是不可能的。上一章我们讨论了标示道德现实存在的行为，在研究行为的发生与选择时，发现除外部环境外，就得深入到行为的内在动机和行为的定向依据，而决定行为动机和选择方向的，正是内在的意识结构。因此，只有充分揭示意识之谜，才能透彻了解全部道德现象。意识活动原理是伦理学的重要原理。

一　揭秘之钥

　　研究道德意识，注重从外部物质条件、经济关系探索意识的本质，固然重要，是研究的基础和前提。但更重要的还在于研究它的产生和运行的规律，以便直接为实践服务，恩格斯曾强调这一方面的研究，他承认他和马克思在把意识与外部经济事实联系起来时，"为了内容而忽略了形式方面，即是由什么样的方式和方法产生的"。① 在研究道德意识本质的同时，我们更要研究它的产生和运行规律。长期以来伦理学研究在这一方面是相对缺乏的。

为了要研究道德意识的产生和运行的规律，必须解决两个方法论问题：其一是意识产生的实践和社会关系条件；其二是社会意识与个人意识的相互关系。

1. 意识与活动统一的原则

什么是意识？意识是人所特有的，作为人的精神现象，意识是意识到了的存在，这是一般唯物主义就解决了的。费尔巴哈认为意识是大脑的产物，是客观存在的反映，他说，意识以存在为前提，意识本身只是被意识了的存在，但他认为意识恰如一面镜子，直观地反映存在，而存在仅仅是外部自然界。马克思则认为，人不是单纯的自然物，人是实践的，结成社会关系的，因而意识必然以实践与社会为前提。

意识以实践活动与社会关系为前提，这就是说，意识是在实践活动和社会交往中发生的。弗洛伊德在研究意识发生时也有类似发现，他从泛性论出发，认为语言是以招集性的伴侣的手段开始的，在后来的发展中语言的元素被用作原始人从事各种工作时伴发的声音。按照这种有韵律的重复发生的声音，工作由联合力量完成。马克思则明确指出："语言和意识具有同样长久的历史，语言也和意识一样只是由于需要，由于和他人交往的迫切需要才产生的。"② 在马克思看来，意识在同对象的关系中以劳动实践和社会关系为中介。所以在马克思那里，意识就是意识到的活

---

① 《马克思恩格斯选集》第 4 卷，人民出版社 1972 年版，第 500 页。
② 《马克思恩格斯全集》第 3 卷，人民出版社 1960 年版，第 34 页。

动。无论对自然或社会,人都是在实践活动,也是在社会交往中达到对对象的意识。从而意识并不是对存在的直观、静止的反映,而是积极自觉的、能动的反映。意识的反映具有强烈的主体性。此种反映不仅取决于客体状况,也取决于主体状况。主体的兴趣、爱好、价值观以及认识能力,都会影响意识反映的角度和深度。

实践活动规定了意识的对象性功能。意识是主体对客体的自觉整合过程。其结果马克思称之为知识,"意识的存在方式,以及对意识说来某个东西的存在方式,这就是知识"。因而意识分类若按其内容的对象可分为对象意识和自我意识。对象意识是对外部对象的意识,包括关于客观自然的意识和人类社会的意识,自我意识是以自身为对象的意识,若按内容的主体需要可分为认知意识和价值意识,认知意识是纯粹客观对象的意识,不加自身欲望和好恶评价;价值意识是主体需要、愿望与客体属性的契合。

实践范畴不仅使唯物的直观反映论上升为辩证的能动反映论,而且使唯物主义贯彻于历史领域。正是人的实践活动形成了物质生活的生产方式,以及对其反映的社会意识。存在决定意识的一般唯物主义命题转化为社会存在决定社会意识的历史唯物主义命题,特别有力地说明道德等等社会意识的本质及其产生的前提。

实践活动还规定了意识的物化或外化要求。人是对象性的存在物,意味着人既是受动的,又是能动的,人的实践活动是对象性的活动。当意识的结果——知识被用于对象性活动的时候,即表现出意识的能动性本质或意识的活动本质。意识是一种关系,"我对我的环境的关系是我的意识"。^① 意识是主体与客体的中

---

① 《马克思恩格斯全集》第 3 卷,人民出版社 1960 年版,第 34 页。

介，它既是主体对客体的认知，更是主体对客体的实践关系。意识的目的性就在于它的对象化，即它的客观化和现实化趋势，整体看意识的活动与人的整个实践活动是密切结合的，意识活动是整个人类实践活动不可缺少的组成部分。这就是说，社会意识的本性是参与社会活动，成为社会历史进程最重要的必要条件，任何社会的物质生活和精神生活，物质文明与精神文明总是同时存在，相互作用，亦步亦趋地变化和发展的。

道德意识是由社会物质关系决定的，是在人们的实践活动和社会交往中产生的。它作为社会的伦理观念，属于对象意识；作为个体道德意识，则既有对象意识的成分，更多的又是自我意识，道德意识与人们的行为相结合，也能实际改变现存关系和创造新的生活。可以肯定，道德意识作为社会意识，我们要研究它的产生和动作，无疑应当遵循意识与活动统一的方法论原则。但是道德意识还有其复杂的一面，还必须遵循社会意识与个人意识有机统一的原则，否则仍然无法透彻了解意识的奥秘。

2. 社会意识与个人意识统一的原则

社会意识与个人意识二者既有区别，又有密切联系，社会意识是指一个社会、一个民族或一个阶级的共同意识，它是普遍化的、相对稳定的、系统化的意识形式，往往以理论形式或普遍形式表现出来。社会意识是超越个人心理的"客观思维"的形式，不同于与活动紧密联系的个人心理感受，是经过整合的比较高级的观念形态的东西或思想体系。个人意识是与心理活动直接联系的个体所具有的意识形式。是零散的、不系统的主观感受或个别观点，或虽比较系统但又带有个性特征，甚至与社会共同意识不同的意识形式。

但二者不是完全对立而是统一的。社会意识不是离开个人意

识而单独存在的某种抽象的精神实体，如唯心主义所理解的"绝
对精神"、"理"或道。恩格斯说："人的思维仅仅作为无数亿过
去和未来的人的个人思维而存在。"① 个人意识是社会意识的存
在形式。同时，个人活动的现实性和直接经验性，是意识的活的
源泉，或者说，个人意识的原发性构成了社会意识对个人意识的
某种依存性，社会意识只是个人意识的集合和普遍化，任何民族
的意识归根结底都是由个人或少数个人创造的，当然个人意识也
离不开社会意识，因为个人意识是在社会交往中发生的，不可避
免是在社会意识影响下形成和发展的。个人意识并不仅仅是个体
生理心理的产物，而是社会的产物，任何个人意识都是在与外部
社会亿万次的接近和交往中生长、发育、开花、结果。每一种个
人意识成分都凝聚着历史文化遗产和当代精神成果。个人意识在
一定程度上不过是社会意识的个体化。

如果加以概括，社会意识与个人意识的辩证统一关系主要有
两种：其一是整体与个体的关系。整体由个体组成，社会意识是
无数个人意识的集合（当然不是简单相加，而是整合或综合），
社会意识存在于个人意识，由个人意识体现和实现。而个体是整
体的个体，个体意识不能游离于社会意识，要受社会意识的影响
塑造，成为它的一个部分，一个组成元素。其二是互为因果的关
系。个人意识一旦扩散影响其他人，为社会所普遍接受，就成为
社会意识。但个人意识又总是受社会意识的制约，个人意识并不
是纯粹的主观设定，即使自我意识也以他人的存在，与他人的关
系为前提。

在道德领域，道德意识具有结构层次。在道德意识结构上，
可分为社会道德意识和个人道德意识两大部分。社会道德意识和

① 《马克思恩格斯选集》第 3 卷，人民出版社 1972 年版，第 125 页。

个人道德意识又分别有其自身结构。社会道德意识包括：首先是道德规范和准则。它们是社会道德意识最集中最普遍的形式，是表达道德意识基本内容的成分，也是道德存在和道德思考的根据。其二是价值目标。规范和准则的总和是社会道德意识结构的静态层面，价值目标是社会道德意识结构的动态层面。它是一切规范准则的实质和归宿，一切价值取向功能联系的中枢。其三是社会道德舆论。与前二者不同，它是社会道德意识中直接倾向于实践的部分，是意识的反映性与实践性统一的集中表现。因此舆论状况常常是社会现实道德状况的晴雨表和温度计。

个人道德意识的结构由于其紧密结合着心理过程，很难分析清楚，伦理学与心理学对此至今尚未透彻了解。如果把它与心理活动相适应，则可分为道德理性、道德情感、道德意志、道德信念和道德需要等等。

道德意识的层次，可分为深层和表层两个层面，实质上它们也与社会道德意识和个人道德意识的不同存在相联系。其深层是作为社会意识形态的思想体系，是经过思想家加工的理论化、系统化的较为稳定的意识形式，主要如伦理学理论体系和道德规范体系等。它们是道德经验和日常道德生活的抽象提升，具有很强的普遍性和概括性，成为对社会伦理关系的间接但较深刻的反映，所以说是一种深层意识。其表层是人们日常道德生活中的道德心理、道德经验和道德舆论等，大多表现为个体的感性具体的形式，是人们在社会交往中形成的社会心理在一定道德情境下的唤醒。它们是对社会伦理关系的直接反映，但还往往处于心理层次和经验层次。所以是一种表层的意识。

社会道德意识与个人道德意识之间的相互关系，也是辩证统一关系。但较之其他社会意识形式，更加错综复杂，更加相渗互补，道德意识的产生和运作，任何时候和任何场合都为其所左右，诸如道德意识究竟是个体发生还是群体集合，行为动机是自我设定还是社会决定，个体意识是社会规范的内化还是自身心理的搏动？如果我们不是辩证地理解和把握二者的内在联系及其在活动中的功能，就难以把握道德的意识现象，更难以把握住道德的活动现象。

本章承续前章在探讨道德行为动机时引申出的个体内在道德意识结构，顺理成章地首先讨论个人道德意识问题，以便透彻了解行为发生的因果性和条件。下面则讨论社会道德意识，主要是它的规范形式和舆论形式，这又是理解个体道德意识的参照物。反过来，也可从个人道德意识反观社会道德意识的功能及其客观化的途径。

二　个人的存在和道德意识的个体发生

人不是抽象的存在物，是以具有肉体组织的独立的个人而存在的，是这些个人的共同活动和相互结合，形成人类及其社会形式。所谓社会就是各个个人交互作用的产物，而社会生产本身也是以个人之间的交往为前提的。马克思、恩格斯早已反复揭示个人的存在："任何人类历史的第一个前提，无疑是有生命的个人的存在。"[①]"以一定的方式进行生产活动的个人，发生一定的社会关系和政治关系，社会结构和国家经常是从一定个人的生活过程中产生的。""社会关系的含义是指许多个人的合作。"[②] 马克思还把历史叫做人们个人发展的历史。

道德作为社会现象，同样是个人之间的活动现象，是个人之

---

① 《马克思恩格斯选集》第1卷，人民出版社1972年版，第24、29页。

② 《马克思恩格斯全集》第3卷，人民出版社1960年版，第33页。

间社会交往的产物。道德意识作为人的意识，也直接存在于个人的意识。个人是行为的主体，也是道德关系的直接主体。无疑地，"道德直接表现为活生生的行动着的个人的道德意识"。①

道德意识的个体存在和个体发生，是由其自身的本质特性所决定。

1. 以心灵活动过程为心理基础

道德是社会调节的特殊形式，其特点首先是它与个人心理自我调节机制的直接联系，因此道德意识与个人的心理过程与心理因素是密切联系的，在这个意义上，道德意识以个体发生为前提，以个体道德意识为直接存在形式。

2. 以个人交往为物质前提

交往是人的存在方式，是人的历史活动的前提，没有人的交往关系，人就不能进行任何活动，交往也是社会历史活动的本身，是人的一切历史活动的基本形式，而"社会生产本身是以个人之间的交往为前提的"，社会生活也就无非是个人之间的交往活动。

意识归根结底是作为人的交往活动的反映和工具而参与人的交往活动。意识本身不会产生，只是"由于需要，由于和他人交往的迫切需要"才产生的。道德意识也不是脱离人的物质交往活动而主观自生的。它是人类交往关系发展的一定历史阶段应运而生的，从最一般和经常的意义上，道德意识是在个人之间交往中发生和发展的，正是在交往活动中各个人行为的善恶效应，引发了道德评价意识，启发了规范准则意识，从而在众多个体行为和个

---

① 阿尔汉格尔斯基：《马克思主义伦理学的对象、结构、基本方面》，杨远、石毓彬译，中国社会科学出版社 1990 年版，第 72 页。

体意识中，通过内化和外化的往复而逐渐引申出稳定的行为方式——规范。此谓约定俗成，其物质基础正是个体的交往行为。在这个意义上，道德意识不同于原始早期的禁忌，往往是个体发生的。

道德是精神生活现象，同时又是实践活动现象，它把精神意识同行为活动联系起来。这是道德的功能本性决定的，道德作为人的行为定向形式必然要贯彻到行为实践中去；道德作为调节、改变现存关系的积极力量，也要通过人的行为而实现。再从社会意识的能动性而言，道德作为社会意识的一种特殊形式，需要对象化、客观化，需要在实践上体现意识的力量。行为就是道德的客观存在形式，"是道德在实践上的存在"。小仓志祥说得好："伦理不像物理和数理那样是观察的客体，而是靠行为去实现的法则。""伦理是依靠每一个人的行为来实现的。"① 恩斯特·卡西尔同样认为："科学在思想中给予我们以秩序，道德在行动中给予我们以秩序。"②

个人的交往活动或个人的行动，是道德意识的物化、客观化的基础，是道德的现实存在形式，从而可以由个人交往是道德意识的物质前提引申出道德意识的个体存在的结论。

我们将着重从个体道德意识的道德理性和道德情感方面，阐述道德意识的个体存在和个体发生。

三　道德理性

个人道德意识与其所有者的心理过程及心理因素是紧密联系

① 《伦理学概论》，中国社会科学出版社1990年版，第25、123页。

② ［德］恩斯特·卡西尔：《人论》，上海译文出版社1985年版，第213页。

的。心理机制是意识形式的载体和功能工具，意识则对心理活动
赋予方向、力量和强度。我们在使用道德理性、道德情感、道德
意志等概念时，心理意义和意识意义兼容并包。因此叙述易致混
淆。我们力求区分使用，明确意识形式和心理机制两条线，明确
二者功能上的互补性。

1. 道德理性的内涵

理，在中国哲学史上一般指原理、道理或规律。孟子认为，
"心之所同然者何也，谓理也、义也。"① 意即人心中有共同的
理，即规则、道理。庄周所说"万物殊理"，则理为规律，万物
都有其特殊规律。又如韩非说："理者，成物之文也。"又说"万
物各异理"，则指一般规律和特殊规律。荀子讲"理"，多指政治
原则和伦理准则。至宋明时期，"理"除看做规律外，更是封建
道德原则的总称，"视听言动，非理不为，即是礼"。② "理"在
这里是一种最高的伦理原则，指人性中体现"天理"的部分。二
程认为，人性有天命之性和气禀之性，天命之性是天理的体现，
故称理性。

西方哲学不同流派对理性有不同规定。有的作为认识的形
式，唯理论者认为理性是知识的源泉，德国古典哲学把理性与知
性、感性一起，看做不同的认识能力和认识阶段。有的则把理性
看做某种思想原则，18 世纪法国唯物主义以合乎自然、合乎人
性的某种思想原则称为理性。

撇开他们各自解释的形式，就其实质而言，确有不少合理之
处。据此我们可把理性的内涵归纳为两个方面：一是指认识能力

---

① 《孟子·告子》，《四书集注》，岳麓书社 1983 年版，第 417 页。
② 《二程集·遗书》，中华书局 1981 年版。

和认识形式。理性即概念、判断、推理等思维形式和思维活动；二是指在人的意识中形成的思想、观念或知识，是思维活动的结果，是"移入头脑的物质实在"，"感性认识"的材料积累多了，就会产生一个飞跃，变成了理性认识，这就是思想。

道德理性包括道德知识和对道德情境的感知、解释和判断的能力，在这里有必要把意识和心理加以适当的区分。意识是对客观现实的比较系统的高级反映形式，进行了分析和综合，形成一种主观的观念形式，即构建一个主观世界，反过来对行为进行调控，它具有相对独立性、稳定性和历史继承性等特点。心理是人脑对外界环境刺激的反射活动。它是与人脑生理活动直接联系的心理过程，或者说心理是人脑的功能状态，心理仅仅是一种结构形式，意识则具有实质性内容，当然二者又是统一的，心理是意识的活动形式，意识是心理活动的内容和实质。由此可见，我们这里所说的道德理性作为一种个体道德意识结构的要素，是个人的内在的道德世界，也即某种稳定的既成的思想原则和观念，当然，另一方面，它也是某种心理过程，是道德认识活动和道德实践活动中的理性形式，是一种道德思维活动或思维形式。

下面将分别予以界定。

道德理性作为个体道德意识结构的一种要素和成分，属于知识形态，表现为思想、观点、原则，如公正观、平等观、生活观、金钱观、荣辱观等等，在更高意义上则表现为人生观层次。此外，如前所述，道德是一种实践理性，道德理性作为实践性其主要内容是规范和评价意识；应该怎样行为？什么是善、应该做的；什么是恶，不应该做的？即立身处世之道。在比较完整和稳定的意义上，则构成不同的道德立场或态度。

道德理性的规范性内容，表明道德理性与社会规范的密切联系。道德理性集中体现了个体对外在道德要求、社会规范的认识和把握，是个人对社会规范认同和内化的结果。

　　对于道德理性为什么是社会规范的内化，我们若从意识的社会本性即可做出简要的回答。但是若要具体准确地回答道德意识的这个问题，就不能不联系道德的特性了。现代美国著名伦理学家威廉·K. 弗兰克纳指出：道德至少在某一方面是一种社会事业。它是整个社会用来指导个人或较小集体的工具。① 道德首先是社会需要。而个人作为社会的人，要参与社会生活，道德同时也就是个人的需要。只有同时成为社会需要和个人需要，真正的社会道德生活才是可能的，道德才能协调各个个人的行为，使社会整体与个人各得其利，为此，必然的也是关键的问题是，在道德意识上社会与个人的相互沟通，这样，就不难回答何以个体道德理性是社会规范的内化了。当然内化是一个与个人生活融为一体的复杂的软过程，并非一眼就能看清，这将在后面进行讨论。

　　但是，问题还有另一方面，道德理性不仅是社会规范内化的结果，也是自我创造的产物。当然大多数情况下对大多数人来说，主要是社会规范的内化。不过值得一提的是，道德理性的自我创造也并不是主观自生的，仍然是由于外部条件的推动。

　　关于外部条件的推动有两种情况。一种是外部伦理关系的变化或出现了变化的趋势。它们作为与历史必然性一致的道德必然性，可以推动某些个人，由于他所处的地位而自觉做出反映。例如欧洲文艺复兴时期"是一个需要巨人而且产生了巨人的时代"，"他们几乎全都处在时代运动中，在实际斗争中生活着和活动着"。② 正是这样一个风起云涌的时代，产生了乔尔丹诺·布鲁诺，他把追求真理列为首要道德要求，把守信称为重要的德行。

---

①　《美的术学》，辽宁人民出版社1987年版，第12页。
②　《马克思恩格斯选集》第3卷，人民出版社1972年版，第445、446页。

认为守信是人们进行正常交往的必要条件，"没有守信和忠诚，契约就会混乱和无把握，社交就会受到破坏，社会也就要毁灭"。他赞颂勤奋和劳动能够战胜烦恼和逆境，开辟新的道路，获得财富，满足欲望，也能制服暴力、解除束缚。他还提出了"英雄的爱"和"英雄热情"的道德理想。布鲁诺的一生正是充满英雄热情、不懈地追求真理、追求理想道德的一生。[①]

另一种情况是现存伦理关系的非人性，推动某些个人的人道思考。例如中国明清之际社会矛盾加深，农民破产，民不聊生，封建伦理进一步发展了蒙昧主义和禁欲主义，这使同情下层人民的个人，憧憬新的伦理关系和道德精神。泰州学派创始人王艮从师而不满师说，反对封建道德的"天理"，提出"百姓日用即道"。清代扬州太谷学派创始人周太谷，同情贫苦农民，独立提出"亲爱"和平等的伦理原则，认为人人都是天之所生，应该人人亲爱。他还将自己大量土地无偿分给农民乡亲，实践其伦理原则。可见他的人道思考一定程度上超越了阶级局限。

这种个体道德理性的自我创造，或多或少与社会规范的内化同时存在或交织发生，成为道德意识演变的重要因素。没有合理的个体道德理性如星火燎原般的扩散弥漫，为大众所接受，就不会有道德的演化并向更高更合理的水准发展。当然个体道德理性的自我创造有其先在的社会文化基础，在这个意义上它仍需要社会规范的内化。况且，虽然经济关系归根到底是道德意识的源，但有源还有流，否定了个体道德理性的自我创造，社会意识的规范也就成了有源无流之水，这是不可能的。从历史过程的总体看，社会道德意识（规范）与个人道德意识的交互作用，才是整

---

① 周辅成主编：《西方著名伦理学家评传》，上海人民出版社 1987 年版，第 225 页。

个道德意识发展的源泉和动力。由此可以明确，承认道德理性是社会规范内化和个体自我创造同时存在，是非常重要的。否则就掌握不住社会道德进步的脉搏（同时也否定了社会与个人、客观与主观相统一的方法论原则）。

当代中国处于经济社会的转型时期，现存道德面临新的转变，无疑会不断涌现新鲜的具有时代特征的道德观点和规范原则，完成道德意识的转型。现代新型个体意识大致涌现于改革大潮的风口浪尖，发生于在历史斗争中生活和活动着的建设者，适应了时代的呼唤和大众的意志，绝不是心血来潮和信口开河。几年来多少口号昙花一现，只落得一片混乱，就是因为它们缺乏根据，不为社会接纳。威廉·K.弗兰克纳说："完全按照个人所想望的，或符合他的利益的东西来确定什么是正当的或善良的，这并不代表道德观点。"① 先进的人们应当为新道德的兴起作个人贡献，这是历史的重任，也造福于后代，但真正的意识创造，必须遵循：一是道德理由必须是符合社会发展趋势的某种规范判断；二是道德理由必须符合自由精神的生产（当然具有历史阶段的特征）；三是道德理由必须是能为大众所公认。

道德理性在心理意义上则是一种理性的心理过程和心理状态。理性的心理过程相对于情感或意志的心理过程，它是借助于语言（词）、概念而进行的综合与分析的思维活动，思维的本性是概括，黑格尔说："使某种东西普遍化，就是对它进行思维。"② 通过思维获得对事物本质的认识和解决问题的活动方法，表现为人们头脑中的思想、观点和观念。"在我思考某一对象时，

---

① 威廉·K.弗兰克纳：《善的求索》，黄伟合、包连宗、马莉译，辽宁人民出版社 1987 年版，第 13 页。

② 黑格尔：《法哲学原理》，商务印书馆 1961 年版，第 12 页。

我就把它变成一种思想，并把它的感性的东西除去，这就是说，我把它变成本质上和直接是我的东西"。道德理性就是运用道德语言、道德概念进行道德思维，以反映道德现实，把握社会规范，追求内心提升的心理活动。

　　道德理性作为个体的心理状态，反映一个人的心理素质和心理发展水平，本身是心理功能的表现。在一般认识意义上，掌握知识、建立信念、实践活动，都是在思维基础上进行的。人的活动效果很大程度上为理性能力或发挥理性作用的程度所决定。道德理性发挥作用的程度，对行为选择和自我完善有举足轻重的意义。

　　心理过程的这种理性形式，本质上是借助概念，进行判断、推理的抽象思维或逻辑思维。把握道德理性就在于把握道德思维，把握道德思维的本性。心理学把思维分类为动作思维、形象思维和抽象思维，道德作为社会意识形式，当属抽象思维。但它是"实践—精神地把握世界的方式"，作为实践理性，不同于一般的逻辑思维，更多地表现为"分析规范命题的逻辑，又称义务逻辑"。[①] 同时道德的主体性也决定了道德思维是一种主体性思维。与科学思维反映外部事物的属性及其联系不同，道德思维反映主体自身的价值。另外，我们也要看到，道德思维虽然以抽象思维为主，但也不免与其他思维种类交织互补，反映或参与道德生活，例如由于道德以实践活动（行为）为存在形式，不免与动作思维相联系；行为模仿也不免与形象思维密切联系；在道德评价和道德教育中又常以某种道德形象说明抽象原则和传递信息；至于以音容笑貌、态度举止表达精神内蕴，"万种情义均在不言

----

　　① 　科诺瓦洛娃：《道德与认识》，杨远、石毓彬译，中国社会科学出版社 1983年版，第 28 页。

中"，更是屡见不鲜的了。道德思维还需要想象，想象是特殊形式的思维活动，更具有形象性，"是以在头脑中构成新形象为前提的"。① 道德思维的想象并且是一种"随意想象"，即有一定目的性和自觉性的想象。这种随意想象的思维活动，在道德领域是不可少的，所谓"设身处地将心比心"、"己所不欲，勿施于人"，以及"良心是他人的形象"等，都是道德的想象思维的表现。

有关道德思维的内在结构及其特性，我们将在讨论道德理性的发生时具体剖析。

2. 道德理性的功能

道德理性作为道德意识的次结构，具有内外双重功能，既对实践活动，又对意识的整体结构与次结构有重要作用。

（1）行为的定向

行为的定向若从认识论而言，似乎是不言而喻的。思想是行动的向导，道德理性当然为行为定向，如果这样解决问题，未免失之简单，从伦理学分析则复杂得多，首先要突出道德的特点，然后找出其内在联系。

首先，我们从行为动机的角度，探索道德理性的定向功能。动机是行为的始因，研究行为如何发生不免要研究行为的动机。但是道德行为有其自身的特点。活动本身及其结果，不是以其所完成的"事实"来衡量，而是以其对他人、社会和活动者本身的价值来衡量和描述。② 这就规定了道德动机的特性和产生。道德动机不仅是一般心理学上的行为起始原因，更为根本的是"对行

① 曹日昌：《普通心理学》上册，人民教育出版社 1963 年版，第 281 页。
② 阿尔汉格尔斯基：《马克思主义伦理学的对象、结构、基本方面》，杨远、石毓彬译，中国社会科学出版社 1990 年版，第 90、91 页。

为主体与外部世界的客观联系的主观见解"。道德动机反映一个人对外在道德关系、行为的社会价值与自身价值的认识和态度，"动机是道德意识现实化的场地"，[①] 道德理性的行为的定向功能，集中表现在形成道德动机的过程中。

　　其次，我们从道德行为的自觉性角度，进一步探讨道德理性与行为的必然联系。虽然社会道德原则和规范作为行为调节体系的核心，天生具有导向功能，通过行为定向而调节社会关系。然而如果它们不为人们所认同或只是形式地认同，就不会有合乎社会标准的行为。行为的道德性以自觉性为前提，"人如其行，行如其人"、"血管里流出的都是血"。只有个人道德意识首先是道德理性的相对成熟，才有真正的德行。所谓相对成熟，是因个人的差异性，指的是意识的不同水平，成熟水平如何是相对的，但必须已经是内在的、本性化的意识，不再是畏惧于外在的规约或抽象的形式的承诺，作为个人道德意识的理性，不应注重道德法则的表面形式，而在于理解其精神。弗兰克纳在描述人的气质对行为的意义时指出：尊重别人，设身处地为他人着想，了解自己的行为对他人的影响，"乃是充分采取道德观点的一部分涵义"。[②] 这是很有道理的，在日常生活中即使如社会公德，其内在精神也在于尊重他人，为他人着想，有这点精神，你就能做出公德行为，一点也不勉强，也不需要记住公德规则。弗兰克纳还借别人的话阐明自己的思想。他引罗伊士的话说明，对于他人，如果变漠视和表面了解为尊重和理解，"乃是你对他的全部行为

---

　　① 阿尔汉格尔斯基：《马克思主义伦理学的对象、结构、基本方面》，杨远、石毓彬译，中国社会科学出版社1990年版，第94页。
　　② ［美］威廉·K.弗兰克纳：《善的求索》，黄伟合、包连宗、马莉译，辽宁人民出版社1987年版，第147页。

表现的转折"。他引詹姆士所写:"一个人常常会骤然地获得这种对内在意义的高度领悟,而一旦获得这种领悟,在他个人历史上就是破天荒的了。"这些思想的确可以帮助我们理解;理性的自觉,或叫"道德的顿悟",对行为定向具有何等重要的意义。

　　总之,道德行为是依据理性而选择的行为,理性是选择的依据(无论是选择动机、目的和手段)。正如包尔生所说:"自由选择不是按照欲望,而是道德律的发号施令。"在道德领域,理性是行为选择的内容和实质,不是如存在主义所认为的,只要是自由选择的就是合乎道德的。伦理思想史上苏格拉底的"美德即知识",德谟克利特的"对善的无知是犯错的原因",斯多噶派强调的"知识是道德的基础",都肯定了道德理性对道德行为的决定性意义。

　　(2) 意识的规定

　　就个体内在道德意识的统一结构而言,道德理性是其基础。这是因为:首先,在个体道德意识结构体系的运作中,虽然难以分出起始的决定性的环节,但人们观察道德意识通常始于对道德理性的考察,这是由于道德理性带有现存道德的某种信息,因而在道德意识中它是决定道德意识的性质和内容的因素,成为整个道德意识的基础和表征。

　　其次,理性和思维是人的特性,"人之所以为人者,以其有辩也"。辩即理性和思维,用以明辨是非、利害、善恶、治乱,为整个道德意识提供方向、确定标准、进行信息传递和交流。

　　再次,道德理性就其内容而言也是道德意识的核心,道德是社会要求与个人责任、社会价值与个人价值的统一,是个人内在需要与外在社会需要的沟通,因之道德意识较之一般意识更具鲜明的社会性。然而这种社会性恰恰由具有规范准则内容的道德理性所给定。这是道德本质所决定的理性的地位,弗洛伊德在意识上提出"本我、自我、超我"的意识结构，超我即道德意识（特别是理性）正处于支配地位。

由于上述三层意思的理由，道德理性始终处于很重要的地位，它在道德意识结构中被赋予两个方面的规定性。第一个方面是道德意识的质的规定性，即由它规定了个人道德意识的性质、内容和发展水平，没有道德理性，道德即为虚无，整个道德意识就无从谈起。第二个方面是功能一体化的规定性，即由它在道德意识结构的动态发展中，规定道德意识结构功能的一体化。道德意识的各结构要素沿着理性的方向，统一发挥其特殊功能，共同促成道德意识的客观化、现实化。也即形成动机，建构目的，选择手段，实现目的，完成道德行为的全过程。

3. 道德认知的过程

道德认知的过程，也是道德理性的活动过程，就其内容而言，则是道德理性的生长过程。这是一个反射和内化的心理过程。反射指对外部情境的反应；内化是理性的内部构建。除此以外，我们也要研究在意识外化和现实化过程中，理性活动的过程。

（1）道德感知

感知即感觉和知觉，是理性思维的基础和前提。也是认知的感性阶段，感觉是最简单的心理过程，是直接作用于感官的事物或现象的个别属性的反映，感觉是人们认识客观事物的前提，不通过感觉，"我们就不能知道实物的任何形式，也不能知道运动的任何形式"。[①]

在感觉基础上形成知觉，知觉是对事物和现象的外部整体性

---

① 《列宁全集》第 14 卷，人民出版社 1957 年版，第 319 页。

把握，知觉是人的基本心理活动，人类依靠知觉，获得对外部环境的认识。通过知觉获得的对外部世界的映象，叫做知觉世界，知觉世界与现实世界不是完全一致的，存在一定的差距。

这是因为知觉虽然是对现实世界的直接反映，但并不像照相机那样被动复制。知觉是主动组织外界事物而得的主观映象。在早期心理学中，曾认为知觉是各感觉要素机械地相加在一起而形成的。后来心理学的发展认识到，知觉不是感觉的简单相加，而是主动理解和解释，所以准确地说，知觉不是反映而是理解。在知觉中蕴含主体理解因素，因此即使眼前刺激物相同，在不同的人眼里不一定会看到相同的物像。知觉的理解性是知觉的重要特点。

知觉的另一个特点是它的选择性，知觉是认知主体主动组织的过程，受主体心理影响很大，社会心理学认为，影响知觉的因素有两类，一类是构造的，包括客体刺激的性质，强度和主体的生理组织状况；一类是心理的，包括过去的经验（或称选择感受性的心理定势）和个人的需要、情绪、愿望，这一类主体心理因素参与对外界事物的知觉，因此知觉就具有选择性。

知觉选择就是对外来信息的选择。瑞士心理学家皮亚杰的发生认识论提出"内在图式"的概念，内在图式就是前面所说的"过去的经验和知识，他用 S→AT→R 代替 S→R，S 是刺激，R是反应，AT 即内在图式，是对外部刺激（信息）进行过滤、筛选的工具"。外来信息要经过内在图式的筛孔，凡是相符或同形就放入，否则就舍弃。外来信息要经过内在图式的整合，才形成知觉，内在图式支配人的知觉活动，使人选择事物的一个方面或几个方面，而抑制和舍弃另外方面。所以所谓知觉的选择性就在于通过内在图式对外来信息进行整合。各人的内在图式不同，对外界事物的感受就不同。譬如说同样一部电影，不同的人感受就不同。有的接受这一方面的内容和情节，有的接受另一方面的内容和情节。不同年龄、不同经历、不同文化修养的人，对歌曲、电影的感受、口味，也都不一样。内在图式这种对知觉的选择作用也表现在职业敏感性上。海关人员和公安战士能敏锐感知某人的神色而查出问题来，某市医药公司的职工凭长期售货经验，多次发现顾客神色不对而制止了悲剧的发生。

　　知觉的理解性与选择性也容易产生知觉的错觉或偏见。如"光环作用"。一个人被标明是好的，他就被一种积极肯定的光环笼罩，并赋予一切好的品质，这就是光环作用。如果一个人被标明是坏的，他就被认为具有所有的坏品质。这种知觉错觉也可称作标签作用。现代医学的认知心理治疗，也就是通过纠正不合理认知来改善人们情绪和行为的治疗方法。美国认知心理学家阿隆·贝克教授认为，如果个人的主观见解中带有某些不合理成分，这种被曲解的认知，便会引出不良情绪和不适应行为。

　　在道德领域，道德感知更加突出体现知觉的理解性和选择性。道德虽然是一种精神现象，不是静止的物质实体，但仍然通过外显行为，包括语言、动作、情绪、姿态、舆论活动等因素，活生生地呈现在人们生活中，要认识道德关系、道德情境、风尚习俗、道德品质，首先要通过直接知觉，从道德的活生生的"实体"，即具有直接可感性的行为因素着手，这是一方面，说的是道德同其他事物一样，是可以被知觉的。但另一方面，这种知觉较之一般认知更不是镜子式的被动映照，而是认知主体比较复杂的主动组织。

　　关于道德知觉的主动组织的心理过程，皮亚杰研究儿童道德观念的形成，提出了一个同化和顺应双向处理过程的见解。当主体遇到客体传达的某种道德信息时，他总是用自己已有的图式同化它，根据自己的图式去进行选择，什么叫同化？"同化概念是

指把给定的东西整合到一个早先就存在的结构中去，或者甚至是
按照基本格局形成一个新结构。"① 当旧存的图式不足以适应新
的道德信息时，他又能改变图式，进行顺应，所谓顺应"是内在
图式的改变以适应现实"。可见道德意识的产生和发展是这样一
个过程：在道德活动基础上知觉的同化和顺应不断交替，一方面
在活动中内在图式不断交替，一方面在活动中内在图式不断去整
合外部刺激，丰富了原有图式，并增强了活动的指导；另一方
面，当原有图式不能适应新的信息时，就要改变原有图式进行顺
应，产生更新更高的内在图式，以求主客体实现平衡，图式的不
断更新，就是个体道德意识不断生长和提高的过程。

　　道德感知的理解和选择特点说明，获得道德感知是随意
的。由于人们内在道德图式不同，在同一道德现象、道德情境
面前，他们的知觉感受是不同的。有些人嗅觉灵敏拒腐不沾，
有些人麻木不仁，同流合污。道德感知的这种特点也告诉我
们，可以从一个人的道德感知中了解此人的心灵面貌，道德感
知表现一个人的道德兴趣，道德立场和辨识能力，是检验其品
格的试金石。

　　根据道德感知的特点，在道德教育中必须充分估计受教育者
的"内在图式"。现代心理学的"差异原理"认为，人的知觉能
力是同"外在图式"与内在图式之间的差异程度有关。比如儿童
在十分熟悉的事物面前总是表现出心灰意冷，毫无兴趣，而在完
全不熟悉的事物面前又显得无动于衷，只有那些与他们熟悉的事
物有所不同，但又有一定联系的事物，才能真正吸引他们。所以
道德教育必须充分注意教育对象的现存内在图式。教育必须同其
生活相联系，与其道德水平相适应。

---

① 皮亚杰：《发生认识论原理》，王宪钿译，商务印书馆1997年版，第25页。

(2) 道德判断

道德感知只是获得道德理性的第一步或前提，它是道德认知的源头而非真知。上述认知过程的同化与顺应交替，不仅是感知的心理机制，也是理性的心理机制，并且只有理性的活动，才有真正的内在图式，才有整个同化与顺应的交替过程，认知要由感知向理性飞跃。

道德认知的理性阶段，包括概念、判断和推理等形式，集中表现为道德判断，人们要研究认知无不首先着力于判断问题。瑞士心理学家皮亚杰最早系统研究道德判断。他的著作《儿童道德判断》有很大影响。康德《实践理性批判》第二部"纯粹实践理性方法论"的方法，就是研究道德判断力的。而伦理思想史上对道德判断存在与否的长期争论不休，形成理性主义和非理性主义两派，理性主义承认道德判断的存在，非理性主义则否定道德判断，穆尔认为，善是不能分析不能下定义的，认识善的方式既不可能是理性的，也不能是经验的。直觉是认识善的方式。他还强调道德知识是建立在道德直觉的基础上的，我们凭借道德直觉就能够直接地判明和确定善恶。他们还割裂事实与价值，认为科学判断是陈述事实，道德的规范准则以指令形式表达，不是事实的陈述，只是说明"应当做什么"，所以不存在道德的判断，根据这类分歧，我们在下面逐个说明，以展开道德判断的真义。

事实判断与价值判断是两种不同的判断形式。事实判断是就事实本身做出的客观的反映，它是以对象本身的性质与状况为根据，是陈述事实，毫不带主观成分，它要回答的是"是什么"，如"这花是红的"、"他是一个学生"。价值判断是加之于事实的判断，是主观对客观事实的衡量评估，所以总是以先有一个标准为前提。它并不是简单的陈述事实，而是揭示事实对于人的意义。它要回答的是"应该怎样"、"应该是什么"，如"这朵花很好看”、“他是个好学生”。

　　道德判断是一种价值判断，很显然，它不同于事实判断的形式，不能以事实判断的形式为标准和根据，来否定不同于事实判断的价值判断，否定它的理性思维形式。

　　判断是主体对客体事物的重要认识手段，它必然包含判断的主体和客体。但道德判断的主体和客体不同于事实判断的主体和客体。道德判断的主体是具有一定道德理性的人。因为道德判断是“依照道德法则来判断行为”。① 道德判断的客体更加复杂，不是一般的事物或人的动作，也不是道德以外的行为，道德判断的客体是人的道德行为以及它所体现的相互关系，自然也包括行为主体的内在动机和意识，正如康德所指出的：“我们首先要问那个行为客观上是否符合于道德的法则，并且符合于哪一条法则……另一个应注意之点就是那种行为是否也是（在主观上）为了道德法则的缘故而发生的。”② 概括地说，道德判断的客体就是人的行为和相互关系的道德价值。

　　道德判断的这种判断形式及其主体与客体的特点，决定了道德判断的相对性。道德判断作为价值判断，不同于事实判断，它不是就事实本身所做出的判断，而是加之于事实的判断，是主观对客观事实的意义的衡量评估，因而很大程度上，主体的主观状态影响到判断的结果，同样的客体事实，由于不同的主观状态，即掌握的标准与判断能力的不同，可以做出完全不同的判断。科诺瓦洛娃的《道德与认识》一书，从判断的主体和客体两方面强调了道德判断的特殊性：“在道德判断中把属性归之于主词的谓词是很特殊的。”如“这块铁是硬的”和“伊凡是好人”两个判

---

　　① 康德：《实践理性批判》，商务印书馆 1960 年版，第 161 页。

　　② 同上。

断，"前者判断的真理性容易验证，后者谓词的内容不像颜色、滋味这样的自然特性，而是道德价值（即善、义务、正义、正直）的特殊理想世界的属性。另外，谓词的内容不仅依赖于判断的对象本身，而且在很大程度上还依赖于判断者"。① 道德判断的特殊性，带来了道德判断的相对性。

正由于道德判断的这种相对性，致使感情主义者否认道德判断的客观性，认为道德判断毫不反映现实中的任何东西，它们所表达的只是说话者的道德激情和他想使听者领会他的感情的愿望。艾耶尔认为，道德判断纯粹是情感的表达，它并不做出任何断定，它也是不用证实的。这种夸大相对性而导致否认客观性，是违背辩证法的错误的思维方法，实际上，道德判断的相对性并不排斥其客观性。

首先，道德判断是依据一定的道德原则和规范进行的，这些原则和规范虽然已经内化为个人的思想观念，但绝不是个别人的任意，而是为社会大多数人所认可的，具有普遍性。道德判断也不能认为仅仅是个别人的任意的感情流露，而恰恰是判断者以原则和规范为指导的对外部世界的理性活动。

其次，道德判断也不是纯粹主观领域的活动，它与科学判断（事实判断）一样，具有客体对象，是以事实为根据的。这里要强调的是，事实判断与价值判断既区别又联系，不应该把事实和价值割裂或对立。近代英国感情主义者休谟曾提出：从"是"中推论不出"应该"来，这个著名的休谟原则就是割裂了事实与价值的联系。现代新实证主义的感情主义也是把事实和价值分离和割裂，从而把价值及其判断变成虚无的东西，否

---

① 科诺瓦洛娃：《道德与认识》，杨远、石毓彬译，中国社会科学出版社1983年版。

定其真实性和合理性。

其实，在客观世界存在的并不是价值本身，而是具有价值的事实和客体，根本不存在任何脱离事实和客体的价值。任何道德判断不可能仅仅是判断者的主观感情的流露，它们都是以事实（行为及其环境和后果）为根据的。问题只在于道德反映的事实与自然科学所反映的事实不同，后者所反映的是事实，而前者反映的是事实的价值，丝毫不丧失判断的理性及其可证实性。

关于道德直觉不妨顺便提一点看法。我们不否认存在着某些道德知识的自然性和不需要证明的因素。但这是建立在人类所积累的道德知识基础上的，是经过人类实践的长期验证的，是在日常生活经验中被肯定下来的。道德直觉是有条件的，只有道德知识被意识到，掌握了，并经过长期道德实践，才有可能。可以说，道德直觉能力是由生活经验、文化、知识和信念熔铸而成的。

道德判断按其职能的性质可以划分为几个不同的种类，有规范判断、评价判断和定义判断。规范判断是范围最广泛的道德判断，是道德意识的鲜明表征。这种判断确定人们行为的准则、行为的方式，如："办事要公正"，"不要以权谋私"，"不要见利忘义"。评价判断在道德活动中更是经常使用和范围最广最重要的道德判断。如："撒谎是恶行"，"他是一个诚实勤奋的商人"，"他有一颗中国心"。道德判断的主要形式是评价判断，因为道德本身是一种价值取向，以价值的实现为善，以价值的破坏为恶。正是评价判断与价值紧密相连，不能不使它在道德活动中扮演重要角色。其他还有定义判断，它们是基本的，但较之前二者却并没有特殊的重要性。这种判断主要用于为道德概念的内涵作某种论证。

　　道德判断的这些职能,使它作为认知的逻辑因素,帮助道德意识鲜明活跃起来,无论道德意识的形成,或是意识的外化活动,都可以借助相应的判断形式表达出来。康德在《实践理性批判》中说:"这种练习(即道德判断的练习)和我们的理性由此在单纯判断实践事情所得到的培植,一定会逐渐甚至会对理性法则自身发生一种关切心。"① 意思是让学生作判断的练习,就可以唤醒他们的规范意识,充分显示道德判断在个体道德意识形成中的作用。在意识外化活动中也必须借助道德判断,如对人们提出道德要求时,就要用规范判断:"你应该帮助朋友!"在对人们的行为进行评价时,就得使用评价判断:"帮助朋友是一种德行。"至于在使自己意识动机化,并外化为行为的过程中,道德判断更是一个十分重要的中介因素。

　　下面,我们把意识的内化和外化过程的认知机制作一概括。内化即个体形成和发展道德意识,其认知过程是反射和内化,其心理机制是道德感知和道德判断,其功能特征是认同解释(感知)和选择(判断)。二者均为反射,然后通过建构(同化和顺应),使外部信息内化即主体化,上升为个体内在道德意识。外化即道德意识动机化,并外化为行为之动力,其认知过程是情境知觉和自我认知。情境知觉即社会知觉,包括对人和人际的知觉,角色的知觉,自我认知是对自身主观状态的认知,包括意识结构和认知能力,无论内化和外化,都拥有道德判断的力量,特别是在外化中,每通过道德判断,把外部情境与普遍规范、个人特殊动机统一起来。除此以外,还要继续通过道德判断,寻找手段,做出谋略,达到个体行为的实现。

---

　　① 康德:《实践理性批判》,商务印书馆1960年版。

四　道德情感

在个体道德意识结构中，理性当然居于重要地位，但不能忽视道德情感的同样重要的地位。培根认为在他以前的伦理学说，绝大部分都没有重视对情感的研究，连亚里士多德虽然写了几卷伦理学，竟也没有研究伦理学的主要对象——情感。培根认为情感应是伦理学研究的重要内容，启示我们要重视研究道德情感。

1. 道德情感的内涵

（1）道德情感是社会性情感，是社会关系的情感反应

心理学认为，情绪和情感是需要满足与否的心理体验，具有独特的主观体验形式和外部表现形式。道德情感发生于人的交往关系，是同人的社会性需要，主要是交往需要和情感交往需要相联系的。现代心理学从人的基本需要中划分出交往需要和共同感受的需要，道德情感的发生就依赖于这些需要及其满足。

情感交往的个体发生是比较早的，心理学认为几个月的婴儿普遍出现社会性微笑。这种精神交往的需要，可能在动物祖先的群体活动中发生和人类社会交往中发展，又在漫长的进化过程中积淀而成的，以后便作为个体的遗传因素而存在。皮亚杰道德发展理论认为，学龄初期儿童就发展了互相尊重的情感，在尊重成人的同时，也要求成人尊重他们。学龄前儿童可以要求绝对服从，而对学龄儿童来说只能造成对立。这种交往需要和精神交往的需要，主要表现为尊重、理解和爱等等。

尊重，就是在社会交往中受到接纳，相容和自主性、荣誉心、自我表现得到保证；尊重的需要积淀为独立感、自尊感等道

德情感。理解与同情是获得他人情感反应的需要，与他人情感上相互沟通的需要，或叫情感共享的需要；它积淀为归属感，同情心等道德情感。爱的需要是人们在社会交往中要求关怀和帮助的需要，以及情感上寄托的需要。"爱是以'共生欲望'即想和他人过'互相帮助'的生活欲望为基础的，其欠缺与欲望没有满足，就是孤独。"① 爱的需要积淀为爱的情感如友谊、爱情、亲子骨肉之爱、师生之情等等。

　　这种心理需要和情感，在社会交往中通过心理联想作用和移情作用，转化为自身对他人的道德情感，如同情人、尊重人、爱他人。这种情感在正常人是人人皆有的，即孟子所说"恻隐之心，人皆有之"。西方沙甫慈伯利的"道德感"、亚当·斯密的"同感"确实揭示了道德情感的存在及其对于道德发展的意义。但他们都把道德情感的根源归之于"生而有之"或"第六官能"，则是错误的。

　　由此可以说明道德情感的内涵。"道德情感是因指向其特有对象——个人间关系而从一般情感中区分出来。"② 道德情感发生于交往关系，是社会交往的情感反应，是一种社会性情感。

　　（2）道德情感是理性情感，是以规范为中介，与评价相联系的情感反应

　　道德情感是复杂的，还应当有另一方面的内涵。道德情感是由道德规范、道德评价或其他道德理性伴随而来的心理体验或情感反应。其特点是为理性所驱使，以理性为内容，正如康德所说

---

　　① ［日］宫城音迷：《情感与理性——人性心理剖析》，陕西人民出版社1988年版。

　　② 阿尔汉格尔斯基：《马克思主义伦理学的对象、结构、基本方面》，杨远、石毓彬译，中国社会科学出版社1990年版，第81页。

是"对法则的敬重"。

康德曾十分生动地描述道德情感的实质。"一个人也能够成为我所钟爱、恐惧、惊异的对象，但他并不因此就成了我所敬重的对象……如果我亲眼看见一个寒微平民品节端正，自愧不如，那么我的内心也要向他致敬，不论我愿意与否，也不论我怎样趾高气扬，使他不敢正视我的高位。这是因为什么呢？正是因为他的榜样，在我面前显露出一条可以挫沮我的自负的律令。"① 由此可以说，道德情感是以规范为中介，与评价相联系的情感反应，是一种理性的情感。它常常表现为义务感、责任感、良心感、荣誉感等，也表现为追求真理、献身事业、自我完善的抱负等深沉的情感。而由评价而引发的情感体验，如钦佩或憎恨、满意或不满意等，则是道德生活中常见的现象。

（3）道德情感的层次

道德情感的两个方面内涵，实质上也是道德情感的两个相互联系的不同层次，表现了道德情感的动态存在。

第一个层次是低级的原生的层次，来自个体基本的道德需要。是人在社会交往中心理需要与客体环境交融的产物，是在社会实践中自然形成的。从这一层次道德情感的性质水平及其产生，我们还可以认为，个体道德意识不仅是规范的内化，在直接意义上是交往需要产生道德情感。这是个体道德意识的又一来源，也是道德观念的最初渊源。

第二个层次是高级的次生的层次。随着交往的扩大和教育与文化的深入影响，精神需要的高层次进步，产生了以理性为基础的观念型的道德情感。如追求真理、献身事业、自我完善的抱负等深沉的情感。这是立足于理性的道德情感，是自觉形成的道德

----

① 康德：《实践理性批判》，商务印书馆 1966 年版，第 78 页。

情感，具有很强的方向性、稳定性和凝重性。

两个层次是相互联系的，但是发生了由低级到高级的质的变化。这种变化，可能经历了一个辩证的发展过程，就是说两个层次并不是平稳过渡的。因为要认同某种理性规范，必然发生种种矛盾，进入道德情感发展的否定环节。如果能超越矛盾，就能达到理性情感层次，进入高一级的道德情感境界。

2. 道德情感的功能

情感在人的心理活动中有着广泛的影响，在人的生活活动中起着很重要的作用，它是人的整个生命活动的重要组成部分。因而道德情感具有特殊的功能。

（1）认知功能

情绪和情感是人的需要是否满足的心理体验，依据人的需要是否得到满足而引起肯定或否定的体验。这就说明，情感活动能主动地把人对外界事物的印象、感受真实地反映出来，情感是人类特殊的反映形式。在古希腊罗马时代，人们就承认情感是认识的特殊能力。

在情感问题上，马克思主义感觉论原则作出了新的解释。感觉论原则以往只涉及感性认知的意义，即不通过感觉人的认识就不会发生。马克思创立实践学说，揭示了情感的意义，标志这一原则达到新的阶段。在《1844 年经济学—哲学手稿》中，马克思认为，人作为感性的存在具有"肉体的感觉和精神的感觉"，"不仅五官感觉，而且所谓精神感觉、实践感觉（意志、爱等等）"。[①] 在这里，马克思明确地把感觉领域区分为两种：肉体的感觉和精神的感觉。前者即五官感觉，后者精神感觉则表现为非

---

① 《马克思恩格斯全集》第 3 卷，人民出版社 1979 年版，第 124、126 页。

理性的意志和情感等等，都是人的本质的对象化即在人的实践中所获得的心理意识。可以这样说，同五官感觉一样，情感这种精神感觉也是实践中产生的，是对实践的某种意识反映。

长期以来理论界只局限于简单的感觉论原则，忽视了感觉领域的全部丰富性及其在人类活动中的意义。看不到情感也是一种在实践中对客观对象的某种反映。

道德情感无疑具有反映社会关系的能力。它首先是由道德需要获得的反映。80 年代一则日常生活中的故事可以说明。长春某百货公司老职工因离家远而调到另一单位，不久他又要求回来。理由是："那里离家近而心离得远，这里离家远而心离得近。"如前所述，道德情感本身是道德生活中情感体验的积累，是在交往中产生的共同体验和道德共鸣的经验，是人感知人的特殊情绪"符号"语言的经验。这种种道德经验使道德情感具有认知的能力。

其次，情感与认知是密切联系的，尤其是高级情感都有一定的认识内容。道德情感是理性情感，特别以理性为中介，有先在的观念图式，因而更有认识能力。人们有了道德情感，就可以区分善恶，从而"喜善"而"厌恶"。

（2）动力功能

情感不仅是特殊的反映形式，而且有着对客体对象实践变革的意义，情感也是人的活动的动力因素。马克思在上述著作中就提出："对象性的本质在我身上的统治，我的本质活动的感性的爆发，在这里是一种成为我本质的活动的激情。"① 心理学认为情感是对于一定事物所持态度的体验，态度是行为倾向，具有行动意义。态度因事物带有价值能满足自己的需要，从而激发自己

---

① 《马克思恩格斯全集》第 42 卷，人民出版社 1979 年版，第 129 页。

的行为倾向，成为活动的动力因素。笛卡尔指出："激情的用途是激发和引导灵魂，促使身体活动。"皮亚杰也发现："人的行为是一个有机整体，情感则构成了行为方式的动力状态。"① 这些研究都说明可以把情感列为人的行为动力因素。

道德情感是一种高级的理性情感，在道德行为发生方面有更为突出的动力功能，主要表现在，能在突发的道德情境中迅速采取正确的、高尚的道德行为，对行为产生鼓舞强化的作用，理性是方向，意志是抉择，情感则起发动、催化的作用。只有理性而没有道德情感的强化，道德行为是不可能的。

3. 道德情感的本质

探讨了道德情感的内涵和功能，便可窥视情感的本质。毋庸讳言，按照目前的关于情感的研究水平，我们还不可能透彻了解道德情感的奥秘，但是我们还是隐约可见道德情感的内在本质。

第一，道德情感是道德的存在方式之一。从道德情感的内涵和功能分析中，可见道德的情感基础。既然道德情感是道德行为的动力因素，那么道德的行为表现必然内蕴着道德情感；既然道德情感是社会交往的情感反应，那么，道德情感便是道德观念的情感因素，它在规范的内化和外化中也处于关键地位。如果没有情感的拨动，道德便是一种形式的善，只是一种他律，"如果这些知识不在人的感性体验、偏爱和需要的烈火中熔化，任何道德规范、义务、禁令等知识，都不能保证个人道德上的可靠性"。②

从道德情感的内涵，联系道德的"自尊和爱人"的本性，我

---

① 皮亚杰：《儿童心理学》，商务印书馆 1980 年版，第 86 页。
② ［苏］季塔连柯：《情感在道德中的作用和感觉论原理学中的作用》，载《哲学译丛》1986 年第 3 期。

们还可引申出道德的情感表现或情感形态，宗白华先生在《美育书简》中说过，孔子知道道德的精神在于诚，在于真性情，所谓赤子之心，扩而充之，就是所谓"仁"。也就是说道德的真精神在于仁，在于恕，在于人格的优美。德国诗人雪莱说："道德的最大秘密就是爱。"他们一致道出了道德的真谛。由此更加清楚地表明了道德情感是道德的存在方式之一。

其二，道德情感是完美人性的表现。道德情感不是原始情欲，而是情感的升华和净化，是人性化的艺术加工。马克思说："最可靠的心理学家都承认，人类的天性可以分为认识、行为和情感，或是理智、意志和感受三种功能。"①道德情感是三种功能最好的整合形式，不同于一般情感或冲动，在它里面，理性、情感、意志水乳交融，表现了人的精神世界的统一。

道德情感特别表现了社会人性的完善性，社会人性，即人的社会本性，表现在社会共同生活、人际关系、社会交往和精神交往中，生长出社会心理和社会意识，道德情感正是这种社会心理、生活意识的升华和积淀，并建构优美和谐的人际关系。丰富的道德情感可以形成道德上的相互理解、尊重、情感共享，从而保证协调和谐的人际关系。而追求真理，以天下为己任，更是高扬了人的自由本性。

综观道德情感的内涵、功能和本质，我们有理由相信，在一定意义上道德意识确实是个体发生和个体存在的。

上面我们探讨了道德情感有关方面的理论问题，已经明确显示道德意识与个体心灵的密切联系。进一步的研究是从道德情感的本质探讨道德移情问题，在这里也许可以进一步寻找道德意识个体发生的依据。

---

① 《美学杂志》1980年第2期。

首先，道德移情的形式。审美移情的形式是情感投射，即在感知中把自己的情感投射到对象中，与对象融为一体，所谓以人度物，达到物我的情感交融。王国维说："以我观物，故物皆着我的色彩。"（《人间词话》）审美的移情是将对象人格化、情感化，如"感时花溅泪，恨别鸟惊心"。

道德移情并不在于外部情绪表现的感受，而是深层情感的交流，其形式或手段叫"共感"，即相互间情感的共鸣或感应。亚当·斯密提出"同感"，何谓"同感"？乃"指我们对任何感情的同类感应"，并界定为"同感是相互的，它是人们道德联系的基本元素"。表明了是道德移情的形式。牟宗三在《中国哲学的特质》中说到"仁以感通为性，以润物为用"。认为感通就是精神生命的层层扩大，也指明了"仁"这种道德或道德情感，所具有的移情的功能本性。

共感并不是指同情或怜悯的感情，乃是情感活动的能力和形式，借此可以达到移情作用，道德情感通过共感这种情感活动形式传递给对方，使对方获得相应的同类的道德情感。如"敬人者人恒敬之"。

其次，道德移情的途径。道德移情要经过情感的载体才能实现，这就是我们所指的道德移情的途径问题。

道德移情的共感主要是直接感应。这种直接感应要经过哪些情感载体呢？其一是行为。道德行为是价值事实，是伦理的主—主关系的中介客体。道德行为内蕴情感因素，其外显性即为内蕴情感感应的通道。其突出表现是道德典范的情感感应，有很强的辐射能量。其二是舆论评价。舆论评价不仅是理性的是非评估，而且是情感的赞善鄙恶，有很强的情感性。它通过语言、姿态、表情等外显形式，扩散于外部空间，引起周围人群的情感感应，使评价对象涌起同类情感，成为内省的冲动。对评价参与主体人群也形成一个"感应场"，潜在性地在各自心灵引起或强或弱的同类情感反应。康德主张在道德教育中，"以实例交给学生，让他们在练习道德评价中认识和赞扬善行，对失德又表示惋惜和鄙视。这样，一方面会留下一个永久的敬仰印象，另一方面留下一个永久嫌恶的印象，就给将来生涯中的正直德行奠定良好基础"。① 说明评价活动是道德移情的良好载体。总之情感感应必须有感应源，道德移情没有这种情感载体是不可能发生的。

道德移情的共感也有间接感应，这是通过联想、想象而获得的感应，此种感应形式犹如亚当·斯密的同感形式，"我们的想象作用所模拟的，不是他的感受的印象，而是我们自己的感觉的印象"，"在想象中能和他人易地而处，这是同感的来源"。这种想象作用，相当于心理投射，是把自己设想的情感反应投之于对方，然后引起道德同感或共感。这种心理投射在中国儒家伦理中早已作为重要伦理范畴，为人们所珍视和使用。孔子曰"能近取譬"、"推己及人"，戴震曰"以情絜情"，焦循曰"通情"。日常道德生活中，诸如"设身处地"、"为他人着想"，都是此种情感感应的方式。

那么，这种间接感应的途径为何？是否也以行为、评价为载体？否，它有自己的特点，它是以对象的道德情境为根据。面对对象的情境，设身处地，想象自己处于对象的境地时的情感反应，从而引起同情之类的道德情感。实质上这是一种外射移情，感应的方式只是他人的情境感应。当然，情感的载体形式上不是自身的境遇，而是他人的境遇，但实际上情感感应之所以发生，还是由于他处于与对象的某种道德关系之中，他人的境遇只是折射自身的境遇而已。

① 《实践理性批判》，商务印书馆 1960 年版。

再次，道德移情的条件。"夫缀文者情动而辞发，观文者披文以人情。"① 但作品与读者之间能否移情，还是有条件的，主要是作品的思想内容为人们所接受。由于人们的认知能力受到社会因素和心理因素的制约，民族传统、生活遭遇、思想观点、个性特征方面的差别，未必都能接受，从而引发情感共鸣。道德移情同样是有条件的，不是任何情况下都能发生。

这个条件总的是"心与心的直接相通"，当情感载体的感应源发出情感信息，必须有相似频率的装置才能接收。无此条件不能发生情感的感应。

具体分析，其条件有三：

第一是道德需要相联系。对于行为事实和社会评价所内蕴的情感，如果没有自身的道德需要，就会视而不见、听而不闻、无动于衷，这种情况是常有的，有无道德需要，即内在图式的不同，对情感信息的筛选也就不同。道德需要的状况不同，就会表现出敏感度和态度的极大不同，有的发生感应（感动、感受、体验），有的则漠然置之。孔子说"三人行必有我师"、"见贤思齐焉，见不贤而内自省也"。表明要有一种道德自觉即道德需要，才会有"思齐"和"内省"，发生移情现象。道德需要是心与心相通的桥梁。

第二是道德情境相类似。相似的道德情境具有可比性，相似的道德情境具有同样的行为选择可能性。正是这一点，构成心与心相连的路轨。"同为同龄人，别人那样高尚，自己为什么这样卑鄙"，仅仅这样一种类似道德情境下的移情活动，使一个失足青年改恶从善。人们可以设置相似的道德情境，贯彻"设身处地"、"换位原则"，以外射的移情方式，唤起道德情感。苏州香

① 刘勰：《文心雕龙·知音》，中华书局 2005 年版。

雪海冰箱厂曾以"假如我是用户"的移情活动，提高职工的道德
责任感，进一步提高了产品质量。

　　第三是共处于道德情境。所谓共处，是指道德移情的双方在
同一个道德情境之中。这是心与心更加处于直接相通的状态，更
易形成道德移情。因为行为主体的道德情感，通过行为过程而直
接作用于行为客体即另一个主体。人非木石，孰能无情？无疑会
直接而迅速地引起共感的波澜，在对方产生同类的情感。"以心
换心"，"以爱换爱"，敬人者人恒敬之，爱人者人恒爱之，"将心
掏给别人的人总会受到别人的尊敬"，这些都是这种明朗而深沉
的移情现象的最好表述。电影《黄山来的姑娘》在玲玲和小娟之
间的感情转变上有很典型的表现。

　　道德移情的研究向我们展示了什么呢？道德的情感形态，道
德传递的移情形式，说明道德感化的存在。道德的情感感化，在
个体道德意识的生长，个体品格的塑造上具有重要作用和一般规
律性。

　　情感具有内渗性，它能渗入别人内心世界，它也能激起和加
强人的优美的愿望。情感还有感应性，"人的心灵不仅易于感受
同情的兴奋，它也深深地渴望把自己的情感交流给其他的心灵，
并得到它们对于这些情感的反应"。① 而道德情感的社会性和取
向性，更加加强了情感的这些特性。这是道德感化功能的心理
基础。

　　根据感化原理，把道德情感倾注于人际关系与社会生活，形
成相互投射的精神氛围，这个氛围就成为社会道德情感发展的历
史文化土壤，也是形成个体道德情感和道德能力的微观环境。这

---

① ［德］弗里德里希·包尔生：《伦理学体系》，中国社会科学出版社 1988 年
版，第 510 页。

种环境中的情感交流和情感和谐，特别具有吸引力，使个人道德意识和品质逐步成熟起来。

　　对于这种深层的道德现象，亚当·斯密概括为同感"是人们道德联系的基本元素"，包尔生同样得出结论："同情的情感与冲动，构成社会德性的自然基础，这种冲动是从其他人身上转移给我们的，是由于一种传播而在我们身上发生的。"① 自然基础也即心理基础。在这里最好不过地证明了道德意识生成的个体心理基础，从而引申出道德意识的个体发生和个体存在的基本结论。

---

　　① ［德］弗里德里希·包尔生：《伦理学体系》，中国社会科学出版社 1988 年版，第 510 页。

第 四 章

意识奥秘(下)

道德意识不仅是个体存在，而且是社会群体共生，表现为社会道德意识。因此全面探析意识奥秘，不可忽视社会道德意识。应当深入探索社会道德意识的产生、发展、功能及其与个体道德意识的辩证联系。

一 整体的人与道德意识的群体共生

虽然说没有抽象的人，人都是以个人形式存在的，但同时又要看到，没有孤立的个人，任何个人又都是社会的人，与社会有着千丝万缕的联系。历史唯心主义和形而上学唯物主义及人本主义都把个人看做抽象、孤立的单个人，马克思创立历史唯物主义直接否定了这种抽象的个人观。他既承认个人的存在，历史就是个人本身力量发展的历史。认为人们进行生产的一定条件，"在整个历史发展过程中构成一个有联系的交往形式的序列……由于这些条件在历史发展的每一阶段上都是与同一时期的生产力发展相适应的，所以它们的历史同时也是发展着的、为各个新的一代所承受下来的生产力的历史，从而也是个人本身力量发展的历史"。① 同时又认为个人绝不是孤立的单个人和自然人。他说："生产本身又是以个人之间的交往关系为前提的。以一定方式进行生产活动的一定的个人发生一定的社会关系和政治关系。"② 因此所谓个人，"当然是在一定历史条件和关系中的个人，而不是像思想家们所理解的'纯粹的'个人"。③ 个人是不能脱离社会和群体的，个人与他人、与社会群体发生着错综复杂的交往关系，无时无刻不生活、活动于社会关系之中。

人总是整体的，因此意识也像人一样，"只有在社会中才能发展自己真正的天性"。马克思说："思想、观念、意识的生产最初是直接与人们的物质活动，与人们的物质交往、与现实生活的语言交织在一起的。观念、思维、人们的精神交往在这里还是人们物质关系的直接产物。"因此"意识一开始就是社会的产物，而且只要人们还存在着，它就仍然是这种产物"。意识是对主客体关系的认识，没有人与自然的关系以及人与人的关系，就没有意识的存在，"我对我的环境的关系是我的意识"。所以意识只能在社会关系中产生和发展。

就道德意识的总体看，它与一般意识一样也是整体发生的，是群体共生的社会意识，因而如像研究物质生产必须研究生产的社会形式一样，研究意识活动也必须研究社会意识形式。我们试从以下这些方面分析道德意识的社会形式和群体发生。

---

① 《马克思恩格斯全集》第 3 卷，人民出版社 1960 年版，第 81—86 页。

② 同上。

③ 同上。

二　道德规范——社会道德意识的基本形式

1. 道德规范的实质和功能

所谓规范就是规定、规则标准的意思，它是普遍存在的，社会生活中处处有规范，美国科学家提出科学规范，认为它是科学共同体所共有的信念、模型和范式，对科学的发展起重要作用。社会规范是社会控制的手段，道德规范则是社会规范的特殊形式。

道德规范是人们行为善恶的标准，规范规定人们应该怎样行为，不应该怎样行为。它是社会共同生活的需要，通过规范，可以把社会各个成员的行为纳入一定的轨道。按古人说法，道德就是"人所共由也"。有些伦理学家一方面否认"那是伦理学家们所规定的一套行为规范"，认为没有人能给人类制定一部伦理规则，人只能发现行为标准，不能制定行为标准。另一方面却说，根据人的性去生活，就是人的伦理标准。

道德规范必须是客观的社会要求和人们的主观意识的统一。"人们按照自己的物质生产的发展建立相应的社会关系，正是这些人又按照自己的社会关系创造了相应的原理、观念和范畴。"①原理、观念和范畴是由人创造出来的，但不是按照"人性"而是按照客观的社会关系来进行这种创造的。

可以认为，一方面，道德规范总是在社会关系中产生的对人们的某种客观要求，所谓规定的约定俗成，很大程度上就是指，在不自觉过程中自然形成的、靠习惯风俗一代代传播下来的。

----

①　《马克思恩格斯全集》第 4 卷，人民出版社 1953 年版，第 144 页。

另一方面，道德规范又总是凝结着人们的主观意识，它作为客观关系的反映形式，又是主观的。从规范是客观关系的反映和抽象概括的形式而言，确实又以人的意志为转移，同一生活领域产生不同的甚至相反的规范形式，就表明了规范形成的主观因素，这种主观因素，越是发达的社会就越超越约定俗成的形式，成为人们有意识的主观选择。

归纳起来道德规范的实质是：它是社会共同生活的客观要求和人们对这种客观要求的认识，通过思想家集中概括以一定的行为准则、格言、戒律等形式表现出来是一种社会道德意识。

道德规范首先具有调节功能，任何道德都有一整套规范体系，它是道德的主要存在形式，道德对社会关系、人们行为的调节作用，主要通过道德规范。

与此相联系，道德规范还具有指导功能，它确定了行为的选择界限，从范例到禁条，即从应该做的到禁止做的，从积极的引导到消极的防止，指导人们作不同的行为选择。道德规范是行为的标准，人们掌握了它，就有了待人接物和做人的标准和方向，因此道德规范还具有教育功能，规范意识是道德教育的基本内容。当前观念变革中的混乱，很大程度是规范意识的混乱，所谓"规范软化"和"道德失范"，可见道德规范的重大功能。

调节、指导、教育三者互相渗透，共同执行对社会生活的道德调节，在此可以清楚看到，道德规范不仅仅是约束，在功能上它是激励和控制的统一。

2. 道德规范的结构层次和核心内容

道德规范具有层次性，其原因之一，是社会关系的复杂性和社会生活领域的广泛性。道德体系中除了社会生活、国家生活的一般原则外，还有职业道德、家庭道德、社会公德等规范准则。

在同一道德体系中因有不同层次，因而爱国与爱家，竞争与谦让，公正和友情，知足与开拓是可以统一的，并不是绝对对立的，形而上学的绝对性和铁板一块的标准，就是否认了道德规范的多层次性。

原因之二是道德的理想性和现实性，道德是应有和现有的统一，立足于现实而高于现实。这个现实与理想的区间，就是道德要求的不同层次。体现道德规范的丰富性和具体性，在社会主义道德体系中，既有较多理想因素的共产主义道德，又有现实性较强但包含一定理想因素的社会主义规范，而且有普遍现实性的社会公德等。

原因之三是社会个体认识结构的差异性，社会道德规范必须通过个体的认同、内化，变他律为自律，才能发挥作用，由于人们的社会地位、社会实践、所受教育和文化修养的不同，其认知结构和精神境界是不同的，决定了人们对道德规范的认知和理解具有显著的个体差异性，因而应当有不同层次的要求。

根据各种规范准则在社会生活中的地位不同、作用范围不同，以及相互关系（主从或并列）不同，构成了道德规范的层次结构，形成一个"有逻辑联系的有秩序的体系"。

个体与整体的关系即道德上的利己与利人，个人幸福与社会责任的关系，是道德的本质，因而是道德规范的核心内容，任何规范都要解决这个问题，否则就不是道德规范，即使社会公德的实质内容也是是否为他人着想。

利己与利人的关系问题，一直是伦理史各派伦理思想的中心问题。有理想主义与快乐主义的分歧，有纵欲和禁欲的对立。自爱与仁爱，利益与义务一直是道德思考的重要命题。

近代英国西季威克曾反复思考"利益"与"义务"的冲突如何解决？普遍幸福和个人利益二者之间究竟哪个是根本？他说研

究这个问题碰到一个两难问题："或者牺牲是为了我的幸福，或者不是。然而，如果不是，何以我要作？为了全体福利而牺牲我的幸福，对于我何以是正当的？"

怎样从"自爱"过渡到"仁爱"，或从"仁爱"过渡到"自爱"，即达到二者的统一，伦理史上确有不少学者寻找这座桥梁。亚里士多德从生物有机整体的实例，认为个体和整体不可分离；约翰·密尔从心理学的联想规律，认为"我们谋别人的快乐，正是谋自己快乐的联想"。爱尔维修认为，可以依靠立法把个人利益和社会利益结合起来，使人从个人利益出发却产生有利于社会的结果；达尔文从生物进化论，试图从生存竞争论证利己和利他的一致；也有从抽象人性论寻找，如沙甫慈伯利认为，人性中本来就有自爱和仁爱两种感情存在。

所有这些伦理思想都想证明，人人要为自己，人人也应为他人和社会，但是历史条件和人的认识的限制，还不能让人们做出科学的解释。

究竟怎样解决"利益与义务"的冲突呢？马克思从人的本质和社会生活本质出发，揭露了这种冲突、对立的根源，指出了新道德使两者和谐统一的现实可能性，以及辉煌的发展前景。"共产主义者既不拿利己主义来反对自我牺牲，也不拿自我牺牲来反对利己主义，理论上既不是从那情感的形式，也不是从那夸张的思想形式去领会这个对立，而是在于揭示这个对立的物质根源，随着物质根源的消失，这种对立自然而然也就消灭。"①

我们的社会主义集体主义道德既是合理的，又有客观的物质基础，在它的道德旗帜上，醒目地写着："以为人民服务为核心！"

---

① 《马克思恩格斯全集》第3卷，人民出版社1960年版，第275页。

3. 道德规范的整体性——显示道德意识的群体共生

群体意识不是群体中个人意识的机械总和，迪尔凯姆认为人与人之间的心灵结合所产生的集体意识的力量远大于单纯的个体结合。社会群体意识是超个人的形式，或者说是客观的思维形式，群体或集体具有总体人格的特性，这种特性是在集体生活中，不是依靠各个人的特殊意志，而是依靠共同的意志形成的，卢梭给这种意志命名为普遍意志，以区别于作为特殊意志的集合——总和意志。这就是超越各个人的特殊利益的普遍意志。①

道德意识一开始就是一种普遍意志，在发生学意义上道德是从原始图腾和禁忌过渡而来。关于图腾的性质，弗洛伊德认为它使一个图腾的分子把自己看做一个共同体的纽带，是维持部落存在的原始规范。禁忌是原始人对神秘的自然现象的恐惧心理的折射，禁忌的实质就是服从与约束，所以禁忌比图腾更具道德规范的意义。原始禁忌无所不在：狩猎、捕鱼、饮食、战斗都有专门的禁忌内容，没有一个社会（不管是多么原始）不曾发展出一套禁忌体系。禁忌体系是"迄今所发现的唯一的社会约束和义务的体系，它是整个社会秩序的基石"。

图腾与禁忌的出现，说明社会生活需要规范，反映了一种共同的利益和群体存在，在原始的这个阶段，还没有发展出个人意识，禁忌体系完全是一种群体意识，在这种体系中，没有任何个人责任的影子，假使一个人犯了罪，不仅他本人被另眼相看，他的整个部落都背了黑锅。

禁忌既然"被称之为较高的文化生活之最初而不可缺少的萌芽，甚至被说成是道德和宗教思想的先天原则"，那么，从发生

---

① 　小仓志祥：《伦理学概论》，中国社会科学出版社 1990 年版，第 59 页。

学意义上来说，道德意识最初是以群体意识的形态存在和群体发生便是无疑的了。

在向道德规范过渡中，个人逐渐从群体中区分出来是重要条件，个人意识的发生和发展，是道德意识产生的前提，但是又不能说是纯粹个人意识，"个人的、社会的和道德意识的发展，都趋向于同一点，它表现为一种渐进的分化，这种分化最后又导向新的集合"。① 道德是个人在交往中逐渐滋生了同情、支持和帮助的需要的体验，爱也是一种共生欲望，"人性的一个特征是，人只有在与其同胞的相互联系并团结一致的情况下，才能获得满足与幸福"。同时在不断交往中，通过"感通"、"同感"等情感传递形式，或如恩斯特·卡西尔所说"伦理交感形式"，获得了普遍的情感体认，即整合为最初的群体道德意识，并进一步普遍化为行为规范和准则。亚当·斯密把同感即人们之间的某种情感联系（如同情）作为道德的基础，也许就是这种整合过程的总结。而孔子所谓"仁者爱人"，仁即忠恕，即"己欲立而立人，己欲达而达人"，"己所不欲，勿施于人"，也包含着"爱"和"同情"的普遍化，至于孟子提出的"四心"为"四端"："恻隐之心，仁也；羞恶之心，义也；恭敬之心，礼也；是非之心，智也。"② 即同情等四种道德情感，经过普遍化而上升为仁义礼智等道德原则，也反映了这种整合过程。所以，道德规范虽有个人意识的觉醒为前提，但毕竟是集体整合的结果，已经超越了个人情感的局限，这里足以证明道德意识从其意识本性意义上和功能意义上，都应该是群体发生和以群体形态存在的。

道德规范的整体性还可从规范的基本特征予以论断：

---

① ［德］恩格斯·卡西尔：《人论》，上海译文出版社 1985 年版，第 123 页。
② 《四书集注》，岳麓书社 1985 年版，第 415 页。

首先，规范的普遍性。康德提出了普遍立法原则，反映了道德规范普遍性的特征，他的先验的"绝对命令"，以歪曲的唯心的形式揭示了道德规范是人类社会对个体提出的要求，而不是从个体经验出发的。中国的孟子断定："义，人路也。"朱熹及其后人陈淳均认为，"道，人所共由也"，道（即规范）是众人的。道德规范也是社会规范，是社会普遍认可的，反映群体意志和群体利益（社会秩序和社会发展的利益），并非出自个人所欲。

其次，规范的他律性与自律性的统一。虽然它趋向于自律，但自律仍以规范的他律为前提和根据，道德规范是使个人掌握社会经验的一种特殊工具。自律的自我规范并非主观自生的纯粹个人意识而是外在规范的要求，即他律的某种变形。这种他律与自律的统一，既标志道德规范的特点，也表明规范始终是社会的整体的意识。

再次，规范的命令性与适应性的统一。命令性即规范本身，规范是一种规定，具普遍性和绝对性。适应性是规范在具体境遇中的具体化，是规范践行的特殊性和条件性。规范是原则，涵盖着千百万种具体、个别的行为，而不表现为某个特殊的行为；规范是行为的导向而并不等于某一个别行为。因此在践行道德规范时必须因时因地因人制宜，但个别性行为的特殊决定并不离开普遍原则的指导。有些人割裂普遍和特殊的联系，以特殊性反对普遍性，他们认为道德的基本判断全都是纯粹特殊的判断，普遍判断是无效的。实用主义的境遇伦理学利用"境遇"的特殊性，作为否认原则规范的根据：既然道德境遇都是具体的单一的，既然行为总是个别的、单独的，那么行为判断也是特殊的，任何一般原则规范都没有存在的必要，其实特殊性密切联系着普遍性，适应性是原则命令的应用和现实化具体化，并不与之对立和割裂。

上述三个方面的规范特征，道德是普遍性、他律性和命令性，然后才有特殊性、自律性和适应性，如果抽掉了前面的基础，也就不成其为道德规范，再次证明了道德规范的整体性，证明了道德意识的群体发生和群体存在性。

三　道德舆论——社会道德意识的重要形式

道德舆论是社会道德生活的重要组成部分，是整个社会道德的支撑。作为社会道德意识，制约着个体道德意识的生成和演进；作为现实生活直接反映的感性化的道德心理，活跃着某些新意识的萌芽，是道德意识演变的源头活水。

1. 道德舆论的基本功能
（1）导向、传播的渐移力量

道德舆论的导向作用，首先在于其价值性，道德舆论如果没有价值指向，自然谈不上导向作用，道德舆论作为社会的价值评价活动，隐含着规范意识和价值意识、道德评价的发生，是由于具有道德规范意识和价值意识的评价主体的存在；道德评价的正确与否及其强度和深度，取决于评价主体对现实道德价值的掌握及其规范意识水平。

道德舆论内含的价值性，由于其舆论特点而得到强化。道德舆论评价是"众人之见"，具有群体一致性即公认性；道德舆论以外部开放形式，或褒或贬，具有公开性；道德舆论又是把抽象的规范准则与现实情境及具体行为联系起来，具有现实性。因而能以鲜明的形象、权威的力度传递价值信息，起到直接的明确的导向作用。

道德舆论是社会性的道德评价活动，通过舆论评价形成某种价值信息（善或恶）和准则命令（应当或不应当）。此种信息命令不仅传送给评价客体即行为主体，使其从他人的评价中认知自身的道德世界，从而调整好行为；同时也向空间扩散辐射，波及不同人群和个体，影响其道德心理和行为取向，由于辐射的强度和受众的内环境，此种导向作用多半具有潜在性和渐移性。

道德舆论的导向作用，还在于广阔性，舆论是动态性的社会意识，从形成到发展总是以流动状态在社会中蔓延，道德舆论的流动性在于它借助人们的从众的社会心理，可以使个别局部的舆论，一传十、十传百地传播扩大，成为广泛的舆论。道德舆论的流动性还在于，由于人的流动，或大众传播媒介的传递，也可以使某一舆论传播扩大到更大范围。尤其在众人集结的场合，这种扩大的趋势更为迅猛，前苏联学者波尔什涅夫把人群叫做"心理倾向传播的加速器"。

正是道德舆论的这种流动性，便于其在社会广泛蔓延渗透。"春风潜入夜，润物细无声"，潜移默化地影响人群，影响其行为价值取向，尤其在当代，大众媒介空前发展，人们日日夜夜让广播、电视、电影、报纸、刊物、图书等所包围，大众传媒充满了一切时间和空间，几乎网络了人们的一切视觉听觉器官，他们的绝大部分感受、感知是通过大众传播系统获得的。通过传媒、道德舆论得以很大规模和很高频率流向四面八方，对人们的道德意识建构和行为取向，起着广泛持久的引导作用。

道德舆论的导向作用，又在于它的情感性。道德舆论是社会性的道德评价活动，道德评价不仅是理性的判断，而且是爱恶的情感渲染和褒贬的态度倾向，可以形成一种群体的道德氛围和心理环境，在个体心理上引起情感共鸣，或某种心理压力。正确的道德舆论，便是社会或某个群体的正气，错误的道德舆论，造成某种歪风邪气，各自起着净化或恶化周围环境的作用。良好的道德舆论，实质上是群体的类道德意识，可以同化整合个体道德意识，发挥重要的导向作用。

（2）道德裁决的社会方式

道德舆论是集中体现道德评价实质的主要方式，道德评价的实质在于道德制裁，即以特殊的手段保证规范的权威。道德评价是对行为的价值做出评判，并以善与恶、荣与辱、赞赏与鄙弃给以肯定或否定，做出精神上的某种赏罚。它以规范的评价为尺度，实质上伸张了道德规范的绝对命令，具体实现了规范的功效，因而发挥了道德制裁作用。那么为什么说，道德舆论是集中体现了道德评价的制裁本质的主要形式呢？这完全是由于道德舆论特有的公众性、公开性、能更好地实现道德制裁的功能。

首先，舆论评价的命令性。评价以规范为依据，规范包含命令的内容。道德舆论又是公众的评价活动，其公众性、公开性、发散性可以迅速形成一种精神气氛。七嘴八舌、议论纷纷，而又趋于一个共同的意见和态度，等于做出了一个毋庸置疑的权威的决定，实际上形成了或是激励或是贬抑的无形的精神力量，甚至具有一定的威慑性。俗话说："众口铄金"、"人言可畏"，就是舆论压力的写照。舆论评价的这种命令，对于人的行为和意识具有很大的约制力。

其次，舆论的渗入性。舆论的大众性对于社会有机体内在的社会意识具有很大的渗入性和穿透力。个体的社会意识是个人对社会关系与社会行为的心理反映，是在社会生活中逐渐形成的。诸如社会遵从、社会适应、角色心理、团体相属以及同情、尊重、爱誉恶毁即荣誉和羞耻感等等。个体的社会意识在社会生活的行为调节中有巨大作用。当个体身处社会舆论环境时，内在的社会遵从、社会适应等心理就被唤醒，引导个人从道德舆论中反观自照，获得舆论传递的价值信息和赞誉或谴责的情感共鸣。从伦理学原理看，这就是社会评价引发自我评价，由自我评价而导致社会舆论的有效性。中国古代寓言故事《周处除三害》中的周处，所以能改恶从善，就是因为舆论的强大渗入性使他产生了自我评价，自感羞辱，因而自觉去恶从善。在这里显示给我们的是：舆论的有效性根源于舆论的渗透性所引起的行为主体的自省和自控，而舆论之所以具有巨大的渗透性，关键在于，一方面是舆论的公众性与群体一致性，另一方面是行为主体的内在社会心理。两者缺一不可。在伦理学上就是社会评价与自我评价的统一。

（3）新道德形成的中介

道德舆论不仅是公众认同现存规范而集结的集合意识，而且也创造规范，更新规范，成为新道德形成的中介。

不能把个体道德意识仅仅看做是规范内化的结果，实际上它还是新道德形成的原始基质。道德无疑是由经济基础即经济关系决定的，但要经历一个主观化的过程，道德的核心是道德意识，道德意识产生于人的活动，产生于人的社会交往，而这些活动总是以个体形式或个体间关系的形式出现的，因而道德意识不能不发生和存在于个体意识。道德是人的社会性的表现。由于人的社会性，人的社会交往特别是精神交往的需要，由此而有同情、尊重、相予共生、情感共享、爱誉恶毁、团体归属等基本的或自然的道德心理。这种道德心理在特定的社会关系中获得特殊的表现形式，并在社会文化影响下逐渐凝结为某种道德观念因素。如果在群体交往中通过互促渐移作用即舆论形态而增强成熟，就是群体共同的道德意识，或表现为特定群体的行为准则。如果经过更大规模的舆论传播和酝酿，也可能成为新的社会规范的原生因素。新道德就是这样在新的社会实践基础上，经过舆论中介而产生出来。在改革开放条件下，企业经营向市场经济体制转变，企业职工在新的实践活动和交往关系中，适应市场竞争，正在发生某种新的社会心理，诸如民主参与、创新求变、协作竞争、自主自尊、自我实现等等，通过舆论形式而成为共同的企业心态，已经预示着适应经济改革的新的行为准则和伦理精神将应运而生。

　　如前所述，社会道德意识可分深层和表层，其深层是作为意识形态的思想体系包括道德规范体系，它是伦理关系的间接反映，是理论化和系统化的意识形式，往往经过反复提升和思想家的加工概括而形成。其表层是人们的道德心理和道德经验，它是对伦理关系的直接反映，多系感性具体的形式。二者相互区分而又相互联系，前者的生活化和群众化，就是人群的道德心理和道德经验；后者的凝练升华就是道德思想体系。因此作为社会道德意识表层的社会道德心理却是道德意识演变的活的源泉，体现了社会实践是道德生长的沃土。这种表层意识的集中和整体表现就是社会道德舆论，因而道德舆论就成为由社会实践产生新道德的原始契机，道德舆论是社会经济关系基础上形成相应的道德意识形态的中介。

　　张家港精神是社会主义现代化建设中出现的集体主义的新表现，是苏南模式的集体经济基础上形成的道德精神，它凝聚着适应市场经济的新的道德要求和规范准则。从它的形成不难发现舆论形态的中介，张家港精神源于"杨舍精神"，而"杨舍精神"的形成却与"振华精神"分不开，杨舍镇镇书记秦振华带领党委一班人和全镇人民群众艰苦创业，他的思想、言论通过会议，学习讨论和群体活动，形成不同范围的集体舆论，变成共同的思想和行为方式，他常说的"争、抢、拼、冒，现在是三年河东三年河西"变成了集体舆论的响亮口号和共同心声，最后提炼为"团结拼搏、负重奋进、自加压力、敢于争先"的集体主义规范即张家港精神。

　　道德不是发生在办公室和理论文章里，也不是照抄外国书本，而是发生在生气勃勃的生活实践中。前面论及道德意识是在新的实践基础上，经过个体道德意识和社会道德意识的互动而演变发展的，道德舆论发源于日新月异的共同实践，是经过个体意识的互动集合而成的共同意识，正好体现了道德意识演变发展的运行规律。我们要建立和健全中国特色社会主义道德体系，必须重视和促进道德舆论市场的发育，并从道德舆论中仔细发掘新道德的胚芽。

2. 道德舆论的创发

　　社会舆论是群体的意识现象，它是在人际交往中借助社会心理的感染和模仿，而使个别和少数人的意见传播扩散增殖，或借助大众媒介的广泛传播而形成的。形成舆论的主要因素是一定的空间范围和人际意志的互动。一定空间范围的人群，经过多方面的互相影响，互相感染，交错集合，形成共同意见，这就是舆论。空间范围的辐射程度，人群意志的感应深度，是舆论强度的决定因素，人们集结的密度越大，越能引起意见交流，单门独户，较难形成舆论。舆论是诸多因素作用下形成的集合意识，但它又不是脱离个体意识，集合意识要经历一个无数个体意识的争论、选择、交换、综合的过程，是个体意识互动的合力。

　　道德舆论的形成，既体现社会舆论的共性，又有自己的个性，它的突出的价值意识性、情感态度性和巨大的渗入性，相应地要求突出自身形成的某些重要因素。审视舆论形成的客观法则，可以确定我们创造和发育道德舆论的基本思路。

　　（1）大众道德意识水平的提升

　　舆论是意志合力构成的。道德舆论尤需突出意志合力中的价值观和情感因素，道德舆论作为社会道德评价方式，其发生和性向都依赖于评价主体的内在价值意识和道德能力，舆论状况直接反映了大众道德意识水平。毫无疑问，应当把大众道德意识水平视为道德舆论构成的重要因素。

大众道德意识水平的提升与规范普适化密切联系，规范普适化是舆论唤起的先决条件，规范与舆论是道德调节的两翼，它们之间又直接相关，互相依存。规范以舆论为保证，舆论以规范为前提，大众道德意识水平的提升，还应当在规范普遍化、义务化上下功夫，把规范的信息输送到社会群体和个体，并争取向个体内化。这个工作要通过教育、宣传等多种影响渠道，也包括舆论本身，但是，舆论要规范、规范教育又要舆论，这不是互相矛盾吗？其实不然，舆论与规范普遍化二者相辅相成，互为因果，正是在二者双向交叉运动中，以不同层面和层次的舆论和规范普遍化综合成舆论形成和规范普遍化的总过程。

（2）道德管理的大众参与

道德舆论作为道德制裁的方式，是社会控制的手段，社会道德管理的杠杆，但是舆论的大众化要求大众参与。"各人自扫门前雪，莫管他人瓦上霜"，既不能形成良好风尚，也不能聚合道德舆论，只有唤起群众的参与意识。"好人好事有人夸，坏人坏事有人抓"，才有舆论的基础和力量，人民群众越是自觉参与社会管理，道德舆论的权威就越高。

社会要尽力开辟舆论畅通的渠道，造成群众自觉参与的氛围，如反贪打假的舆论通道，车站主动请旅客评论，公园设游客评点台，既评公园管理也评游客公德，对存在的某些妨碍或压抑大众参与舆论的现象需要政治法制的保护。

大众道德意识水平的提升是形成舆论的基础和前提，还必须有舆论参与的意识，而道德舆论的双重品格，也表明只有参与行动，才能营造舆论氛围。在激励大众参与方面，启发参与意识与创造参与形式二者不可偏废。张家港市组织五大系列的创建评比活动涉及社会各个领域，从机关到基层，从城市到农村，从单位到家庭，从个体到群体，都纳入精神文明建设活动体系，使人人置身其间，迅速形成群众性的舆论氛围，"只有抓好载体，才能落到实处"，这是他们的成功经验，吴江市开展农村创建新风户活动，自评加互评，提供了大众参与道德管理的好形式，在评比活动过程中，形成了浓郁的舆论气氛，在集体舆论中许多过去难以解决的问题迎刃而解，农村精神面貌大为改观。

(3) 组织舆论的构建

从舆论形式的方式，可把道德舆论分为两类：一类是由领导机关发动组织，通过舆论工具广泛传播而形成的，较为系统的社会公意，我们称之为"组织舆论"；另一类是由少数人引起，通过人们交往、议论而集合起来的，多少带有自发性的集体意见，我们称为"自然舆论"，两类舆论虽然形成方式、渠道不同，但都是迅速传播的公众意见，都能形成一定的精神氛围，给人以感染和影响。

关于组织舆论的构建，首先当然要发挥舆论机构的主渠道作用，关键在于舆论机构的自觉定位和定向。

所谓自觉定位，就是舆论机构要明确自己是社会主义的人民的舆论工具，以舆论推动和帮助精神文明和道德建设，是自己的神圣职责，舆论工具的行为效应，总是在制造某种舆论，形成正负效应，功过是非系于一身，不可大意，要有庄重的义务感和使命感。

所谓自觉定向，就是要自觉坚持舆论的正确导向作用，组织舆论的强大导向作用是有目共睹的，在现代高科技条件下，舆论工具的渗透广度已达到十分惊人的地步，其导向作用也已空前强化，或是正导或是误导，对人群和社会有着祸福攸关的影响。正由于此，严肃的社会责任，要求舆论机构及其工作人员提高自己的思想道德水平，保持清醒的头脑，始终坚持正确的舆论导向，不制造舆论混乱，也不搞精神污染。

在此前提下，还要根据社会发展与人群的物质文化需要及道德心理，创造多层次多色调的舆论形式，开辟适合群众参与的舆论通道，满足社会和人群对舆论导向的需要。

其次是公共生活的氛围渲染。在公共生活场所，集结一定的物质设施或文化硬件，作为意识情趣的载体，可以形成一定的文化氛围，给人以思想灌输和情感陶冶。当然，关于组织舆论的这一方面，意见也许尚未成熟，但我们认为确实可以将此理解为一种有目的形成的特殊舆论环境。有人认为学校物质环境的设置是学校办学理念的体现。"要让学校的每一堵墙都说话"，规范严整的校园本身就是对师生进行教育的课堂。在某重点中学，一进校门就可看到一座雄伟的银白色教学大楼，喷泉池中屹立一个巨大的红色"人"字雕塑，寓"阳光雨露培育青少年成长"之意。从正面看，教学大楼的一根横梁横穿"人"字中间，构成一个"大"，象征着培养以振兴中华为己任的大写的"人"。在这样的文化氛围中，每一师生都会为这个目标而奋发努力，我们若从心理辐射和移情的观点看，完全可以证明此种环境设置的舆论内核及其心理导向和情感陶冶作用。营造这种文化氛围是大有可为的，工厂学校的环境布局、商店邮电的橱窗布置、窗口的文明形象、行业的服务承诺，乃至公园旅游的景观设计等等，都是领导机关和职能部门匠心独运，组织舆论阵地的艺术，有目的构建这种文化氛围，有如无声的舆论环境，起着潜移默化的作用，古代的忠义祠、烈女牌坊等，表彰忠烈，是一种形象的舆论评价，起到辐射周围的教育效果，至于今天城市中兴起的店号招牌和广告的殖民化和封建化，作为某种社会心理的表述和情感宣泄，也以无声的语言起着心理导向和精神污染的作用，则从反面提示我们，公共生活氛围渲染是不可轻视的。

（4）自然舆论的培育

一定人群集合的空间范围，是舆论形成的环境条件，没有一定的空间范围，"成不了气候"。只有当相关的人们集结为一定的集体，进行社会交往，有共同的利益关系，就会交流各自的心理、意见和观念，最终以舆论形式表现出来，在这里，人群集结的空间如城镇、工厂、商店、学校、公共场所，舆论传感的范围与速度都大大超过穷乡僻壤和山林沟壑。人多议论多，"众志可以成城"，可以说城镇社会组织和各种群体，是舆论生成的基本空间。自然舆论的发育，完全依赖这些社会组织和群体。

应当重视和大力开发这种自然形态的舆论。一是因为如前面所述这种舆论来自人群，生动活泼，并与生活直接联系，往往生长出新的道德因素；二是因为这种舆论贴近人群，舆论的小集体水平最易产生心理影响和情感传递。

自然舆论虽然具有相对的自发性，但仍应有目的地培育，社会组织可以利用适当时空，如工厂企业的班前班后，学校学生寝室的熄灯之前，这里常常是自发的舆论市场，先进的具有道德威信的成员可在其间引导，营造有益的舆论市场。

社会组织也可以倡导或组织专题讨论会、评比活动等形式，自觉地有意识地建立舆论网络，进行舆论裁决和导向。

3. 道德舆论的公众性显示道德意识的群体共生

道德舆论是一种普化的道德现象，它存在于一切时代，存在于社会生活的各个方面和各个角落，道德舆论的基本内容和基本功能是道德的价值评价，并通过评价而进行行为导向，调节相互关系。因此它与规范一起，成为社会道德调节体系的两个基本构成面。它维护道德规范以至整个社会道德秩序，成为社会道德的支撑。如果说规范是道德的基本内容和道德调节的基本手段，那么，道德舆论与之如影随形，不可分离。道德舆论以规范为前提和基础，道德规范则依靠舆论的维护得以现实化。正是道德舆论的这种内容和功能，预示了它是道德研究不可忽视的现象，也是我们研究道德意识演变的重要方面。

道德舆论十分明确地显现了道德意识的社会发生和社会存在，有三点值得注意。

首先，道德舆论是共同意见。舆论的特征是众人性。"舆"即众，"舆论"意即众人之见，是为许多人所赞同的，具有心理共鸣的意见或议论。道德舆论是社会公众的道德评价意见和道德评价活动，集中表现了社会公众共同的道德意识。

道德舆论是意志互动的集合意识，其形成是通过各个个别意见的议论、交锋、合成、提高而成，是个人意志基础上的整合，经过七嘴八舌而达成的共同意见。一个人或几个人的意见不成为舆论，分歧而未达共识也不成为舆论，所以舆论是群体集合意识，集中体现了共同的道德心理，共同的价值观。较大规模和集中的道德舆论则是群体心理、民族意识的集中表现。

其次，道德舆论是社会的力量。这里又包含三层意思：

其一，道德舆论的评价本质。约翰·密尔在其《功利主义》一书中说到："对于任何道德标准，往往有人问，这个标准的制裁力是什么？它用什么力量使人遵循它？"任何社会规范都需要一种制裁力量，以保证规范得到人们遵守。正如法律规范依靠国家强力机构来迫使人们遵守，道德规范也需要一种制裁力量来使人遵循它。约翰·密尔提出两种道德制裁力：一是外部社会的，一是个人的内在的。外部社会的道德制裁力，就是社会道德舆论。由于其强有力的功能效应，甚至可以认为，整个道德是由社会道德舆论的力量来支撑的。

历史考察可以证明，在原始部落中就有一种超自然的神判，是一种神意制裁，有相当强制力。有的部落则举行公听会，进行评价和处置。这已经相当于舆论制裁，在以后的社会发展中，出现了经济制裁、法律制裁、道德制裁等形式，都是这样那样地触及人们的地位和利益（物质的、精神的、人身的）。通过具体的赏罚，使人遵守规范。道德制裁，一般是以社会舆论的形式，对某种行为、现象进行善恶评价和褒贬。它是对人们的行为设计施加精神影响的形式。任何社会规范必随之以相应的制裁手段，否则不能保证其权威性。

阿尔汉格尔斯基认为，社会舆论是集中体现道德评价的实质的主要方式，如何解释这一重要观点呢？道德评价的实质即其制裁性，就是通过评价和褒贬，抑恶扬善，引导人们遵守规范，具有维护道德规范，维护社会道德的功能，但是何以要借助社会舆论来体现其实质和功能呢？这是由于"道德评价的力量依赖于其权威性"，诉之于公众评判的社会舆论，是道德评价的重要方式，道德与法律不同，它是靠社会舆论来维持的，道德舆论是社会道德的守护神，由此证明了道德舆论作为一种客观社会力量的实在性。

其二，道德舆论的文化精神氛围。道德舆论是公众的评价活动，其众人性、公开性和发散性，可以迅速形成一种精神氛围，一种社会风气，舆论的群体一致性，可以产生某种精神压力，议论纷纷，七嘴八舌，而又趋于一个共同的意见和倾向性态度，等于做出一个毋庸置疑的权威的决定，实际上形成了一种激励或抑制的无形精神力量，清代魏源曾以比喻说明众人的倾向性态度对个人的制约作用，他说："十履而一跣，则跣者耻；十跣而一履，则履者耻，此俗之以众成。"

　　道德舆论既有理性的方向性，又有情感的感染力，对个人来说，既有无形的约束，又有潜化的诱导，构成某种心理环境。个人道德的发展，无论是其道德经验的积累，还是道德情感的孕育，都离不开舆论环境的外部制约，道德舆论是社会道德对个人道德发展的重要影响机制。

　　道德舆论构成为社会文化氛围，还因为和民风民俗相结合，鲁迅笔下的祥林嫂就是封建道德舆论和乡规民俗精神摧残的典型。有时民风民俗直接表现为舆论，有时道德舆论以风尚表现出来，正因为舆论和民风民俗结合显现出某种强大的社会文化氛围，古代道德教育家十分重视环境的文化氛围。孔子告诫"择不处仁，焉为智"，孟子建议"居则择乡，行则择友"。由于道德舆论弥漫广远，渗浸入里，实在是客观存在的无形的精神力量。

　　其三，道德舆论的公认尺度。道德舆论深藏着群体共同的价值观和社会通行的道德准则，评判人的行为、事件、现象的是非善恶，表明认可或贬抑的态度，于是表现为一种公认的道德尺度。尤其"社会舆论在整个社会水平上发挥作用时，可以发现在对待人与人之间的态度和对自己本身的态度方面，集体舆论和个人看法中有具体差别"，人们不能不尊重集体舆论，譬如个人人格的善是主观的、个人的，但也是普遍的。因为人格的善必须得到舆论评价的认可，"在个人所属的人伦共同体中必须能够为一切成员所相互承认"。这说明舆论作为一种公认的尺度也是客观存在着的某种社会力量在制约着个人。

　　"市无虎，三人言而成虎"，舆论的力量在于其众人性，而从人的社会心理来说，存在着社会认同和从众心理，也足以使公认的尺度居于权威地位，但由此也可以说明，舆论的众人性，舆论是公认的东西，不言而喻它是超越个人的客观的社会力量。

　　再次，道德舆论具有两重层面的特性。道德舆论既是道德评价的意见，又是道德评价的活动。在意识层面上，是一种规范性意识和评价意识，体现人们对社会一定道德规范的认知、解释和接纳，表达人们判断、评价的道德能力。舆论的发生及其程度，标示人们道德意识的水平。

在活动层面上，道德舆论又是一种道德活动现象。道德舆论为什么也是一种道德实践活动？问题在于如何理解道德上的实践概念。"道德实践表示的就是道德意识体现于实际活动中"，当道德意识"转入到实际着手解决的过程，那就意味着，我们在同恶的表现作斗争，在做善事，等等，我们也就处在道德实践领域中了"。①道德舆论并不停留于意识领域，从目的到结局都是对社会生活及其道德现象的干预，即付之于"实际着手解决"。道德舆论又是在社会交往活动中形成，指向某个客体对象，是一种社会性的对象性活动，"同恶的表现作斗争"，其结果在于改变现存道德关系和行为方式，影响社会生活的现实，是"做善事"，道德舆论以意识为基础和核心而远远超越意识领域。有些人面对社会生活中的恶的现象，虽有所"知"，就是不敢挺身而出，没有超越自己意识一步，"见义而不为"，缺乏道德实践。据此可认为，道德舆论是一种道德实践。

道德舆论作为道德实践活动，与道德行为一样，是道德意识的外化和现实化，是道德的可经验的"物化"现象。社会生活的道德调节或道德的社会生活，依赖着道德的"物化现象"。虽然这种"物化"现象是由意识现象决定的，但没有意识的外化和现实化，不能形成道德的现实和现实的伦理关系。

由此得到的结论是：道德舆论是社会性的道德活动，是道德

---

① 阿尔汉格尔斯基：《马克思主义伦理学的对象、结构、基本方面》，杨远、石毓彬译，中国社会科学出版社1990年版，第41页。

现实性的活动或实现道德的活动，并且因而制约着社会的道德生活及其发展。

道德舆论是群体共同意见，是一种社会的力量，并且是社会性的道德活动，它们体现了道德舆论的社会性本质的主要方面。正是道德舆论的这些本质方面，充分展示了道德意识的社会存在和社会发展，揭示了道德舆论是重要的社会道德意识形式以及对个体道德意识的制约关系。

四 道德意识在社会意识与个人意识的互动中发展

既然人是社会与个体的辩证存在和发展的。那么，在此基础上，必然是意识和道德意识的发生和发展的辩证过程，我们既不能只看到道德意识的个体发生，也不能只看到道德意识的群体发生。而是把二者辩证联系起来，全面地把握。

1. 个体道德意识以社会道德意识的存在为前提

人类道德意识的历史起源，虽然以个体道德意识的发展为条件，但引发个体道德意识却与原先禁忌这种群体意识联系的，它是由对社会群体利益的盲目服从转到自觉维护。从意识内容上，任何心理都是文化心理，是社会文化创造的建构物，在文明社会中，儿童和成人的道德意识都离不开先在的社会道德意识，并且要经历一个他律到自律的过程。个体道德意识是既定的社会文化与社会道德意识熏陶、塑造的结晶，充满特定的文化与道德意识的内容。从建构和运作的意义上，"人的社会意识依赖于一种双重活动——同一化和区分化。人只有以社会生活为中介才能发现他自己，才能意识到他的个体性"。① 个人必须参与社会生活，在社会交往活动中发现个人与社会的联系，向社会学习，不断使个体社会化，才酝酿为个体道德意识。

2. 社会道德意识也密切联系着个体道德意识

首先，社会道德意识的运作和存在，依赖个体道德意识。社会道德意识与个体道德意识各有其特点和优势，个体道德意识的功能同其心理机制密切联系，社会道德意识深刻而精选，具有高度调适的功能，却没有这种联系。社会道德意识虽然普遍而完整，却比个体道德意识贫乏。个体道德意识涵盖道德和意识两个层面，包含有独特的生活经验和生动的精神世界，而社会道德意识却没有这些。因而社会道德意识运作中必须借助个体道德意识或融入个体道德意识，才能显示其活力和功能。

社会道德意识的本性要求向个体道德意识转换，"作为社会的责任，其完成和追究，都是按照个人的角色而进行的"。② 社会规范要求有接受社会要求和行为选择能力的个体主体。社会规范的本性在于义务化和个体化。社会规范实际存在于无数个体的责任意识之中。科学呈现为理论形态，艺术表现为作品和形象，社会道德意识不同于其他社会意识形态，它不能作为某种实体而存在。它必须通过个体道德意识的内化和外化，才能成为真正现实的存在。否则，社会道德意识就是抽象的"绝对观念"，神秘的精神实体，只是空无和虚妄。

其次，社会道德意识的生长也依赖个体道德意识。社会道德意识的历史形成以个体道德心理的萌动为条件，由于劳动分工发

---

① 恩斯特·卡西尔：《人论》，上海译文出版社 1985 年版，第 282 页。

② ［日］小仓志祥：《伦理学概论》，中国社会科学出版社 1990 年版，第 60 页。

生了个体与群体的分化，个人的社会交往诱导出同情、尊重、荣誉、羞耻等社会心理，经普遍化而形成行为的规范。同时，由个人社会心理凝结的初始道德意识，必然要对他人行为作出善恶评价与心理反射，通过这种"伦理交感"，逐渐形成社会舆论或风尚习俗，这是低层次的社会道德意识，也是高层次社会道德意识的"原材料"。

再次，社会道德意识的演变，包含着个体道德意识的契机。这里可能有三种情况。第一种情况是，在历史进程中现存伦理关系的非人性，推动某些个人的人道思考。

例如中国明清之际社会矛盾加深，农民破产，民不聊生。封建伦理进一步发展了蒙昧主义和禁欲主义，这使同情下层人民的个人，憧憬新的伦理关系和道德精神。泰州学派创始人王艮从师而不满师说，反对封建道德的"天理"，提出"百姓日用即道"；清代扬州太谷学派创始人周太谷，同情贫苦农民，独立提出"亲爱"和平等的伦理原则。可见他们的人道思考一定程度上超越阶级局限。

第二种情况是，外部伦理关系的变化或出现了变化的趋势。它们作为与历史必然性一致的道德必然性，可以推动某些个人，由于他所处的地位而自觉做出反应。例如欧洲文艺复兴时期"是一个需要巨人而且产生了巨人的时代"，"他们几乎全都处在时代运动中，在实际斗争中生活着和活动着"。正是这样一个风起云涌的时代，产生了乔尔丹诺·布鲁诺这样一些人物，布鲁诺把追求真理列为首要的道德要求，把守信称为重要的德行，认为守信是人们进行正常交往的必要条件，"没有守信的忠诚，契约就会混乱和无把握，社交就会受到破坏，社会也就要毁灭"。他赞颂勤奋和劳动能够战胜烦恼和逆境，开辟新的道路，获得财富，满足欲望，也能制服暴力、解除束缚。他还提出了"英雄的爱"和

"英雄热情"的道德理想。布鲁诺的一生正是充满英雄热情、不懈地追求真理、追求理想道德的一生。

第三种情况是，即使在一般历史进程中，由于社会实践的发展和社会生活的变动，个人道德意识在规范内化基础上还可能超越现存道德规范，生长出新的道德意识或新道德意识的萌芽，"个人不管其社会角色如何，都能超越自己所属共同体的界限，而进一步感到对于人类整体的责任"。① 特别在社会主义社会，人的历史自觉提高了，建设事业激发生活的热情和理想，人们把握历史必然性和道德必然性的能力不断提高。在这种情况下，规范内化同规范形成可能成为一个统一的过程，是个体使个体道德意识与社会道德意识双向交织。在这里，个体作为道德关系的直接主体与社会整体一起发挥着道德创造的作用。

上述二者的相互联系和相互作用，构成了道德意识在经济基础之上的辩证运动。

在道德意识的发生与发展上，社会道德意识与个体道德意识互为条件，交叉递进，互射共生的双向运行。在内容和存在形式上，社会道德意识与个体道德意识则是普遍与特殊，共性与个性，内外渗透的依存关系。二者交织，呈现聚合与扩散，静止与变动，表层与深层，感性与理性，自发与自觉，同时存在而犬牙交错，曲折复杂而愈益自主化、自觉化和人化的过程。

道德意识发展的辩证运动，基本表现为下行与上行的双向运行。下行即意识形态化的原则规范体系向个体扩散，普适化为众多个体意识，造成社会道德水准的提高，这是量的扩张。上行即个体道德意识的新的成分，经过群体的凝聚、加工、提升、补充或更新社会道德体系，"在日常意识水平上，冲破现有的社会意

---

① 〔日〕小仓志祥：《伦理学概论》，中国社会科学出版社1990年版，第60页。

识的界限,也是可能发生的,一当加入理性加工的思想体系中,它们在表现形式方面具有抽象普遍的性质,因而它们获得了意识形态或科学理论状态。"这是道德创造的路线,是质的提高。

在社会意义上,道德意识发展的双向上下运行的基本形式或基本环节是舆论形态和社会组织(或特定群体)。"在日常生活的关系中和在集团内部交往中,确立了彼此要求和互相关怀的准则",二者都是"道德直接作用的范围",因而具有道德意识运行机制的性质。在直接的日常生活关系中,人们时刻需要交往的准则,经常应用道德准则和生成道德意识,表现为集体舆论,因而舆论形态正是"道德直接作用的范围"。在社会组织(特定群体)的内部交往中,也时常需要应用道德准则和传递道德意识,并且"小集体水平"更易感受道德氛围而生长着个体意识,因而社会组织也是"道德直接作用的范围"。

这两种形式,是道德意识上下运行的基础和日常领域。

让我们先看第一个基本形式。舆论形态是道德意识上下运行的中介。在下行路线的开端,社会统治集团或管理集团把意识形态的社会道德规范,通过宣传工具和舆论机构向各个层面的群体和个体输送,在希腊时代是抒情诗歌和戏剧来影响听众感情的形式和直接政治活动的表现形式,如演说;在西欧中世纪是牧师的村社传道和直接交往;在近代和现代则是大众新闻媒介和艺术形式。这种输送传播的目的和结局是形成舆论或大众的道德心理。进而再通过舆论的中介,向个体内化而形成个体道德意识。舆论或风尚作为客观氛围和外部条件,一直是个体道德意识演变的根源之一。

在上行路线中,舆论形态也是中介,意识形态的道德体系应当来自直接实践,即日常生活。道德规范准则常常被认为是现成的、给定的,然而这是不正确的,应该"从该社会存在的风尚中，现实的'大众性'的行为的普遍形式中揭示道德准则的产生'成长'的社会心理及逻辑机制"。显然，道德的舆论形态正是道德准则产生的社会心理及逻辑机制。"在社会意识形成过程中，由于受到直接生活环境和社会生产的实际参与的影响，个人意识和个人活动始终占有一定的地位。"实践的个体，在实践和交往关系中可能萌生新的价值意识要素，经过群体交往的互动，形成公认的个别价值准则或胚芽，通常以舆论形态表现出来。如果进一步扩大，在更大规模舆论的基础上提升、凝聚，即形成意识形态的规范准则。"把日常团体意识提升到意识形态水平"，这是一条由个体意识上升到高级形态社会意识之路，其中间环节即为舆论形态。

一般而言，道德意识发展的常规运行是下行走向，社会多处于相对静止和缓慢发展时期，在社会变革或快速发展时期，道德意识的运行则较多表现为上行走向。在我国新时期，应在加强下行运行的同时，更要注意和积极对待在火热生活中的群众的道德创造，推动上行走向，以适应改革和建设的发展，完善和创造适应社会主义市场经济的新的道德体系。

关于第二个基本形式。社会组织是个体的集合体和利益共同体，也是人群共同实践的组织形式，进行着日常的常规的社会活动，构建了紧密、稳定的交往关系，需要职业道德准则和道德化管理的"协同辅助作用"，因而社会组织是"道德直接作用的范围"。社会组织的职业道德和道德化管理，虽有其自身特点，但与社会现存道德是普遍与特殊的关系，是社会现存道德的贯彻、延伸和现实化。社会组织作为"道德直接作用的范围"，实质上是社会道德管理的基层，因而是社会道德体系输向个体的现实途径和直接形式，这是道德意识发展的下行路线。

同时，就个体来说，道德需要和道德能力即个体道德意识是在交往过程中产生的，是在一定群体（从古代的氏族部落到现代社会组织）为联系纽带的集体劳动和共同生活基础上发展起来的。社会组织的直接实践和直接现实性，以及其内部交往的紧密性，为个体道德意识生长提供了广阔场地。在我国改革和社会主义建设快速发展的形势下，每天都会冒出新思想的闪光和道德准则的新的幼芽，并在群众中孕育成熟，新思想的幼芽会积聚力量，成为成长起新的精神体系的思想发源地。社会组织不仅是道德原则、道德规范群众化个体化的下行路线的现实基地，也是孕育个体道德，创造、丰富和更新道德体系，推动整体进步的沃土和温床。

第 五 章

道 德 内 化

　　个体道德意识的形成，并不是纯粹由主观产生的，是在个体心理和环境的互动中实现的。这个环境是指个体所处的社会伦理关系，包括社会道德要求所表现的规范、舆论、风尚习俗等社会道德意识。如前章所述，社会道德意识和个体道德意识是辩证的关系，社会道德意识向个体道德意识的过渡与转化，就是个体道德意识的生成，其途径与方式就是道德内化。因此，从社会道德意识与个体道德意识两者的关系看，或从整个道德生活看，道德内化乃是一种重要的根本的道德现象。

　　道德内化包括外部环境和个体心理机制等要素，本章主要从道德内化的若干范畴来讨论。

一　道德内化是深层的道德现象

1. 道德的特殊规定性

　　道德是社会用以调节人与人关系而规范个人行为的准则，是以规范意识为中心的社会道德意识，是社会对个人的道德要求，它无疑具有社会性。同时，道德领域也是社会生活的重要领域，一个国家或民族如果只有法律而没有道德是不可想象的。孔子曾说："道之以政，齐之以刑，民免而无耻；道之以德，齐之以礼，有耻且格。"我国近年来提出了以依法治国和以德治国相辅相成的施政原则。

然而，道德调节并不像法律那样，法律调节是依靠国家强力机构和强制手段来保证的。而道德调节是依靠个人的内心信念，依靠个人自愿践行来实现的。因此，只有个体能接受并践行道德规范，社会的道德规范才是活生生的，才能发挥其调节作用。

自古以来，随着道德规范的存在，社会就以种种手段使之获得遵守。或是把道德规范神圣化，说成是天神的旨意和圣人所制定；或是论证道德规范的合理性，宣称它合乎人性，人之为人需有德；或是树碑立传和以神话、故事等形式惩恶扬善。古代先哲常以播善之语和劝善之作昭告天下，《论语》、《孟子》就是孔孟论德劝善的言论，《大学》开宗明义第一句话就是"大学之道，在明明德"，都是要求人们接受社会道德规范，躬自践行。因此，归根到底，就是要让道德规范实现内化。

所谓道德内化，就是个人以心理活动去认识、理解和接受社会道德规范，并上升为自己的意志感情而付之于行动，把外在的社会规范转化为内在的自我规范。这种社会道德向个体道德的转化，就是道德内化。可见，社会道德的功能发挥，必须以内化的普遍发生及其深度为依据，没有道德内化便没有社会道德的现实。同时，道德的特殊规定性决定了道德内化的必然性和必要性。

道德的特殊规定性在于道德的存在方式特征上。道德这种社会现象不仅仅是社会的规范形式，而且是个人的品德行为。一个社会的道德现象不仅表现为这个社会通行的道德规范，而且表现为各个社会成员的品德风貌，个人的品德是社会道德现象的重要方面和活生生的表现，也是道德的重要存在方式。道德的个体性存在又构成了人的品质的基本方面。自古以来，人们就非常重视道德的这一存在方式，甚至认为个人的道德状况决定社会治乱，以此提出了性善或性恶的道德起源论。可见，研究道德现象必须着力研究个体品德，否则就不能理解整个道德现象及其在社会生活中的作用。

但是，个体道德并不如以往一些唯心主义者认为的它起源于个人的意识本身。个体道德的核心是个体道德意识，它不是生而有之或主观自生，更不是上帝的安排，而是来自社会的道德意识，包括道德规范、道德舆论和道德教育。个体道德意识依存于社会道德意识，是社会道德意识内化的结果。"德者得也，得其道于吾心者"，没有道德内化，个体道德意识不会生长。虽然个体道德意识并不都是由规范内化而成，但就总体来说，无不发生于内化过程。

这种道德内化现象历来受到思想家的重视，有人认为中国传统伦理学可分三个部分，一是道德理论，二是道德境界，三是道德教育。其中，道德境界就是内在意志的锻炼。中国伦理十分重视个人的道德境界，《大学》、《中庸》等"成德之学"获得大力提倡而影响深远；"正心、诚意、修身"等就是实现道德内化的方法；周敦颐所说，"圣人之道，入乎身，存乎心，蕴之为德行，行之为事业"，正是讲的道德内化的过程。

2. 内化范畴在伦理学中的特殊地位

范畴即基本概念，是思维对事物本质的概括反映。亚里士多德认为，范畴是存在的最一般的规定，是陈述现实的"种"。各种形式的陈述（范畴）所表示的东西，都具有自在的存在。有的陈述本质，有的表示质，有的表示量，有的表示关系，有的表示动作和变动，有的回答所处空间问题，有的回答时间问题。因此，一般来说，范畴是理论体系的基本要素。

道德范畴不是伦理学理论范畴，它是直接反映道德关系，反映个人与社会之间的道德关系；或者说，它是反映某种最本质的道德现象，成为道德体系的重要组成部分。

由于性质、功能不同，道德范畴可以划分为三种类型。一是规范性范畴，是规范的补充，如公正、廉洁、诚信、刚直等等；二是内化范畴，反映社会规范向自我规范转化的过程和阶段，社会道德意识向个体道德意识过渡的环节及个体道德意识发展的阶段和形式，如义务、良心和幸福等范畴；三是德性范畴或品德范畴，它们相应于社会规范和规范性范畴，是个人品德的各种内涵，如公正、诚信等各种品德。

每一类范畴各成一个范畴体系，三类范畴体系互相联系和过渡，又构成一个完整的道德范畴体系。

义务、良心等范畴已有几千年的历史，是传统的范畴，历来受到各派伦理学家的重视和研究。但是各派伦理学家对这些范畴作了各自不同的解释。他们的共同缺点是把这些范畴抽象化，看成是永恒不变的超阶级超历史的东西，因而不能科学解释它们的本质。他们按照各自的理解和需要，还把它们纳入自己的伦理学体系。他们往往强调其中的一个或几个，甚至以一个范畴为中心建立整个伦理学体系，如费尔巴哈强调"幸福"范畴，把他的伦理学叫做"幸福论"。有不少人认为道德问题实质就是良心问题，其根源是良心。因此，虽然以往伦理学都很重视这些范畴，但都没有能够形成一个科学的范畴体系。

马克思主义伦理学揭示了这些范畴的产生和发展过程，赋予这些范畴以新的内容，并根据道德理论和道德实践的历史发展，把义务等范畴看做反映道德内化的范畴，并构成一个范畴体系，从而才有可能阐发其实质和作用，以及在伦理学中的重要地位。

二 道德内化的进程

义务、良心等范畴由来已久，成为各种道德体系的重要组成部分。这些范畴，从客观方面说，它们反映的是个人与社会（他人）直接的道德关系；从主观方面说，它们是个体道德行为动机的内在根据，行为选择的内在尺度，体现了个人对社会道德要求的认识、体验和态度，即个体道德意识的形成发展过程。

1983年3月，在西德的一次关于西方犯罪原因的讨论会上，宗教哲学家认为：人们对上帝的概念以及与此密切联系的罪过概念也越来越淡薄，几乎没有什么人尤其是青年人再去谈论信仰上帝了。

美国社会学家德里克·菲利浦斯说：在日常讲话中道德语言（如善良、义务、责任）不仅很少有人应用，而且在行动中似乎越来越不受伦理道德规范的约束。

也有人认为：自羞或感到道德上内疚的人越来越少，这种社会现象是一种积极的事态发展；内疚，忏悔过失是不必要的，不健康的，神经衰弱，是必须抛弃的。菲利浦斯则为忏悔过失大唱颂歌，认为这样作对于整个社会，对每个人都会有益处。

究竟要不要义务、良心？值得探讨。

1. 义务
（1）义务的起源和本质
义务是普遍存在的最基本最直接的道德关系，凡是在人与人

发生关系的地方，在共同生活和共同活动的地方，都有义务存
在。父母子女之间、夫妻之间互有义务。老师爱学生，既是师生
之间的义务，又是对社会、祖国的义务。教师要教书育人，医生
要救死扶伤，这些都是职业义务，最高义务是对民族国家的义
务。从社会总体看，人们之间都是互相有义务的。正如一位演员
对理发师说："现在我坐着，你站着，你为我服务；到了晚上，
你坐着，我站着，我为你服务。"人们互相服务，就是互有义务。
在各种相互关系中，人们怎样互相对待，也属互有义务。譬如商
场职工热情周到为顾客服务，固然是道德义务；而顾客尊重职工
的劳动，回报以良好的态度，又何尝不是道德义务。总之，社会
关系的复杂性，决定了义务的多样性与普遍性。

解释义务的本质和起源是以往伦理学理论中一个困难的问
题，它或者被规定是上帝的旨意，或者被说成是人们的本性。义
务的实质在于，究竟谁确定义务的内容？

康德提出："义务就是善良意志的命令"；德谟克利特说：
"义务就是按照公正原则去做"；亚当·斯密则认为，"对公正旁
观者的自觉意识和服从，就是义务感的产生"；黑格尔说：（义务
是）行法之所是，并关怀福利——不仅自己的福利，而且普遍性
质的福利，即他人的福利。

从形式上看，义务确是绝对道德命令，但是谁的命令呢？

马克思、恩格斯在《德意志意识形态》中有一段关于"使
命、职责、任务、理想是什么"的说法：

　　　　或者是，关于物质条件所决定的某一被压迫阶级的革命
　　任务的观念，或者是，以观念形式表现的统治阶级的存在条
　　件，在统治阶级的个人意志中把它们设想为使命等等。为了
　　反对被压迫阶级的个人，把它们提出来作为生活的准则……

作为这种统治的道德手段。

这就是说，义务对统治阶级的个人，是把它们（存在条件）设想为使命的。柏拉图曾说，"神给统治者的第一条指示保持种的纯洁性，一旦铜铁做成的人掌握了政权，国家就要倾覆"；而对被压迫阶级的个人，义务则是统治的道德手段，并提出"各安本分"、"存天理灭人欲"等。不管怎样，其中体现的都是个人与阶级、社会的道德关系。所以，义务反映个人与阶级、社会的道德关系。这种关系的内容就是个人执行社会、阶级的道德命令，表现为对社会道德规范的践行。

可见，义务概念反映了社会规范向个人行为的过渡，它是社会和个人之间道德联系的直接表现。这是从客观方面说。从主观方面说，义务是个人对社会或他人的道德责任。这一实质以定义表示就是：义务是个人对社会或他人所负的道德责任；是社会或阶级的道德规范对个人的要求。关于义务的起源，既不是上帝的旨意，也不是抽象的内心意识，而是由经济关系决定的道德关系。正如马克思所说，义务职责不过是现实生活条件在观念中的表现。

（2）义务是社会生活的本质

道德义务也体现了社会生活的本质。人类为了满足需要而发生交往，相互沟通，从而产生一系列社会生活的规范，遵守规范成了社会生活的客观要求。这可以从日常生活中人们自然地遵守某种规则得到证明。如礼尚往来，互相帮助，人们并不认为它不合理；相反却常常互相告诫：待人不要太刻薄，人总是需要别人帮助的。前几年有人哀叹："子多孙多是非多，万种辛酸与谁诉，吾辈而今成罪人，悔不栽苗独一棵！"这正是某些人丧失义务意识的反映。

有人说，人类生物性驱动力和有序的社会生活规则之间的冲突，通常被认为毫无疑义地存在着。我们在生物性上是动物，要做人的话就得付出压抑的代价。难道"道德是对人性的压抑"？

即使人类学家也说过：无论动物或人类社会组织均要求每个个别有机体在追求目标时须符合沟通的形态，认可的权利和权力，集体行动等，他们认为并不都是受挫，而是对生物性特征的疏导，有时则使之改道。所以说，义务是社会生活的本质，是社会生活的客观法则。

（3）义务的特征

义务的基本特征有二：

其一是自觉性。这是道德义务与法律义务的根本区别，体现了道德的特殊本质。康德说，行为符合义务并不是道德义务，必须出于义务心，才是道德义务。"职责概念在行为方面就要求其在客观上契合法则，又要求在主观上对法则发生一种敬重。"

义务是个体道德意识的理性形式，即道德的社会要求在个人面前表现为理性上意识到的责任。比如有一次杂志编辑对爱因斯坦说："我们想以 1000 马克的酬金发表您的讲演。"爱因斯坦摇头拒绝。编辑又说："可是请您考虑，发表这份讲演稿那是你对科学尽了您的义务呀。"爱因斯坦二话没说，点头同意，只是提了一个条件——酬金减少到 600 马克。

其二是自愿性。义务应该是与个人爱好、愿望是一致的，但历史上伦理学家一直认为是冲突的。包尔生说："平时夫妇相爱并不意识到它是义务，一旦爱及他人，就意识到夫妇的义务了。饥食渴饮，也没有看它为义务，如遇到要禁止他适当的饮食，就有义务的意识了，所以义务就是对冲动的限制。"[1] 康德甚至认

---

① ［德］弗里德里希·包尔生：《伦理学体系》，中国社会科学出版社 1988 年版，第 297 页。

为：道德的根本就是爱好与义务的冲突，履行义务是一种痛苦。

其实，遵循社会规范并不是道德负担，也不是心理内驱力的挫折。道德义务是一种内在动机，它绝不是由机械服从纪律或害怕惩罚所产生，也并非抱着其他目的——如沽名钓誉或某种交换原则——而产生。特别是社会主义道德，其实质是社会利益与个人利益的统一，践行道德义务完全可以自愿。当然义务也有限制，按照黑格尔的说法——义务仅仅限制主观的任性，依照必然性，履行道德义务不是受约束，恰恰是自由。

（4）道德义务与道德权利

传统认为道德义务是与权利不对应的，伦理学中往往没有道德权利这个范畴。

何谓道德权利？权利就是指享受的利益和行使权力，道德权利是指道德生活中享有的社会权利，所以道德权利实质上也就是道德利益。

那么，怎样理解道德权利是存在的，伦理学应该如何提出道德权利范畴？

第一，就道德总体而言，义务和权利是对应的，道德权利是存在的。道德是一种关系，道德存在于人与人的关系中。在道德关系上，一方是义务，另一方就是权利，道德关系就是一个权利义务的关系。古代传统道德君惠臣忠，父慈子孝，夫义妇顺，兄友弟恭，朋友有信等等中，它的当事者双方就有权利义务关系和互为权利与义务。社会主义集体主义原则，如果对个人来说是义务，那么对集体和全体个人来说就是权利。为人民服务的原则，对某个人是义务，而对他人和人民整体来说就是权利。

第二，就道德生活本质来说，也应该既有义务，也有权利。社会进行道德调节目的是协调关系，取得社会和谐，对于每个社会成员是带来利益和道德利益的，应该说总是存在道德权利的。

当然，这种道德权利必须以义务为前提，试想如果没有道德义务，又怎样实现道德权利，谁给予道德权利！

当然在阶级社会，道德权利都赋予统治阶级，道德义务都强加给了被压迫阶级。道德作为统治手段，只要求被压迫阶级安分守己，存天理灭人欲，无穷无尽的道德牺牲，因而被称为"吃人的道德"。鲁迅笔下的祥林嫂就是死于封建礼教和宗教欺骗的双重压迫之下。

社会主义社会每个人既有道德权利，也有道德义务，体现在每个人身上，权利和义务是统一的，即任何人都有道德义务，也都享有道德权利。

社会主义的社会关系，一般来说是互助合作关系，人与人是平等的，每个人都有人格尊严，社会主义的道德体现人格尊严和平等。从总体上说，其规范要求就包含着权利和义务的双向性。

在社会与个人之间，社会应当为个人的各方面发展、个人才能的充分发挥、个人价值的实现，尽可能创造条件。这是社会对个人的义务。正如胡锦涛同志所说：权为民所用，利为民所谋。

个人又必须维护社会整体利益，要在有利于社会的范围内求得个人的发展，这是个人对社会的义务。

同样，在道德评价方面，社会与个人也应当是双向的，有社会对个人的评价，个人也有评价社会的道德权利。在法律上老百姓可以告政府机关，在道德上老百姓更可以评价政府机关，尤其是舆论的监督。市场经济是法制经济，是规范的经济，运用规范就包括规范的评价，比如法律评价和道德评价。如果没有评价，也无法保证规范的实施，经济、社会、心理都会失去平衡。

这种社会与个人之间的双向规范，反映了权利与义务的对应。

在个人与个人之间，也是双向规范。"仁"是从人从二，就是二人关系，所以道德上应该相互对待。我们社会提倡互相尊重，要互助、互爱、互谅、互信。社会主义的人与人之间是完全平等的，不应把权利与义务等级化。现实中有些人表现为两副面孔，对上点头哈腰，对下盛气凌人，对上是绝对的义务，对下则绝对的权利。在营业员和顾客之间，顾客要求营业员履行热情服务的义务，营业员也有要求顾客尊重的权利，尊重营业员就是顾客的道德义务。目前医疗纠纷颇多，医患关系不协调，医生或病人做出不文明的行为，都是由于没贯彻双向规范的结果。

第三，道德的本质不仅在于规范性，而且是自由精神的生产，在这方面上，应该承认道德权利的存在。

道德不仅是社会的需要，也是个人的需要。在社会发展和道德发展进程中，这种需要日益表现出来。

道德对个人来说，是人生目的的实现，是优良品格的形成，是人格尊严和完善个性的表现。无疑，是一种道德权利。

在这里，也常常表现为权利和义务的统一：履行义务是一种道德权利，或履行义务正是实现道德权利。比如人生目的实现正是包含着为社会服务，责任说明人格，履行道德责任，正是优良人格表现。

尤其是，道德作为自由精神的生产，即人的本质的对象化，应当特别表现在创造性上，有独立、自主、创造和进取的精神和品格。可以说，实现这种人格和精神境界。确属一种积极的利益，应该将之归为道德权利。这是对社会发展和人类进步有利的道德权利，我们应该大力倡导和促进这种道德权利。

第四，中国特色社会主义的道德是在社会主义市场经济基础上发展起来的新道德，提出道德权利的范畴体现了新道德的民主、平等、和谐的特性，同时也体现新道德具有奋发进取的特性，具有尊重个性与发展个性的特性。中国特色社会主义的道德是整体协调的道德秩序与个性健全的道德人格的统一。

同时，提出道德权利范畴，强调道德权利与道德义务的统一，有利于提高人们的道德自觉性、道德积极性，可以与市场经济、民主政治相协调。

2. 良心

良心是社会道德生活中经常使用的道德范畴，各派伦理学都把它作为一个重要范畴。可是，良心是什么？却众说纷纭，争论不休。过去我国将之简单抛弃，视为理论禁区，其实，良心是社会道德生活中客观存在的，重要的是应给以科学内容。

（1）良心的本质

对良心的根源和实质，在伦理学发展史上各派伦理学作了不同的解释。宗教神学家把良心叫做"上帝的声音"、"上帝的赐予和安排"。唯心主义认为，良心的根源是"某种抽象观念"、"绝对精神"或"自然情感"。

17世纪英国伦理学家沙甫慈伯利认为，良心是一种情感，叫"道德感"或"天然情感"，是与生俱来的，能对自己的行为作是非判断。

与之一脉相承的巴特勒则认为："人之凭以赞许或不赞许他的心胸、性情和行为的原则，便是良心。"而这个原则是心所固有的。巴特勒还提出了一个人性结构来说明良心是人性的组成部分。这个人性结构分成四个部分：一是特殊的情感，即饥饿性欲等本能；二是自利心，即谋求个人幸福的倾向；三是仁爱心，即增进全体福利的倾向；四是良心。他认为良心处于最高地位，管辖自利心和仁爱心。如果自利心战胜良心，就会损害仁爱心，使人变成冷酷自私的人；如果仁爱心胜过良心，也有害于正常的智虑。他认为这两个极端都是不好的，所以要受良心控制。

　　沙甫慈伯利和巴特勒都认为良心起着指导和评价人们行为的巨大作用,这是合理的。但他们认为良心是人性固有的,则是错误的。

　　持这种见解的还有雷德,他认为心中固有的道德感情就是良心,它有直觉道德公理的能力,他仿效巴特勒,认为人性中有统帅的原则和被统帅的冲动,统帅的原则就是良心。

　　19世纪德国唯物主义者费尔巴哈一定程度上认识到良心的来源和作用。他说:"我的良心无非是站在被害的你的地位上的我。"无非是以本人追求幸福的愿望为基础,并且遵从这一愿望的命令的别人幸福的代表者。还说:"良心是在我自身中的他我","是他人的形象,这个形象制止我对他做坏事;或如果我已经对他做了坏事,它就会苦痛我和迫害我。"① 费尔巴哈认为良心产生于社会关系之中,这有其合理的因素;他还认为良心是一种道德自我评价,这也是可取的。但良心究竟从何而来,他又未能正确解决,完全归之于抽象的同情心,说什么"只是根据于我不愿意别人伤害我,我才对于使别人受害感到悔恨"。

　　英国经济学家兼伦理学家亚当·斯密极其清楚地描述了良心的实质和作用,存在较多的合理因素。他说:"我们自己分为两个,以第一个我判断第二个我,这第二个我就是良心。所以良心就是自己假设立于公正旁观者的位置而评判自己的心,是同情的命令形式。"② 然而,亚当·斯密的良心观是矛盾的,他一方面认为良心随时代的教育的不同而不同,另一方面又把良心看做是人的天生的同情心。

　　19世纪英国功利主义者约翰·穆勒(Mill)指出,良心是

---

　　① 《费尔巴哈哲学著作选集》上卷,三联书店1959年版,第581页。
　　② 《西方伦理学名著选辑》下卷,商务印书馆1987年版,第193页。

我们内心的主观情感，他承认良心是通过后天教育、社会舆论的影响而形成的；但他又认为"良心的自然基础是人心中天生的社会感情"。

在中国历史上，孔丘的"耻"就具有良心的意义，如"君子耻其言而过其行"，"知耻近乎勇"等。在我国历史上最先领会良心要领的是孟轲，他说："虽存乎人者，岂无仁义之心哉！其所以放其良心者，亦犹斧斤之于木也，旦旦而伐之，可以为美乎？"① 他说的"良心"，就是仁义之心。这个仁义之心，就是"恻隐之心"、"羞恶之心"、"是非之心"、"恭敬之心"。这里揭示了良心所包含的道德情感和道德评价的内容，对后世是有益的。但他把良心的来源归之于人人具有的、天赋的，道德修养就是要"存心"和"求放心"，保持和恢复天生的良心，这是错误的。

宋明以后，一些伦理学家又进一步探讨良心的内容、来源和作用，朱熹说："人有耻则有所不为"、"人须知耻，方能过而改"。他揭示了良心在行为选择和自我评价中的作用。王守仁认为，良知自有知善恶的本能，是"自立的做人的标准"，同样揭示了良心是自我评价的标准和能力，包含了一些合理因素。但他把良心说成是天生的："良知之在人心无间于圣愚，天下古今所同也。"良心人皆有之，但需恢复，方法是"致良知"，去获取先天的善或良心，这显然是错误的。

马克思主义认为，良心是存在的，但它不是上帝的声音，也不是人性固有的，良心是社会实践长期发展的产物，是由于人们道德生活需要而产生的。当某种社会道德规范出现时，总要有相应力量和手段，来维护它的权威性。综观历史，人类刚刚离开动物界，就有某种类似道德规范的风尚习俗或禁忌存在，伴随的是

---

① 《中国哲学家论点汇编》，上海人民出版社1986年版，第259页。

对破坏风尚习俗行为的惩罚，而它往往用神和神话的力量。于是就有对神的裁判和惩罚的恐惧。那时是人类的幼年，自我意识还未发展，仅有"绵羊的意识"，风尚习俗只能靠恐惧而被动遵守。恐惧具有生物本能的基础，为一切动物所固有，它表示对某种外部力量的态度。

后来，随着人们意识的发展，恐惧就为羞耻所代替。羞耻是比较复杂的，羞耻感在心理学上比恐惧感更复杂。它以一定的自觉水平为前提，但它只在一定的人群内部发生作用。它虽然是内在体验，但它以经常环顾周围的人为前提，在羞耻体验中，还没有行动和动机的界限（参见《自我论》）。希腊悲剧主人公因自己做的事在周围人们心目中的耻辱而感到羞耻："他们将要说什么。"这就是说羞耻以他人为前提，较少内部动机。亚尔霍对荷马史诗中羞耻、过失、责任和良心的研究，得出了内在动机形成较晚的结论。羞耻还未达到深层的内在动机的程度。羞耻还不是良心，良心的出现，意味着社会规范内化的更高程度。

社会实践的进一步发展，特别是分工的发展和社会关系的复杂化，人类的自我意识又有了进一步发展，而只有作为主体的人，只有意识到"我"，才能意识到对"我"发生的关系。只有意识到自我对他人的社会关系，这个自我才能根据某种原则调节自己的行为。所以，只有到了这个时候，人们才能在社会交往中，在社会舆论的基础上，形成后来意义的良心。这是一种对道德责任的自觉意识，一种对本身行为善恶的内心体验，是比较成熟的道德意识。人们常说"做一个堂堂正正的人"，"不做亏心事"，"心要摆得正"，这都是一种良心的体验，也是社会道德生活中常见的现象。

美国心理学家高尔博把意识的发展分为三个阶段：顺从—认同—内化。这也是人类道德意识发展的缩影。他认为，在认同阶段行为的价值取向符合他人的期望，有较多被动倾向，违反道德规范而又被人察觉从而产生羞耻。在内化阶段，已把外在规范转化为内在原则，在行为违反道德时产生内疚，内疚是高度主体意识的表现。由此可见，良心的产生反映了人们道德上的成熟和进步。同时也说明，良心不是天生的，也不是从来就有的。良心的产生是主体意识，自我意识发展的结果，缺乏主体意识，良心无从发生。苏格拉底认为：人的自我意识是对他进行道德规定的源泉。黑格尔良心概念说得更清楚，他把良心界定为，"内部的绝对自我确信，是特殊的设定者、规定者和决定者。"① 良心是自觉的独立的强烈的个体道德意识。

　　良心不是纯粹哲学思考的结果，良心的出现是社会道德生活的需要，社会为了维持应有的道德关系，要求个人具有履行义务的自觉意识。穆勒就伦理学体系的发展，考察良心的产生和作用时说："对于任何道德标准往往有人问，这个标准的制裁力是什么？人遵循它的动机是什么？它用什么力量使人遵循它？伦理学必须对这个问题答复。"答案有外部制裁力和内部制裁力两种。在内部制裁力方面，"内部制裁力——自己心里的一种情感，这种情感假如与纯粹的义务观念相连，就是良心的精髓，构成良心的基本成分，一切伦理系统的最后制裁力，是我们心中的一种主观的感情。"② 良心范畴就是反映这样一种道德关系。

　　同时就个人来说，良心也不是与生俱来的，而是由于社会关系的复杂化，使人感受到自己行为对社会和他人负有道德责任，从而对自己内心世界提出道德要求——"内在守护神"。

　　这样，关于良心的实质可用下列定义表示：良心是人们对自

---

① 周辅成：《西方伦理学名著选辑》下卷，商务印书馆 1987 年版，第 256 页。
② 黑格尔：《法哲学原理》，商务印书馆 1961 年版，第 139 页。

己的行为，在同他人和社会的关系上负有道德责任的自觉意识和相应的自我道德评价的能力。

从上述历史考察中还可明确良心的社会根源。一方面，良心作为一种道德意识形式，有极大的主观性，良心不仅建基于理性的认识，并且熔铸于意志情感之中，良心隐藏于人们的内心深处，独自构筑着动机和目的。良心的这种主观性，成为伦理学中唯心主义的一个根源。把良心看做纯粹主观的东西，是唯心主义失足之处。

其实，良心的形式是主观的，它的内容却是客观的。我们知道良心一般表现为对自己行为的道德选择和道德评价，而选择和评价必有标准。这个标准决不是"自明原理"，不是"直觉能力"，也不是"内心固有"，更不是"上帝的声音"；它总是程度不同地反映了社会的道德规范。当然，这些道德规范已融化为个人的生活信念，变成了个人的思想感情，内在的个性特征，使人看不到它与外部世界的联系。根据这一点，可以说良心归根到底是经济关系决定的。

另方面，良心的形成的确具有个体性特征，每个人对社会关系反映的正确程度，对道德规范的认识和接受程度都是不一样的，表现了人的主观能动性。于是，使人误认为良心是不假外求的；但应看到，良心的形成毕竟取决于本人的社会实践。这包括：个人的社会地位，他参与的社会斗争和活动，所受的教育和影响，文化素养，以及自我修养的努力程度。马克思说："良心是由人的知识和全部生活方式来决定的。"① 所有这些归根到底，作为个人良心形成的条件是客观决定的，都取决于这个人所处的社会关系的性质。正是半封建半殖民地旧中国的社会性质，锤炼

① 《马克思恩格斯全集》第 6 卷，人民出版社 1961 年版，第 152 页。

了以鲁迅为代表的爱国志士的铮铮铁骨；社会主义的新中国哺育了雷锋、焦裕禄等普通人的无私胸怀；当今现代化建设和改革开放进程中涌现的许多"风流人物"的崇高境界，无不融有我们这个翻天覆地伟大时代的印记。良心的社会根源告诉我们，不同时代不同阶级有不同的良心。正如马克思指出的："共和党人的良心不同于保皇党人的良心，有产者的良心不同于无产者的良心，有思想的人的良心不同于没有思想的人的良心。"① 不可能有超历史超阶级的抽象的普遍的良心。

良心的社会根源还告诉我们，对待良心既不要神秘化，也不要简单化。良心并不神秘，是一种社会意识；人们的良心状况，总是可以从社会物质生活条件与相应的道德规范得到解释。但是也不能简单化。社会物质生活条件以及与之相应的社会道德规范，并不一定在每个个体中得到自觉反映，即使得到反映，各个个体甚至某一个体的不同时期都是不同的。就是说即使同样的客观条件，各人的道德认识、道德觉悟、道德境界也是不同的。它是把认识、情感、意志、信念结合在一起的结果，特别需要主观努力，加强实践和意识改造才能做到。

（2）良心的功能

以往伦理学家关于良心的论述，除根源和实质而外，在其功能作用方面，存在不少合理的成分。英国的巴特勒说："德性即寓于对良心的遵从，而罪恶则寓于对良心的偏离。"他认为："良心是安放在我们心中作为管辖我们的正当的主宰，去指导并调节一切下等的根性、情欲及行为动机。"他还说："良心是上帝写在人心上的法律，对人的行为具有指导、监督和判

① 《马克思恩格斯全集》第6卷，人民出版社1961年版，第152页。

别的作用。"① 这说明主宰、支配自己的行为是良心的机能。而自我判断的功能，伦理学家也说得很多。如沙甫慈伯利说："良心是对自己行为作是非判断"；② 休谟也说："良心是以判断别人的见解来判断自己的习惯"；③ 亚当·斯密认为，"良心是以第二个我判断第一个我"；④ 费尔巴哈同样认为，"良心是有罪判决的回声"。⑤

我们可以吸收上述论断的合理因素，并科学地阐发良心的功能。

在行为之前，良心是行为选择的自我指导者。当一个人在道德环境面前，面临行为选择时，他如何行动呢？只有良心能帮助他。良心是一个人道德上的理性观念、情感态度和意志力的总和，在道德行为选择中处于支配地位，起着决定性的作用。人们根据良心的理解，分清善恶是非，明确应该那样做，并通过情感的发动和意志的选择，形成一定的动机和目的，推动行为的发生。只有在良心的正确指导下，才有正确的动机和行为。如果没有确定的高尚的良心，就会听任罪恶观念的怂恿，或者受制于没有理性判断的感情冲动，就不可能做出正确选择，发生道德行为。例如一个大学毕业生如何对待曾经患难与共的农村未婚妻，是结合还是分手？有人出于对自己良心的尊重，能够力排众议和内心的徘徊，选择了前者；有的选择了后者，必将受到社会舆论的谴责。

具有高尚良心的人，有崇高的道德观念和热烈的道德情感，

---

① 《马克思恩格斯全集》第 6 卷，人民出版社 1961 年版，第 152 页。
② 同上。
③ 同上。
④ 同上。
⑤ 《费尔巴哈哲学著作选集》上册，三联书店 1959 年版，第 583 页。

就能产生一种巨大的精神力量。所以，在敌人眼里共产党人、革命者是不可理解的，苦刑毒打也好，儿女私情也好，都不能动摇他们一丝一毫。今天，要克服巨大困难，付出艰苦劳动，坚定不移地实现中华民族的伟大复兴，也需要我们的高尚良心，从高尚的良心里面流出来的血才是热的。

行为过程中，良心是自我监督和调节者。在行为发生的过程中，由于客观环境的复杂性，不可能预先规定各种条件下的行为方式。而且在行为过程中，行为和动机、外部动作和内在心理，始终处于紧密联系中，行为的客观后果和外部动作的反作用随时都会返回，形成阻力或诱惑，影响内部动机，始终存在着行为坚持或调整的可能性。因此，从动机到行为特别需要良心的监督和调整，确定或改变行为的方向和方式。只有这样，最初的道德行为才能得到坚持，最初的不道德行为也可以因而中止。这后一种情况，叫做良心发现。例如一个妻子在外另有所爱，回家时看到丈夫一片诚挚之情，终于对自己的过去表示忏悔，这正是良心的复活。

由于客观因素和主观因素的交互作用，这种行为进程中出现的起伏是常有的，必须引起人们的重视，更深刻地认识良心的内在调节作用。孔子说："君子无终日之间违仁。"确实，良心是时刻也不能丢的。

良心是内在法庭的审判官。良心是理性、情感和意志信念的总和，所以有自我评价的能力。整个行为完成之后，产生一定的后果和影响，有了良心，就能进行深入的自我评价，就像站在公正法官的位置上，审查判决自己的动机和行为。判决结果，由于自己信守道德原则，履行了道德义务，就会产生内心的自我满足，获得良心的安慰。从而得到鼓励，坚持道德方向，即"择善固执，从善如流"。如果发现自己行为不端，有违道德原则，背离道德义务。损害了他人和社会，就会产生内心的自我谴责，感到深深的内疚和痛苦。由于良心的谴责而痛苦，并不是消极的。朱熹说过："人须知耻，方能过而改。"经过良心的自责和深沉的痛苦会激发人们积极奋起，树立弥补过失的坚强意志，重新走上正确道路。俗话说"浪子回头金不换"，"周处除三害"的民间故事便是一例。如果一个人"恬不知耻"，对自己的恶行心安理得，没有惭愧和忏悔，就会一错再错，在邪路上越走越远。

良心既然是个人行为的内在调节者，归根到底将决定个人行为的道德方向。因此就其社会意义来说，良心也是社会道德的"守护神"，是保证社会道德权威的根本要素。一个社会的道德风尚是怎样形成的？社会的道德规范为什么能够为人们所遵守？怎样才能保持道德的权威？当然要依靠社会舆论的力量，但更重要的还是人们的内心信念，即良心。由此看来无论从个人意义还是社会意义，良心都有其突出的功能。

3. 义务和良心是道德内化进程的不同阶段和递升

个体道德意识由道德内化而形成，它是自我意识的基本内容；作为自我意识的道德意识，既不是天上掉下来的，也不是主观自生的，它只能由社会道德意识（规范）转化而来。但它又不是一般的意识，乃是对自己本身的道德要求，或道德上的自我要求、自我规范，把社会道德规范融化为自己的思想感情，成为个人的素养、习惯和性格的重要特征。如果把社会道德要求，只是理解为对社会和他人的要求而与自己无关，或者被迫服从这些要求，那就是还没有什么道德意识。因此，必须从社会道德要求中"看到社会的同时也是个人的意义"，才有道德意识的形成发展；必须把个人摆到社会道德要求中，自觉自愿地把社会道德要求变成自我要求、自我规范，并形成与自身一体化的思想感情，形成一种品质。这才是个体道德意识的发生和发展。因此，伦理学从"内化"概念来反映这种道德现象。内化既要有外部存在的道德关系、道德规范、社会舆论的条件，又要向内（通过心理品质向自己心灵深处）转化，化成个人的道德意识和道德品格。如前所述，这种内化乃是社会道德发挥作用的基本条件，否则就是虚空和僵死。这也是历史过程中个体道德意识生成和发展的基本途径，它不能离开社会道德的影响。从社会和个人两方面看，道德内化是根本的道德现象。

但个人道德意识的生成即道德内化有一个过程，并可以分为不同阶段。伦理学的义务和良心范畴就是反映这个内化进程和内化的不同阶段。

伦理学史上早已有人提出了义务和良心的联系。德谟克利特最早指出了这种联系，他认为良心就是要人们按照义务去行动；后来，巴特勒也认为良心是指示自己对他人的义务。但他们都未能确切地分析其内在联系，更没有从道德内化来分析其关系。

义务从客观上说是社会道德对个人的要求，从主观上说是个人对社会道德要求的认同。所以，义务把社会道德与个人责任联系起来，这是社会道德向个人道德意识转化的第一步，也是道德内化的第一阶段，属于初级的道德意识形式。虽然义务是初级形式，但已是道德意识。因为它把社会道德要求与自己联系起来，如果只是看到社会道德对社会和他人的意义而跟自己无关，跟自我完善无关，那么，虽然有了对社会道德的认识，还不是道德意识。因此，必须从内化意义上，才能理解义务，才能理解道德意识的生成。

在第一阶段，虽然已把社会道德与自己联系起来，发生了道德意识，但并不能保证行为动机的生成并外化为行为。它只属于认识的阶段，还必须继续前进上升到意志感情，把义务观念上升到义务感、责任感，把道德义务融化为自己的思想感情、意志信念，才能形成道德动机和行为习惯，以至成为人格品质。伦理学就把实践义务的感情、意志、信念的总和称为良心。作为内化的第二阶段——个体道德意识发展的高级形式，个体道德意识发展的关键是实现义务到良心的转化和递升。

三　道德内化的基础和内动力

道德内化并不是轻而易举的事，是一个人极为深邃的精神生活，是熔铸一个内心世界的艰苦过程。这个基础和内动力，本来是人性要素，在人的成长过程中会逐渐萌发，当社会舆论唤醒特别是自我觉醒时，这些道德内化的基础和内动力可以蓬勃发展起来。

1. 荣誉
（1）荣誉的实质

不同时代、不同阶级有不同的荣誉概念。恩格斯说："每个社会集团都有它自己的荣辱观。"奴隶主们把他们的出身和特权看做荣誉；封建贵族则把自己的"高贵门第"、"显赫官爵"以及成群的奴仆、大量的土地、穷奢极欲的生活视为荣耀；"万般皆下品，唯有读书高"则是封建士大夫的荣誉观；资产者把荣誉归结为金钱、谁有金钱谁就值得高傲。包尔生还把荣誉分为政治荣誉和社会荣誉，如头衔、勋章等形式。每个更小的群体、集团还有它特殊的荣誉形式，如商人的荣誉、艺术家的荣誉、军官的荣誉等等。

所以，荣誉早已有之，但这种种荣誉观念属于荣誉的一般概念。

　　伦理学中的荣誉范畴，道德体系或道德生活中的荣誉范畴，则把荣誉与道德联系起来。古希腊伯里克利在他著名的"雅典阵亡将士国葬典礼"的演说中，慷慨阐述了为祖国献身的荣誉观。他说："在战斗中为保持自己的岗位而战死，比屈服逃生更为光荣"，"他们生命的顶点，也是光荣的顶点"。包尔生在他的《伦理学体系》中还专门提出"荣誉和对荣誉的爱"，作为德性的一个方面。中国的孔子提倡："笃信好学，守死善道"，能做到就是光荣的，否则是耻辱。他说："邦有道，贫且贱焉，耻也，邦无道，富且贵焉，耻也。"孟子更明确地说："仁则荣，不仁则辱。"汉初贾谊还提出了"贱而好德者尊，贫而有义者荣"的名言。

　　马克思主义伦理学认为，作为道德范畴的荣誉，是道德生活中普遍的现象，虽然其内容由于道德的变迁而各异，但其形式是普遍的。荣誉范畴的实质从两方面看：

　　在客观意义上，荣誉是社会的道德评价。由于人们在社会实践中践行了社会道德，社会就对这种道德行为和道德形象给以积极的肯定的评价，并用荣誉来加以褒奖、赞扬和鼓励。自古以来，各个社会都有各自的荣誉存在，大多以社会舆论的形式，也以树碑立传、建庙宇立牌坊等形式来表彰符合当时道德要求的人物或其功绩。今天我们用"爱国志士"、"民族英雄"、"新长征突击手"、"爱民模范"、"忠诚的共产主义战士"来称赞和表扬一些杰出人物。所有这些都是一种荣誉称号，表示社会对这类行为的承认、支持和鼓励。反之，就用耻辱来给以指责和鞭挞，如"卖国贼"、"害人虫"、"无耻之徒"、"丑类"等等，都是一种贬称，表示社会对这类行为的憎恨、鄙视和反对，是一种否定的道德评价。

　　在主观意义上，荣誉是人们内心深处的荣誉感和自豪感，是由于践行了社会道德而产生的一种内心体验，一种道德上的满足。但是主观荣誉和客观荣誉是密切联系的，人们内心深处的荣誉感和自豪感，是社会对某种德行的评价、赞扬和奖励在个人意识里的反映，是客观评价的主观感受。这也是一种道德内化现象，是一种自我意识；而且，社会的荣辱评价，往往伴以强烈的情感：赞扬、鼓励或鄙视、谴责。因而，这种反映或内化，必然是情感上的共鸣和震撼，深刻影响人们的情感生活。总之，荣誉感必然是一种炽热的道德情感，成为个体道德发展的动力和基础。

马克思主义伦理学在揭示荣誉范畴的实质时，尤其强调它作为个体自我意识的方面，它同义务、良心、幸福等范畴一起，构成了个体道德意识的丰富内容。它本身是内化范畴，但它对道德内化又起着十分重要的作用。

（2）荣誉的功能

荣誉作为社会的一种道德评价，本来就是鼓励和发扬善的行为的。所以，包尔生说："荣誉是道德的卫士。"而这种社会评价成为个人的内心体验，形成荣誉感、自豪感时，作为个体自我道德意识，就能激励自己进行道德实践。包尔生说："对荣誉的爱首先推动着意志去发展自重的德性，然后又推动着它去获得社会的德性。"① 荣誉感和自豪感是个体德性生成和发展的动力。

一个人树立了一定的荣誉感，不仅表明他分清了善恶是非，懂得他所承担的义务，而且意味着他已经把履行道德义务变成了内心信念，意味着要把这种信念转化为行为的选择。自古以来就有人以"大丈夫，男子汉"、"顶天立地，铮铮铁骨"、"生当为人杰，死亦为鬼雄"来要求自己。他们的道德情操，为人们所敬

----

① ［德］弗里德里希·包尔生：《伦理学体系》，何怀宏、廖帕译，中国社会科学出版社1988年版，第492页。

仰。在社会主义现代化建设中，也正是"争当新长征突击手"，"争做改革的促进派"，"科学进军的铺路石"的荣誉感，促使人们锐意进取，敢于拼搏，自我牺牲，激发着人们事业心，培养着人们高尚的道德情操。

道德上的"争强好胜"，是道德行为的动力。妄自菲薄，厚颜无耻，往往造成人们的道德堕落。包尔生说："对荣誉的尊重和对耻辱的恐惧甚至在最坏的情况下也产生了一些好的结果。那些没有什么荣誉可以丧失因而也不再有任何对于耻辱恐惧的人们最为堕落。"① 现在有一些人，抱着"实惠"的观点，否认荣誉的作用。表扬和批评，荣誉与耻辱，对他们都不起作用。孔子说："哀莫大于心死。"在他们那里既没有荣誉感，也没有知耻心，这种人虽然可能得到些实惠，但终究要受到社会舆论的谴责。

胡锦涛在社会主义现代化建设的关键时期，针对当前社会的道德状况，提出了"八荣八耻"，集中体现了社会主义的荣辱观。每一条都与是否践行社会主义道德的基本规范和准则相联系，是对各种行为的肯定或否定的评价，促使人们从荣辱的高度看待各种行为，进而以发自内心的荣誉感塑造心灵、塑造道德素养。

2. 善美

历史上善美联系早已存在，它反映了善美范畴是早已出现、并不断发展的根本性道德现象。

美与善是密切联系的，不论中外古今，众多的论述说明人类

① ［德］弗里德里希·包尔生：《伦理学体系》，何怀宏、廖帕译，中国社会科学出版社1988年版，第492页。

的这个共识。亚里士多德在《政治学》中明确指出："美是一种
善，其所以引起快感正因为它是善"；狄德罗则说："真善美是些
十分相近的品质，在前面两种品质之上加以一些难得而出色的性
状，真就显得美，善也显得美"；而德国赫尔德认为：真善美三
者在本质上是统一的，"任何美都应该导致真和善"；别林斯基也
说："美是道德的亲姐妹"；高尔基在阐明两者的关系时，比喻地
说"美学是未来的伦理学"。

　　中国古代也常有此论述，屈原的《离骚》中有"纷吾既有此
内美兮，又重之以修能"。内美，即道德美。孔子指出"里仁为
美"。他的绘事后素说，也道出了他的善美联系的观点。

　　子夏问曰："'巧笑倩兮，美目盼兮，素以为绚兮'，何谓
也？"子曰："绘事后素。"曰："礼后乎？"子曰："起予者，商
也，始可与言《诗》已矣。"① 绘事后素是说绘画要以白色的底
子为基础，人的美决定于他的道德品质。这一观点在其他诸子思
想中也有同样论述。孟子说："充实之谓美"，他认为，"充实善
信，使之不虚，是为美人，美德之人也"；② 墨子认为，"务善则
美"（《非儒下》）；荀子也说："由礼则雅。"

　　善美的密切联系在于它们是相互贯通的。其所以能相互贯
通，又因为它们本质的相同。关于道德的本质已如前述，这里
不再赘述。道德是人的本质的体现，人的实践本质；人的自由
创造的本质决定了道德的本质，道德的本质正是人的本质的对
象化。美的本质也与人的本质密切联系，"美是人们创造生活、
改造世界的能动活动及其在现实中的实现或对象化"，"美是包
含或体现社会生活的本质、规律，能够引起人们特定情感反映

---

① 《侑》，《四书集注》，岳麓书社 1985 年版，第 87 页。
② 《中国哲学家论点汇编》，上海人民出版社 1986 年版，第 266 页。

的具体形象"。① 车尔尼雪夫斯基也说："任何东西凡是显示出生活或使我们想起生活的，那就是美的。"美在字源上是人以羊为头饰，表明获得猎获物的勇敢为美，正好说明了人的本质力量（劳动创造）的展现，即美。普列汉诺夫说："当狩猎的胜利品开始以它的样子引起愉快的感觉……它就成为审美快感的对象，于是它的颜色和形式也就具有巨大的和独立的意义。"② 人们正是在客观对象中看到了自己的能动创造力，看到了自己本质力量的对象化，才会产生审美感受的情感愉悦。当对象以表现创造活动内容的感性形式而引起人的愉悦时，这个对象就是美的。"美的对象，美的事物，例如自然界的雄伟的山峰，澎湃的海岸，明媚的花鸟；社会生活中的豪迈的劳动场面，英勇的战斗情景，英雄的崇高形象，之所以无不给人以或壮美或优美的种种情感感受，正在于它们是人们的社会实践的具体的生活体现。"③

从伦理学的角度研究道德的审美特性或审美价值，主要有三：

第一，道德的情感性。

前述道德情感在道德内化中的决定作用，以及道德情感在道德评价（舆论）和道德行为中的功能，都说明道德情感是道德的存在形态之一。宗白华认为：孔子知道道德的精神在于诚，在于真性情、真血性，所谓赤子之心，就是己所不欲勿施于人，己欲立而立人，己欲达而达人。他说："这伟大的真挚的同情心是他的道德的基础。"因此他又说："道德的真精神在于'仁'，在于'恕'，在于

---

① 普列汉诺夫：《没有地址的信·艺术与社会生活》，人民文学出版社 1962 年版。

② 王朝闻：《美学概论》，人民出版社 1981 年版，第 29 页。

③ 宗白华：《美学散步》，上海人民出版社 1981 年版，第 188 页。

人格的优美。"德国诗人雪莱明确地说:"道德的秘密就是爱。"

美是体现社会生活的本质,能够引起人们特定情感反应的具体形象。审美是主体以情感方式对自身本质的肯定,审美活动主要是情感体验,"美的事物是人心中所唤起的感觉,是类似我们当着亲爱的人们面前时洋溢在我们心中的那种愉悦"。① 各种道德形象所以都能以美的形式展现出来成为审美对象,主要是他们的道德情感。在电影《李清照》中,李清照被诬入狱,她的侍婢剪辫卖发,换钱探监的形象,内蕴着深沉的道德情感,打动人们的心灵,给人以美感。

审美情感是一切艺术美的作品表现对象。"音乐是心灵之声,心灵的语言,音乐是和煦的春风,能拨动爱情的门窗。"孔子所谓"诗可以怨",也说明诗具有抒情的特点(参见施昌东《先秦诸子美学思想述评》)。作为社会美的道德形象,更直接以其内蕴的丰富道德情感,引起人们的情感体验,激发其美感。

审美情感作为一种积淀着理性的社会性情感,是理性和情感体验的和谐统一。这种统一是在想象中实现的。这种想象活动,一方面联系感知和表象的感性事物,加深对对象的认识;另一方面又有广大的空间任凭想象的自由活动,推动着情感体验。"正是想象的翅膀展翅飞翔,人们对美的感受才大大地扩大了。"② 这种想象活动在道德领域就是"设身处地","感同身受"。在先进事迹报告会上,台上绘声绘色地描绘道德形象,台下听众热泪盈眶,这是常见的动人情景。人们正是通过想象,深深理解先进人物的思想品质而深深地感动。

道德的审美价值在于道德的情感性。道德的情感激发审美情

① 车尔尼雪夫斯基:《生活与美学》,人民出版社1956年版,第6页。
② 《艺苑谈美》,重庆出版社1985年版。

感，在情感共鸣和情感愉悦中感受道德和接受道德。这是善美的实质和功能表现的一个方面。同时，从美学角度看，审美情感也可以唤起道德情感，即所谓美的伦理价值。苏霍姆林斯基说："美是一种心灵体验——它使我们的精神正直，心地纯洁，情感和信念端正。"审美情感由于体验到人的本质力量，从而促使审美主体努力去追求美的东西，创造美好的生活，使自己的精神、情操都美起来。审美活动实现了情感的提升和净化，即使自然美也可以影响人的情感，陶冶优美的情操，热爱自然美，也就会热爱生活中的美。

审美情感更是达到道德状态的直接中介。在审美中获得提升的优美的情感，正是道德情感滋生的土壤。席勒说："要使感性的人成为理性的人，除了首先使他成为审美的人以外，别无其他途径。"① 又说："在人的天性中也存在着一种通往道德的审美倾向，这种倾向是由某些感性的对象引起的。通过情感的净化可以修炼成为理想主义的心灵飞腾。"② 人在审美活动中达到审美状态，便可进入道德的殿堂，这也是善美的功能表现。

第二，道德的和谐性。

道德是人的本质的对象化，道德中凝结着人与人关系的理想和准则。道德是关系范畴，是人与人关系的反映，道德虽然也包括人与自然的关系，但归根结底是人与人的关系。这种关系具体体现在人的行为中。

道德必须表现为行为。正如宗白华说："你的心灵具体地表现在形象里，那时旁人会看见你的心灵的美，你自己才真正切实

---

① 席勒：《审美教育书简》，北京大学出版社 1985 年版，第 116 页。
② 同上书，第 157 页。

地具体地发现你的心里的美。"① 道德的行为特征，给人以可感性，道德是一种感性形式。而具体可感性是美的不可或缺的属性，美的东西总是有着鲜明的具体形象的；没有感性表现，美也不存在了。黑格尔说："美的生命在于显现。"任何道德内容总是通过道德主体的行为表现出来，多种多样的道德感性形式，即道德形象，都可成为审美的对象。

道德行为的特征之一就是它的及人性，即必须发生在与他人的关系中，道德行为展示了与他人（社会）关系的和谐与协调。可以说，道德的感性形式就是它的和谐状态。

美是一种统一、平衡、和谐的状态，六朝的谢赫提出的绘画"六法"就是六条美学原则。其中，第一条讲"气韵生动"。何谓气韵？宗白华说："气韵就是宇宙中鼓动万物的气的节奏、和谐。"② 画家郭熙认为，"山得水而活，得草木而华，得烟云而秀媚"，就是一种自然的和谐美。

道德行为所展示的人与人关系的和谐协调，无论是关心人帮助人，或者是热爱祖国、为人民服务。从本质上看，这种关系是对人的本质力量的积极肯定，因而是美的。早期的人们，就常常对道德行为进行审美评价，如《诗经》中就有"桃之夭夭，其叶蓁蓁，之子于归，宜其家人"。这样，道德就具有美的形式，成为审美的对象。

鲁迅的《一件小事》，说的是人力车夫的车把带倒了一个老妇人，虽然"大风之后，外面也不见人"，这车夫仍然扶着那老女人走向"巡警分驻所"的大门。正是车夫的行为，使鲁迅突然感到一种异样的感觉，觉得他满身灰尘的后影，霎时高大了，而

---

① 《美学教育》，上海人民出版社 1981 年版，第 13 页。
② 同上。

且越来越大，须仰视才见；而且他对于我渐渐地就几乎变成一种威压，甚而至于要榨出皮袍下面藏着的"小"来。鲁迅这里描写的正是一种崇高的审美感受，它也恰好印证了席勒所说的一段话："我们都由于崇高对象的原因而难堪地感到我们的局限，但我们并不逃避它；相反，它以不可阻挡之势吸引着我们。"①

美是一种和谐的形象。审美追求和谐，在社会环境和人际关系方面必然去追求和接受道德的方式。这里所揭示的善美范畴在道德生成上的功能是显而易见的。

第三，道德的主体性。

道德超越性是道德主体性的基本特征，道德行为的发生和坚持总是一种超越。道德的自我超越突出表现在新旧自我的交替和新我尺度的递升。唐君毅认为一切道德心理的本质都是自己超越自己。

由于道德的超越性，决定了道德内在精神的存在。席勒说："有道德修养的人，而且只有这种人，是完全自由的。"② 进一步说，道德的主体性就在于人的自由精神。孔子的"从心所欲，不逾矩"，说的就是达到了如此高的道德境界，即自由境界。孟子也说过"吾善养吾浩然之气"；或如《大学》所言"止于至善"，都是说要达到这种最高的精神境界。这种修养论对我国历代仁人志士影响很大，如文天祥《正气歌》所列举的种种浩然正气。

道德选择即意志自律，任何道德行为必有其内在道德意识的抉择，所谓"诚于中而形于外"，说的是内在品质对外在感性形式的决定作用。由外而内，可窥见其内心世界。道德的自由境界也即人生的自由境界。人生境界之不同决定于人生目的。正如冯友兰所说："境界有高低，此所谓高低的分别，是以某种境界所

①　席勒：《审美教育书简》，北京大学出版社1985年版，第160页。
②　同上书，第157页。

需人底觉解之多少为标准。"在道德的最高境界中浸透着人生目的的意蕴。中华民族历代的仁人志士莫不"以天下为己任",从而"居天下之广居,立天下之正位,行天下之大道","富贵不能淫,贫贱不能移,威武不能屈。"

审美和道德在其最高境界和终极目的上是完全一致的。美的本质是自由,审美就是对主体自由的观照。"美的形象应该都是自由的形象,它除了能够给我们带来愉快感、满足感、和谐感之外,还应当给我们带来自由感。比较起来,自由感是审美的最高境界。"① 审美的最高境界就是,在人的本质力量的对象化中领悟到人生真正的目的和意义。

不仅道德的自由境界,由于其与审美境界的一致而成为根本的审美对象,而且审美活动对道德境界的把握更具直接有效性。"正是通过美,人们才可以走向自由","只有审美的心境才产生自由"。② 审美活动中审美主体处于审美的自由状态,感受到净化和升华。正如成复旺所说:"审美,产生于人的心灵对自由的渴望,也激发着人的追求自由的本质。"③ 正是这种自由状态,使人步入道德的殿堂。

审美活动对道德自由境界的把握,还在于审美活动的认识特点。

审美是个复杂的心理过程。"审美感受不单纯是一种感性的认识,审美主体往往结合感性的形象,通过想象和思维的相互作用,把感觉和知觉到的直观和表象,加以改造、制作的功夫。既保留了现象中的具体性、鲜明性、生动性;又达到了深刻地反映

① 蒋孔阳:《美学新论》,第188页。
② 席勒:《审美教育书简》,北京大学出版社1985年版,第14页。
③ 《中国古代的人学与美学》,中国人民大学出版社1992年版。

和认识事物的本质，从而构成审美感受中的理性认识。在这个审美认识的理性因素中始终没有脱离感性的形象性、具体性。"①思维在这里"表现为一种似乎是不经思索地直接达到对审美对象的理解"。②想象使感性形象被理解，理解又被体验，思维正是在抒情的想象中进行的。陈望衡说："艺术中的'理'要织进画面，融入形象。如诗'雨中黄叶树，灯下白头人'，将'人老'这个'理'表达得十分充分，且带情感色彩。"③石涛有一幅画，表现李白《黄鹤楼送孟浩然之广陵》的诗意，画面洗练。远处的孤帆，空阔的江面，岸边伫立的送行人。那"孤帆远影碧空尽"，是写船越走越远，而且是表现送行者的心情；"唯见长江天际流"，也不仅是写辽阔的江面，而且是表现帆影消失后留下空阔的江面，面对汹涌的波涛，对友人的真挚怀念。④审美中的理性因素不是与感性相对立的概念，而是融合渗透、沉淀在感性因素中，这正是审美认识的一个特征。

可见，通过审美活动，道德形象内蕴的高尚的内心世界，就能形象地在感染中为人们的情感体验所把握。这里更可揭示善美范畴的特殊功能。

3. 幸福

(1) 幸福范畴的历史发展

每个人都在谋求幸福，幸福是一个闪光的字眼，人们祈求它，向往它，以各种方式进行各种内容的"祝福"。然而究竟什

---

①　王朝闻：《美学概论》，人民出版社 1981 年版，第 110、109 页。

②　同上。

③　陈望衡：《艺苑谈美》，重庆出版社 1985 年版，第 38 页。

④　杨辛、甘霖：《美学原理》，北京大学出版社 1983 年版，第 199 页。

么是幸福，怎样获得幸福，自古以来却众说纷纭，莫衷一是。有的认为，高官厚禄、荣宗耀祖，堂前一呼，阶下百诺是幸福；有的却以超凡脱俗，远离尘世，与世无争，与人无求为幸福；有的说，幸福就在"洞房花烛夜，金榜题名时"；有的以吃喝玩乐，千金买笑为幸福；有的却以"俯首甘为孺子牛"为最大幸福。

　　为什么如此不同呢？原来幸福概念产生于一定的物质基础。人们所处的物质生活条件不同，就有不同的幸福观。所谓幸福，一般含义是指人们在物质生活和精神生活中由于感受到并实现了某种向往的目标而获得的精神上的满足。幸福是对一定客观现实情况的内心体验，是客观条件和主观感受的统一。它既不是纯主观的想象，又不是客观事物本身，而是由一定现实事物决定的人们生活状况的心理感受。可见，幸福概念产生于人对生活状况的感受和态度，人所处的生活状况不同以及对不同生活状况的追求，决定了不同的幸福观。

　　这是幸福的一般概念。但是幸福作为道德范畴，其实质为何？它在道德体系、道德生活中的意义为何？幸福范畴的发展历史，说明了人们对它的不断探索和追求。

　　在道德发展史上，把幸福和道德活动相联系由来已久。在古代西方，希腊神话中就有一段美德和幸福的故事；在伯里克利的演说中说过；在梭伦和埃及国王的谈话中也表明了。而在古代中国，《尚书》是最早的史料总集，提出了"洪范"九畴，其中五福就包括了"好德"，《尚书·汤诰篇》又提出"天道福善祸淫"。正如韦政通说："在中国最早的经书里，就已把'福和善'连在一起，这就把超世俗的幸福划了一个范围，也指引了一个目标。"①

　　在伦理学说史上，从古希腊时代起，幸福作为道德的目的就

　　①　韦政通：《中国的智慧》，中国和平出版社 1988 年版，第 57 页。

被提到伦理学理论的重要地位。柏拉图明确指出，一切道德活动都是以幸福为目的和归宿的。他所谓的幸福，不是快乐，而是生命的一般和谐状况，也就是至善，幸福就是最高的善。按照他的理念论学说，也就是理性灵魂从肉体和感性欲望中解脱，回到另一个理念世界。犬儒学派安提绥尼斯一脉相承，提出"道德可以使我们幸福"，而他所谓的幸福就是禁止欲望，克制一切欲望，无所欲求，达到绝对自由境地，就是幸福。后来的斯多噶学派，也搞禁欲主义道德，道德的最后归宿是清心寡欲，达到不动心状态，就是幸福。

　　斯多噶派的观点，演化为后来基督教观点，宗教伦理观坚持禁绝一切物质欲望，忍受苦难，幸福不在今生今世，而在理想中的天堂，人们抛弃一切欲念，使灵魂同上帝接近，就是幸福。

　　归纳起来，宗教和唯心主义这一派把道德同幸福联系起来，他们的幸福与物质生活的享受、感官满足的快乐是对立的，往往把道德同幸福直接等同起来，实际上否认现实生活的幸福。

　　唯物主义者主张现实生活的幸福，幸福就是快乐，道德是感官满足的快乐。他们也把幸福和道德联系起来，认为幸福是道德的基础，道德的目的。道德的价值不在其他就在于追求个人的幸福。从古代的德谟克利特和伊壁鸠鲁，到近代的人文主义者，一直到法国唯物主义者和费尔巴哈人本主义，他们的幸福是现实的，是在生活中的。不像唯心主义的虚幻难测，捉摸不定，这是它的合理方面。然而他们追求的是个人幸福和物质生活享受的快乐，把这一切同道德等同起来，实际上是否认了道德，或如康德所批评的"下贱的道德。"

　　当然，他们都企图把幸福和道德联系起来，并且把幸福看成道德的目的，这是伦理思想史上人类认识的一个共同成果。

（2）幸福范畴的实质和作用

马克思主义伦理学吸收以往的研究成果，对幸福范畴的实质和作用，做出自己的科学解释。

第一，幸福作为道德的目的和归宿，是道德活动的直接推动力。每个人都谋求幸福，这是人的根本需要。因而是人的本性，它推动着人的一切活动。道德活动自然也以幸福为自己的目的，即使宗教道德也不得不以"天堂幸福"相号召，才能得到善男信女的虔诚信奉。伦理思想史上都把幸福作为道德的目的和归宿。康德看到资本主义世界幸福和道德的失调，有德未必有福，有福未必有德的状况，仍然提出"幸福和德性的结合是可能的，否则道德原则就是虚妄不实的"，只是把它推到终极之点（"德在终极之点是和福一致的"），推到彼岸世界。

旧唯物主义也以道德和幸福一致相号召，把个人幸福和感官快乐说成天生的善，最高的善，这是一种把幸福作为道德活动的目的和归宿的变相说法。

综观伦理史上的这些理论，我们确认幸福范畴是道德的目的和归宿，正是幸福范畴的这一实质而被纳入道德体系，才是道德实质的体现。道德是为人的，不是人为道德的。幸福作为道德的目的和归宿，促使人们热爱道德，成为推动一切道德活动的直接动力。

第二，幸福范畴也是人生目的和生活意义的肯定评价，成为个人道德自我规定的最高标准。作为道德范畴的幸福同一般的幸福概念不同，它从人生目的和生活总体上评价生活，不是仅仅某种物质生活或精神生活上的满足，更不是一时一事的快乐。康德说："幸福乃是尘世上一个有理性的存在者一生中所遇事情都称心合意的那种状况。"所以，幸福所在就是人生目的和生活意义所在。伦理史上亚里士多德等都说"人生目的是至善，至善即幸福"，指出了幸福与人生目的的内在联系。

幸福既然是人生目的和生活意义，那么，对幸福的追求就等于人生的选择，幸福也就成了道德自我规定的最高标准和行为的价值目标。如德谟克利特认为：人生的真正目的是幸福，而真正的幸福是精神幸福。有了这样的人生目的，必然去追求内心的安宁，从而去追求德谟克利特式的道德生活。有些伦理学家则认为，人生目的是幸福，而幸福就是物质生活的满足，所以追求物质生活的满足是道德的。从而以什么标准指导行为，也是显而易见的。在现实生活中，有什么样的幸福观就有对现实道德的相应态度——追求和敬重还是冷漠和畏惧。

第三，幸福是生活理想，也是道德理想，是生活理想和道德理想的统一。或者说，幸福是从道德角度规定的生活理想，把道德理想融进生活理想。甚至对幸福范畴意义可以直接理解为道德理想就是生活理想，生活理想就道德理想。因为道德总是在生活中存在，总是通过生活而得到表现。生活无非是物质生活和精神生活，两者都可渗透道德生活。

先哲的言论可以给我们一些启示。亚里士多德认为：幸福就是沉思真理而又能用理性控制情欲，过完全的理性生活。德谟克利特说："幸福不仅是实体性的财产和利益，而且是精神方面的完善和富有。"伊壁鸠鲁也认为：幸福生活就是身体的无痛苦和精神的无纷扰。如果给幸福以科学内涵，那么这方面的实质就明朗起来。

幸福作为生活理想和道德理想，是一种高尚的人生境界，成为个人自我道德意识的核心和最高层次。所以，它是由义务向良心转化和递升（特别在需要极大意志力的时候）的突破力和启动器；同时也会不断增进良心的丰富内容，并进而提升其存在状态。

（3）幸福范畴的科学内涵

历史上各派伦理思想家对幸福内涵作了各种规定。其中有荒谬的也有某些合理因素，不能简单否定。特别是集古希腊伦理思想大成的亚里士多德的幸福范畴，确有某些可供借鉴的地方。例如他说："我相信应该尽力使我们自己不朽，尽力按照我们里面最好的东西来生活，这东西似乎就是每个人的本身……因此对于人，符合于理性的生活是最好的和最愉快的，因为理性比任何其他东西更加是人，因此这种生活也是最幸福的。"他从人性引出道德，从人的本质得出生活目的、人生幸福的理解，这有其合理因素。但由于对人的本质的抽象理解，对幸福内涵的解释也就十分抽象。

马克思主义既不排除现实幸福，也不局限于物质生活的满足，而是出于对人的本质的科学理解，认为人的生活全部内容的和谐发展，将是真正的幸福的内涵。

马克思、恩格斯在《德意志意识形态》中多次阐述他们的幸福概念："迄今为止的一切等级和阶级的享乐，一般说来，一定或者是孩子般的、令人厌倦的或者是粗陋的，因为所有这些享乐总是同个人的全部生活活动和生活的真正内容脱离的。"①

在他们看来，私有制下的一切阶级和等级都没有真正的幸福，原因就是丧失了"全部生活活动和生活的真正内容"。只有抛弃私有制后，"人以一种全面的方式，也就是说，作为一个完整的人，把自己的全面的本质据为己有"，② 作为一个"完整的人"的生命表现，才有幸福意义。

人作为肉体组织的存在物，当然需要维持生存的物质生活。

---

① 《马克思恩格斯全集》第 3 卷，人民出版社 1960 年版，第 490 页。
② 马克思：《1844 年经济学—哲学手稿》，人民出版社 1979 年版，第 77 页。

但人不仅要维持生存，还要生活得好，有所享受。马克思反对"对生活和一切人的需要的摈弃"，资产阶级要求劳动者少吃、少喝、少买书、少上剧院、舞会和餐馆，把劳动者的需要，归结为"维持尽可能贫乏的生活"，即最起码最可怜的物质生活，把劳动者变成没有七情六欲的和没有需要的存在物，于是劳动者就要起来反抗。因此"人不仅为生存而斗争，而且为享受，为增加自己的享受而斗争"。[①]

此外，人的生活的主要内容是社会实践活动，是劳动创造。劳动是人类特有的创造活动。人通过劳动，不但生产出了人化自然，也生产出了人类社会。因此"意识、家庭、宗教、国家、法、道德、科学技术，都不过是生产的一些特殊方式"。所以，按照人的本质，人的全部生活活动是劳动创造、享受和生存，而真正的生活内容是劳动创造。这三方面生活活动内容的和谐发展就是幸福。这就是幸福范畴的科学内涵。而创造和享受的统一，物质生活幸福和精神生活幸福的统一，个人幸福和集体幸福的统一，是它的基本特征。

同宗教和唯心主义不同，马克思主义并不排除现实的幸福生活，不否认幸福和物质的联系，因为生活的享受，是创造活动所不可缺少的条件，它使人更加热爱生活，增进其创造的欲望。同时物质生活的满足，也是人的基本需要。所以，马克思主义幸福观并不排斥物质生活需要的满足，认为物质生活需要的满足即享受，当然是幸福的一个内容。

但是我们又不同于旧唯物主义，幸福同物质的联系：首先是同物质的创造相联系。幸福不能排斥享受，但这种享受必须同劳动创造相结合。而且只有劳动创造才是生活的真正内容和幸福的

---

① 《马克思恩格斯全集》第34卷，人民出版社1972年版，第163页。

真正内容。

　　诚然，饮食男女等等也是真正人类的特征。然而，如果把这些机能同其他人类活动割裂开来，并使它们成为最后的和唯一的终极目的，那么在这样的抽象中，它们就只具有动物的性质。这就是说，物质享受一旦成为生活目的本身，它便会失去人的面貌。从人的本质来看，劳动创造和享受不应分家，但创造是主要的，作为真正的人，应该有他的全部生活内容，不仅享受而且能创造，创造才是真正的生活内容。

　　物质生活和精神生活是辩证统一关系。物质生活的状况决定和影响人们的精神生活，成为精神生活的基础。"忧心忡忡的穷人，甚至对最美丽的景色都没有什么感觉。"精神生活的幸福依赖着一定的物质生活状况。

　　但良好的物质生活并不一定就有精神生活的幸福，而如果没有精神生活的幸福，也没有物质生活的幸福。《红楼梦》中的贾宝玉、林黛玉论物质生活是足够好的了，但他们感到幸福吗？虽然有山珍海味、绫罗绸缎，但他们的感情是被压抑的，封建礼教摧残着他们的爱情追求，终于双双落得悲惨的结局。

　　人是有意识和自我意识的，人有精神生活和内心世界，是人区别于一切生物的根本特性。亚里士多德称人有理性，沉思真理和用理性控制情欲就是完全的理性生活。荀况也说："人有生、有知、亦且有义，故最为天下贵也。"[①] 当然他们只是从现象看到，并不了解人的本质，但他们说到了人的特有本性，这应当是对的。毛泽东说"人是要有点精神的"，他在赞扬了白求恩的"毫无自私自利之心的精神"后说："只要有这点精神，就是一个高尚的人，一个纯粹的人，一个有道德的人，一个脱离了低级趣

---

　　① 《荀况荀注》，上海人民出版社 1974 年版，第 85 页。

味的人，一个有益于人民的人。"① 人的精神可贵之处，就在于指导行为，指导生活实践，精神可以转化为物质。人们评价一个人，不是从他的外表，而是从他内在的东西，自古以来传颂后世的人也是他们的内心世界及其行为表现。当然不同的人，不同年龄阶段的人，各有不同的内心世界。青年时代精神生活丰富，充满理想和对未来的憧憬，乐观向上，奋发图强，想干一番事业；壮年时代则大多充满创造活动的感受，有成就感和开拓创新的欲望，有责任感和道德意识的活跃，当然也有失败的困惑和生活负担的烦恼；及至迟暮之年，有人消极沉沦，忧心忡忡；有人则"老骥伏枥，壮心未已"。正如托尔斯泰的日记中所说："人越老越感到他身上的生命力变得更可贵……仿佛它（生活）变得越来越浓烈，及至末了，生活变得很浓厚，简直就是一杯果汁。"②

　　马克思主义认为，幸福是对生活状况的感受，幸福离不开一定的物质生活资料，但是不能把幸福等同于物质享受。如果没有精神上的自由、高尚和满足，这个人是不幸的；相反，一个精神生活高尚的人，却并不介意于自己的穷困，而以自己如崇高理想，丰富的感情生活而感到幸福。电影《牧马人》中许灵均的父亲，面对儿子的理想和爱情，很有感慨地说："我虽然是百万富翁，但精神生活是个乞丐。"而许灵均呢，虽然走过艰难的道路，但精神生活是丰富的，不但找到了人的价值，还找到了人间温暖。

　　在现实生活中确实存在着物质生活丰富而精神生活贫乏的现象。而正因为精神生活贫乏，一些人一味追求豪华的住宅，华贵的衣料，高级的食品，放荡的生活，因而走上贪污受贿、欺诈盗

---

　　① 《毛泽东选集》（一卷本），人民出版社 1964 年版，第 621 页。

　　② 科恩：《自我论》，三联书店 1986 年版，第 328 页。

窃的犯罪道路。这其实是祸患，哪里是什么幸福！

那么，怎样才能有真正的精神生活的幸福呢？精神生活的幸福可以是多方面的，真挚的友谊，纯真的爱情，美的享受。但最主要的是，崇高的理想，远大的抱负，事业的成就，特别是如德谟克利特认为，幸福作为心灵对于人与人关系的和谐协调的一种体验，是人所特有的精神上的宁静，[①] 一种道德上的满足感，这些才是人的一生中长久起作用的因素。

个人幸福和集体幸福的统一，也是真正幸福的一个重要特征。人们在追求幸福的过程中，总要依靠一定的物质手段，总要和追求幸福的他人及社会发生关系，究竟怎样处理这种关系呢？这里就有个人幸福和集体幸福的关系问题。一切剥削阶级幸福观的根本特点，就是把自己的幸福建立在别人的不幸之上，"金樽美酒千人血，玉馔佳肴万户膏"。马克思主义从人的本质和社会生活的本质出发认为，"私人利益本身已经是社会所决定的利益，而且只有在社会所创造的条件下，并使用社会所提供的手段才能达到"。[②] 个人幸福储存于集体幸福，不可能有离开集体幸福的个人幸福，有了集体幸福，个人幸福才有保证。若为个人幸福，损害集体幸福，个人就不会得到真正的幸福。

4. 荣誉等范畴是道德内化的基础和动力

荣誉、善美、幸福等范畴各自的内化功能已分别阐发。它们作为个体道德意识的基础和推动力，在道德内化过程中有着显著的功能，推动着义务观念的发生与良心的形成。它们本身是道德意识，是内化的结果，但它们一经生成，对义务、良心的发生与

---

① 北京大学哲学系编译：《古希腊罗马哲学》，三联书店 1957 年版，第 113 页。
② 《马克思恩格斯全集》第 46 卷，人民出版社 1979 年版，第 111 页。

发展，起着不可估量的内在推动作用，尤其是幸福范畴成为一切
个体道德意识赖以生成的基础。

很显然，如果一个人内心有强烈的荣誉感、道德的美感，尤
其有明确的生活目的，就会热爱道德，亲近道德生活，自然能自
觉和自愿地吸取义务观念并上升为良心；并在生活实践中不断进
行义务和良心的循环作用，丰富和提高个体道德意识。与此同
时，也能不断增强荣誉感、善美感和幸福感，丰富自己的道德
情感。

由于个体道德意识一般都是道德内化的结果，因此这些范畴
同义务、良心等一起，在伦理学体系中具有十分重要的地位。舍
此，也就没有道德。

荣誉等范畴由于都是从人的本性演化而来，即这些范畴有着
人性因素。因此，在道德生活中，在个体道德意识生成中，更有
其内在基础的意义。只要它们被唤醒，或自我觉醒，个体道德意
识就能蓬勃发展起来。

人都有自尊心。人是社会的人，在社会关系和社会交往中，
每个人都希望得到社会和他人的尊重。他的所作所为能得到认
可，他的自身价值能够体现，这就演化为荣誉心。人人都爱好荣
誉，也有各种各样的荣誉激励和吸引着人们。"道德的优点在一
定意义上也属于给人带来荣誉的品质。"[1] 由于道德带来人际关
系的和谐，道德是优美心灵的表现，它对荣誉得之无愧。社会心
理学认为荣誉是对自尊自重的回报，作为道德范畴的荣誉，其深
厚的人性基础，就在这里。

爱美之心，人皆有之，爱美是人的"天性"。人的基本需要

---

[1] ［德］弗里德里希·包尔生：《伦理学体系》，何怀宏、廖帕译，中国社会科
学出版社 1988 年版，第 491 页。

除物质生活外还有精神生活，而审美需要是精神生活的重要内容。社会实践中的自由创造是人的珍贵特性，人们需要以一定形式显现其特性，获得情感愉悦，这就是审美需要。原始人佩戴装饰品是为了显示勇敢和智慧，山顶洞人所佩戴的兽牙"很可能是当时被公认为英雄的那些人的猎获物"。早期的神话、传说和民间故事，也是人的审美需要所表现的美的创造。

《礼记·乐记》说："凡音者，生人心者也，情动于中，故形于声，声成文，谓之音。"音乐、舞蹈都是用来表达内心感情的。原始人庆丰收的歌唱、舞蹈，就是对共同劳动取得丰收的审美情感的表现，也是人们在物质生活需要得到满足后精神生活需要萌发的表现。因而，审美情感应是人的本性。

从创造美到主体审美能力的提高，再去创造新的美，是一个循环往复的过程。随着社会的发展，人的审美能力也在发展，但审美需要始终是人的本性之一。此外，人们在长期审美活动中形成的公认的审美原则，也通过审美活动和社会舆论深入人心，使他们经常用一定形式（如仪容、服饰）来展示主体的特性。所以，爱美之心人皆有之。

善美范畴把道德与美联系起来，以人的审美需要为基础，使人在道德活动中把道德共鸣与美的感受结合起来，或由美感转化为道德感，促进道德内化的进程。

谋求幸福更是人的本性。"人往高处走，水往低处流"，人总是希望美好的生活，尽管幸福观不同，凡人都希望幸福则是共同的。人类有了自我意识后，就不断认识自己和实现自己。苏格拉底说人是不断探究自身的存在物；列宁认为：力求实现自己，通过自身使自己在客观世界中获得客观性并完成自己，是人所共有的要求。人生目的则是人的自我意识的基本成分，是自我认识和自我规定的基本内容。幸福是生活的满足感，也是对生活的评价，它从生命总体出发，内在地包含了生活理想、人生目的内容。无论是青年人的向往，成年人的实践，老年人的总结，都离不开幸福两字，人人都为人生幸福而生活，这乃是人的本质属性。

　　幸福范畴和它的科学内涵，是在道德内化的意义上使用的范畴。它提出了人生目的和生活理想，提出了一个正确的实践目标，由于它从人的本质看人的生活，又从人的生活愿望提出生活目标，是完全合乎人性要求的，无疑是道德内化的广阔而深厚的基础。凡是要做个真正的人，"像人一样生活"的人，都会在内在道德意识中融入生活理想，从而向往道德，践行道德，使内在道德意识蓬勃发展起来。

第 六 章

社 会 组 织

　　社会组织是社会生活的单位，社会由分工而形成不同的经济、政治和文化等部门，分成不同行业和职业的社会组织的体系。各个部门、各个行业和职业的社会组织体系是由各个基本的社会组织组成的，它们各自依据自己的职能分工合作，满足社会生活的需要，社会就成为一个有组织的社会。人们的行为方式、文化心理深刻地受到社会组织的决定和影响。社会组织在社会道德意识和个人道德意识的建构中都有其特殊功能。因此，研究道德不能不联系社会组织的研究，研究社会的道德现象，探索现实道德意识演变和发展的道路，自然不能忽视社会组织这一带有根本性的方面。

一　社会组织的协调性功能与道德意识

　　社会组织是依照一定的社会关系相互结合的人群，是具有一定职能、完成特定的社会目标的独立的社会组织形式。进行群体性的社会生产和社会生活，是人类存在的基本方式。而以社会组

3

织的方式将人类活动组合起来，是社会历史发展特定阶段的产物，是随着社会分工与协作的发展而形成和发展起来的。近代，社会分工越来越细，协作越来越发达，生产和生活迅速社会化，出现了众多的行业和职业，形成了无数的不同行业和职业的生产、经营和服务的单位，如工厂、商店、学校、医院、邮局、铁路、银行、饭店、宾馆等。于是，这种不同行业和职业的，有一定数量的人群结合起来的社会组织，就成为人们社会组合的主要形式，使近代社会成为高度组织起来的社会。社会组织之间又相互联合，形成社会组织体系。不仅有横向的社会组织体系，而且有纵向的社会组织体系，如重工业系统、轻工业系统、商业系统、公交系统、银行系统、教育系统、卫生医疗系统等等。任何社会组织都是不能孤立存在的，都要与其环境联系起来；一个组织的状况如何，很大程度上依赖于它所处的环境，而这个环境就包括整个社会组织体系之间的间接关系，以及与其相近社会组织和服务对象之间的直接关系。

社会组织本身也有着复杂的内部结构，任何一个社会组织都由多种因素构成：有一定数量的特定成员，他们在活动中实行分工协作；有由这种分工协作决定的组织系统和不同群体；有由社会分工决定的共同的目标；有社会目标、任务和群体实践所规定的组织章程以及领导和管理的系统等。正由于其复杂结构，在社会组织内部存在着上下左右、直接和间接、多层次全方位错综复杂的关系网络。有组织与其下属群体及成员之间的相互关系，有组织各部门之间的相互关系，也有个人与个人之间的相互关系。只有这些关系处于和谐有序之中，社会组织才能生机勃勃，并在社会总体系中获得自己的位置。

这就表明，任何一个社会组织必须解决社会组织内部各方面关系的协调问题，包括同行业社会组织之间的关系问题，以及整个社会的社会组织之间的关系协调问题和社会组织与其外部公众即服务对象之间的协调问题。因此，协调性是其本性或基本功能。任何社会组织本原地要协调内部和外部的复杂关系，否则就失去其社会价值和存在的理由。

社会组织任何时候都要协调好各方面的关系和各个成员的行动，要协调就需要规范调节。社会组织必须有一个完善的章程，包括各种制度、规则和贯彻实施章程的管理体制和管理机构。然而仅有这种硬件的东西，还不足以实现其协调性的功能目标。

进行行为调节，可以使用组织管理手段，以外在限制和相应的惩罚措施达到调节目的。但是由于人的行为的动机性和选择性，调节行为应当诉诸行为者的动机和自主意志，通过启动个人主体性的途径，以自我调节实现社会调节。

道德调节是社会调节的特殊形式，它的突出特点不仅在于它与社会心理因素的联系，更在于它与个人心理自我调节机制的直接联系。即道德调节诉诸于个人的意识、情感等内在心理，构建内在"图式"，确定动机，自由选择取向；特别是道德动机可以直接影响行为主体的自觉性水平，而对其他一般性动机也有控制、调整的作用。因此，充分运用道德调节的优越性，可以有效地确定人的主体性和主体精神。

道德调节在其直接意义上，即与组织管理结合时，不仅可以排除组织手段强制性的某些局限和消极效应；而且可以把组织的制度、规则、要求等内化为个人的义务责任，从而引导个人积极能动性地、不折不扣地实现组织管理的要求。从现代管理的观点看，道德调节所引起的道德热情、道德责任是最强大的"内在激励"因素，可以调动人的积极性和创造性。

道德调节从长远和根本意义上说，还在于人的主体性的个性塑造。道德调节并不在于规定人的具体的个别行为，要求人们应该这样做，不应该那样做（完全否定了人的独立性，压抑了人的主体精神）；而在于塑造个体的德性，即构造自我调节的内在机制。因此，"道德是照亮全面发展的一切方面的光源"，"德器深厚，所就必大，德器浅薄，虽成亦小"，① 都说明个体德性的主导意义。

社会主义市场经济和现代科技发展要求个体的独立，要求个人富有创新意识、竞争意识、风险意识以及自尊、自主、自立、自信、自强的品质。道德调节的主体性，可以激励劳动者的进取精神，树立在现代化建设和组织发展中的主体地位。这种积极主体的存在，使社会组织成为自由协同的整体，而葆有强大的生命力。日本企业家松下幸之助从他的成功经历中证明了这一点。

其次，调适个体的社会心理和道德需要。社会组织中的个体参与群体活动，在交往中形成诸多社会心理，表现为内在的道德需要。自尊是受人尊重和自我尊重的情感。马斯洛认为：自尊是人的基本需要，是人生命活动中强烈的心理体验，因为自尊意味着安全，意味着受到社会的承认和接纳，一个失去他人尊重的人，无疑就是一个孤独的人，被社会遗弃的人。因此，人都有强烈的自尊感。对团体的归属需要也是每个社会性个体的基本需要，个体的社会性使他离不开他人，离不开群体的共同活动。团体以其稳定的结构整体，深深影响并制约着各个成员的心理结构。所以在团体交往中，个人逐渐形成对团体的归属需要，希望为团体所接纳成为团体的一分子，得到应有的地位。爱的需要、友谊、同情、关怀、情感共享等，同样是每个社会个体在共同生活中的心理体验和道德需要。爱实质上

---

① 张履祥：《备忘录》、《杨园先生全集》第 41 卷，南京江苏书局 1871 年版。

是一种"共生欲望",埃里·弗罗姆指出:"爱并不是强加于人身上的权力,也不是外加在他身上的责任。爱是一种人自身内含的权力,人依靠它使自己与外部世界联系在一起,并从而使这个世界真正属于他。"①

调适和满足这种社会心理和道德需要,只能依赖道德调节手段。道德交往渗透着尊重、平等、互助、关怀等人之真情,它以情感沟通为中介,沟通人的心灵。在团体的道德交往和道德氛围中,组织成员感染着团体的温暖与接纳、支持与同情、尊重与平等,从内心深处形成依恋和安全、相属和认同的情感,并产生积极参与、回报支持的愿望,形成强烈的归属感和团体意识,成为社会组织凝聚力的真正源泉。美国休利特—帕卡德公司把尊重人、关心人作为企业的宗旨,培植了信任、和睦的道德环境,使该公司各级人员似乎都有永远用不完的精力和热情。相反,如果缺乏道德氛围,使人受压抑、被歧视,只能产生隔阂、疏离、孤独的心理,形成离心的倾向。

再次,和谐人际关系,创设育人环境。人际关系对个体行为和心理以至智慧、能力和品性的影响很大。在团体中,其成员往往具有相似的心理水平和个性特征及行为方式。美国学者苏利万认为:人格是人际间交互作用的结果,人格发展是个体在其生活环境中与他人不断交往适应的过程。德国社会心理学家勒温的"生活空间"理论也肯定了心理个体是其环境决定的。社会组织和职业生活是个体主要和恒常的生活环境,不可避免地持久地强烈地制约着个体心理过程和人格发展,道德调节以情感沟通为中介,以真诚、尊重、互爱为基础,调节和沟通人们相互关系,可

---

① 〔德〕埃里希·弗罗姆:《寻找自我》,陈学明译,工人出版社1988年版,第17页。

以创造和谐信任的人际关系，有助于人们良好的道德意识和思想素质的生成。在现代化建设和市场经济条件下，道德调节的主体精神和团体意识，还可以创造团结进取、合作竞争、乐群敬业、追求卓越的人际关系和团体气氛，无疑会使众多卓越人格成长起来。江苏一家集团公司创业八年，创"江管速度"，获"明星企业"之荣，其所以成功，就是以道德文化协调内外关系，形成了"以诚为本"的诚德经营模式。他们在对外关系中以诚为本、信誉第一，开拓国内外市场。在内部关系中，不仅注重制度规范、经济约束，更重视人的主体调适，管理者先正己心，再正人心，将心比心，以心换心，以诚为本，以德怀人，使全体上下在心与心的互动中共同营造了忠诚人格的良好成长环境。人们沉醉于事业的追求中，沉醉于自身价值的创造中，沉醉于公司命运的求索中，使公司永葆青春活力。

上述的分析证明，社会组织的协调功能与道德意识有着密切的联系，自觉地运用道德调节于各个环节。社会组织就是社会道德意识和个体道德意识生长、发育、传播的基础和前沿。在整体意义上，社会组织的道德调节，构成了社会道德管理的网络，社会组织直接担负着社会教化或道德社会化的任务。这就是在道德建设和道德意识演进中为什么要依靠社会组织的根本理由。

二 社会组织的整合功能与道德意识

前面论述到道德意识是在物质生产基础上，在个体意识和社会意识的互动整合中生长和演变的。今天道德意识的演变仍然遵循这样的规律。当讨论现实道德意识的发展问题时，是否能认为，道德和道德意识是在办公室和书斋里炮制出来的，是靠"先知圣哲"或国家机构发布指令、规范而实现的？回答是否定的。因为如果这样认为，那就等于承认意识首先是某种先验的抽象的精神实体，道德规范只是社会单向运行的现象，而这是不可能的。道德意识只能在生活实践中产生，在行动着的个人的意识中存在。道德规范的形成和演变，是社会和个人双向运行的过程。新道德的形成过程离不开个体道德意识的进步。而现代人主体意识的增强，考察道德意识进步的现代机制，更加不能忽视或弱化个体道德意识的意义。

1. 个体道德意识的动力意义

道德的发展有其根也有其源，物质生产及其经济关系是根，而其意识反映是源。在道德意识发展的总过程中，个体道德意识无疑是重要的渊源和动力源。一方面，个体道德意识是社会规范内化的结果，社会规范或社会道德意识必须通过这种内化，才能获得其普适化和现实化。这当然是道德和道德意识的延伸和真实存在，是发展的量的方面。这中间显示了个体道德意识对道德意识发展演变的意义和不可替代性。另一方面，社会规范的内化和个体化，不可避免地在个体生活实践、个体心理结构与意志选择中产生某种变异。最简单的理解是，规范的内化和个体化，由于个体差异和生活多样，总是带有个性特征和现实特性，而呈现出情感味和生活色彩，从而使规范获得了全方位、多色调的发展，这是发展中的质，体现了个体道德意识的发展意义。这种情况也许是很普遍的。再有一种情况，也具有较大的现实可能性。一方面，个体道德意识总是社会规范的内化，个体道德意识一般不能脱离社会规范和社会对意识的制约。但是，另一方面，社会规范的内化和个人化同时在个体意识中获得补充、修正，甚至否定和更新。道德内化不是把外部事物转向内在认知世界，获得"闻见之知"。道德内化是把外部规范转向自身生命的本质，"把向外所求之知，转回到自己的生命，使其在自己生命中生根成德"。这表明个体道德意识并不是社会规范的简单的转换。人不是被动的反应器，一种新的个体社会化理论已经指出，个体社会化不仅是个体学习社会规范和知识技能，而且在参与社会实践中，以新的知识经验对社会规范和知识技能的补充和更新，从而使社会得到向前提升和发展。在道德领域也是如此，个体道德社会化既是个体理解掌握社会道德规范的过程，也是个体在参与社会道德生活过程中对社会道德规范的再生、损益和更新。可见，个体道德意识既是社会规范的内化，同时又是社会规范的潜移因素，否定了这一点，道德意识的演化和发展就无从谈起。还有一种情况也并不是鲜有可能的。个体道德意识并不完全是社会规范的内化，不能把个体道德意识简单地看做是社会规范的个体形式，是社会规范的延伸。个体道德意识有不同的发展层次，不同的个人有不同的道德精神境界。某些社会个体在一定的文化背景下，吸取了较多的人类社会积淀的知识财富和道德经验，把握人生真谛和道德意蕴，有比较深入的道德实践，承担着特定的道德角色，是所谓"以天下为己任"。他们不是形式地掌握社会规范，而是理性地领悟道德精神，特别在社会主义国家，打开了私有制所限制的视限，人们有可能以历史的眼光看待社会进程，把握人间的真情和人性的历史脉动；他们往往超越世俗而凸显时代精神，继承传统的美德而又超越现有规范，站在现实世界的高处远眺未来世界的曙光。他们是时代的良心和道德楷模，如周恩来等无产阶级革命家；60年代的雷锋、王杰、焦裕禄，当代的徐洪刚、孔繁森等。这些道德精英人物，代表着新道德的方向，充分体现了个体道德意识在社会道德意识演变中的动力作用。

生活之树常青。现代社会即使处于相对稳定时期，由于经济与科技的发展和现代人主体意识的强化，个体道德意识绝对不会只是固守传统，没有一丝新的思想闪光。何况社会转型时期，日新月异的生活和不断深入的改革实践，必然反映到社会个体的头脑中，引起个体道德意识的某种变异和更新。个体绝不是道德生活的旁观者，他们是剧中人，也是剧作者，参与着社会的道德创造。因此研究道德意识的演变，应当充分肯定个体道德意识的动力意义。

2. 道德意识的群体整合

个体道德意识的发生和发展的基础是直接参与社会实践，实践是道德意识发生的直接根源。意识是实践的调节因素，个人的道德意识水平常常与其实践状况和道德角色密切联系。实践的自然、社会环境，实践的规模和深度，实践中的利益关系等等，深刻诱导和决定道德意识的深度和取向。物质生产以及与之直接联系的实践活动如科学、教育、政治和国家管理活动是社会实践的主体，对个人来说，就是他所从事的由社会分工决定的一定的职业活动。职业生活是一个人最基本的实践，对其道德意识的发展具有决定意义。"三尺柜台是为人民服务的场所"，职业实践既丰富多彩又经年累月。一个人道德意识的成熟以至达到高的境界，往往是在长期的工作岗位上实现的。一当进入职业实践，就要与工作对象及物质环境打交道，更要与周围人们协同活动，必然要有一定的态度和适当的行为取向。"态度必须以对情境的评价为前提"，久而久之，积淀而形成带有职业实践特点和环境色彩的价值观，集中表现为职业观、苦乐观、群体意识、成就意识以及职业责任和敬业乐业精神。这就是说，在心理生成中蕴含实践因素，正是实践形成了自觉的道德态度。60 年代大庆工人王进喜的铁人精神，就是在当时国际国内环境的背景下，从事油田建设需要艰苦奋斗的创业精神；是在王进喜掘井队的实践中产生，集中表现在王进喜身上。先进的道德意识就是在先进个人（包括道德角色和意识结构）的实践中生长。今天在经济体制转换过程中，新的实践正在孕育着新的道德意识，民主独立意识、公平正义意识、创新卓越意识、竞争共荣意识、诚实信誉意识以及自尊自强意识，预示着新道德的雏形。它们同样来自社会生活实践的第一线，是风口浪尖"弄潮儿"的独立创造。

说到个体道德意识的建构是个体直接实践的结果，内在地就包含了道德意识的群体整合。因为实践不是单个个体的行为，而是群体参与的过程。群体参与既是个体道德意识建构的重要途径，也是个体意识与群体意识互动整合的过程。群体参与是不同个体互动的过程，在群体参与中，各个个人之间相互作用、相互碰撞和相互沟通。列维·布吕尔认为：群体参与是遵循互渗律进行的，各个个体在意识心理上相互感应，相互渗透，相互修正，相互补充，形成群体道德意识。群体参与既是个人不断更新自我道德意识的过程，也是群体道德意识的整合过程。

3. 社会组织的整合功能

社会组织是人们职业实践和群体参与的现代组织的形式，它既为个人的基本实践活动和群体参与创造了现实时空，也为人们（群体和个人）的道德创造构建了活动舞台。在以往小生产条件下，人们道德意识的生长和演进只在家庭和邻里社区范围，而现代则主要在社会组织之中。从而，道德意识也在深层次上发生，其认知水平和情感体验都有所深化，并且更具理性化。这里突显了社会组织在道德意识演变中的源基作用。据此，作为现实人们（群体和个体）基本实践的主要和普遍的组织形式，道德交往的恒常处所，考察道德意识进化的现代机制，同样不能忽视社会组织的重要存在。

在这方面，社会组织的突出地位即在于它所蕴涵的整合功能。社会组织是特定人们共同活动的集合体，是特定成员的有机结合，它的本质就在于把各个体和部分组合成一个整体。把个人的力量组织起来，形成一个新的强大的整体力量，即为其整合功能。例如在成员之间各有分工和职责，形成一定的分工合作体系，为达到目标而协调一致地行动；又如有一个明确的组织目标，对组织成员的个别活动，起指导和制约作用，组织目标是任何社会组织的最基本要素。在意识领域，社会组织也必须能把个人的意志、愿望、目标、价值观等个体意识与组织的目标、要求、价值取向统一起来，才能统一和协调各个成员和下属群体的行为，使组织这架庞大的机器转动起来。意识的沟通和统一，无疑是机器运行的最佳润滑剂。因此道德意识的整合，也是其整合功能的内在要素和必然体现。

通过社会组织的整合功能，可以集合个人的道德创造成为整个群体的道德创造。现阶段各种类型的社会组织建设"企业精神"、"校园精神"、"团体精神"就是一个自觉整合的过程，由此获得组织范围内个体道德意识和群体道德意识的双向动力机制。一方面，通过宣传教育和组织管理手段，主动地持续地和有目的地把已有的社会主流意识和群体目标、要求、规范和价值观，向个体成员多渠道全方位扩散、渗透、内化，进行正向运行，达到群体意识的普遍化和个人化。另一方面，又通过舆论评价、民主参与、典型传送、群众性帮学等多形式的道德交往，以良好的氛围激发个体成员的道德主体性（道德积极性和创造力），并交流、集中、提升，进行反向运行，让个体意识的"闪光点"、"新萌芽"，转化为群体道德意识。

三 社会组织的管理功能与道德意识

社会对个人的行为调节方式是多种多样的，但可以概括为两种调节方式——机制调节与非机制调节，也可称为形式化的与非形式化的调节。前者有调节人们行为的权威系统、有形的机制和手段；后者则没有，而是一种无形的力量。道德调节与法律调节就分属于两种不同的调节方式。道德调节是非机制调节，是非制度化的，没有系统的权威的组织力量和制裁手段保证的。它与强制性的法律调节不同，是通过教育、劝说、舆论评价和内心信念等精神因素来实现的，所以是一种软性的、非物质性的、无形的调节方式。

但是两种调节方式之间并不存在不可逾越的壁垒和鸿沟。在一定条件下可以相互沟通、融合，可以相辅相成，甚至可以相互转化。在不同的历史阶段或不同的社会条件下，一些需要法律调节的关系和行为转向道德调节。同时在道德调节方式中，出现了某种制度化的调节形式。例如道德委员会、道德调解小组等机构，拥有道德评价和道德制裁的职能和手段，它们显然不是真正的机制调节形式，也不能完全取代整个道德调节方式的非机制性或非形式化，不能改变道德调节的本质特性。它们只是道德调节的特殊表现，可称为半机制形式。虽然如此，仍然可以说明两种调节方式之间的界限不是绝对的，具有一定移动性。

道德调节所以是一种非机制的、非形式化的、软性的调节方式，其内在机制或核心要素就是道德自律，自律是道德的根本属性。然而，自律与他律也不存在不可逾越的鸿沟，道德自律即康德所谓"自我立法，自我执法"，是法由己出和法由己行，即自我规范、自我调节。外在的社会规范已经转化为内在的自我规范和内心信念。道德行为完全是内在规范的外化，是内在道德动机的客观化，是道德动机化的结果。其行为动作是自由意志做出的自主选择，是自觉、自主和自控的。道德他律或他律道德则相反，它是对外部规范约束的服从，或是由于对惩罚或舆论指责的恐惧，或是出于对奖赏名声等酬答的期望，或出于其他功利考虑，或只是形式地把握规范的词句，其主要特征是缺乏道德意识的动机。正如康德所说是合乎义务而非本乎义务。虽然做出了合乎规范的行为活动，只能说是他律道德或尚处于他律阶段。

真正意义的道德必须是自律的，他律层次上的道德还不能说是真正的道德。但是道德自律与道德他律虽有区别，两者又是相互联系的，它们相互依存、相互渗透和相互转化。皮亚杰考察儿童道德行为的形成，认为是一个由他律而自律的发展过程。开始是从害怕惩罚出发，被动接受成人的规则，属于他律阶段；随着年龄的增长，其道德规则逐渐发展为自主的规则，到达自律阶段。这不仅是儿童，就一般成人而言，其道德生活都经历这样一个不断转化的过程。

自律与他律之所以相互依存、相互转化，就在于他律的实存性和他律的价值必要性。让我们分别考察。他律的实存性由以下因素决定。

一是，规范的他律性。规范是社会给定的，对个人来说是外在的约束，虽然其终端趋于自律，但毕竟是个内化过程，要"入乎耳，着乎心"，向自身生命回转，在其未达内化之时，规范即凸显其他律性，被看做社会的命令，个人处于"奉命"、"服从"的境界。

二是，价值体系的功利性。个体价值体系渗透了功利性，缺乏道德价值的自我构建，对规范与道德伦理关系的解释、接纳均以个人功利为参照，形成某种变形和移位。

三是，个体社会性的遗失。道德以"共生"理解和利人、助人的爱为本，私欲旺盛者迷失个体的社会性，"难有心中一点真"，在道德交往中往往"言不由衷"，行为徒有其表。

然而，道德他律仍有其重要价值。这种价值构成他律与自律的相互依存，并最终趋于向自律转化。他律的价值要素可作以下分析：

（1）自我意识的唤醒

由他律到自律以自我意识的发展为前提，他律道德可以创造这种条件。黑格尔指出自我意识"不可能不超出单个性的界限"；皮亚杰认为，"如果个人不与别人进行接触，他就始终是自我中心的，因为自我的意识意味着在自我与别人之间要有重复不断地比较"。① 社会心理学家库利的"镜中之我"理论认为：别人对自己的态度和看法，犹如一面镜子，通过它可以看见自己，他人评价常常是自我评价中极为重要的参照因素。道德他律毕竟是主体间的交往，为自我意识的唤醒创造条件，这种交往多了，道德的自我意识有可能发展起来。道德他律也是一种与他人发生关系的行为，在他人的反应中可作自我判断，从行为中归纳出内在的秉性，正是自我意识的普遍现象。

（2）主体和客体的互动

意识的形式和水平是在改变外部世界的活动中形成和发展的。个体道德意识的建构是在主体和客体的互动中实现的。道德他律不管其自主性如何，毕竟参与了伦理关系和道德活动，人对与其无关的事情是不会产生情感等心理反应的；只有参与，他在

---

① ［瑞士］让·皮亚杰：《儿童的道德判断》，傅统生、陆有铨译，山东教育出版社1984年版，第484页。

伦理关系中的地位、角色、行为倾向，才在一定程度上影响其道德认知和道德情感；只要参与，就构成一定的道德情境，其交往客体（另一主体）的情感反应，可能反射回来，增强道德的正向体验，使原有情感态度向道德化转变。这就是说道德他律可以使个体在实践中增长道德意识和修改原先立场，为向自律转化创造了条件。皮亚杰关于引导儿童自主意识的发展，由他律转向自律的方法是："集体活动"和"自我管理"，也就是参与道德生活可以学习道德生活。

(3) 道德情境的比较

著名社会心理学家费斯汀格的"社会比较过程"理论认为：当个体为了准确地认知和评价自己，或失去判断的客观标准时，往往进行社会比较。即同社会上与自己地位、条件、年龄、职业相类似的人进行比较。在道德领域就是道德情境的比较，成为道德意识发生的条件和途径。皮亚杰谈到规则内化时说："通过个人把他自己个人的动机和所有人所采纳的规则加以比较，他就被引导去客观地判断别人的行动和命令，达到了规则的内在性。"①个人道德他律使他处于一定的道德情境，他就有可能被引导去与类似道德情境中的他人作比较，从而发现和纠正自己动机的偏差，达到规范的内化。

道德的自律是以道德意识的生长、发育、成熟为前提的。这个生长发育过程，是一个接受外部规范并逐渐内化为自我规范，遵从外部控制并逐渐强化自控能力的过程；是一个对外部事物（包括他人态度和社会关系）认知的过程，也是对自身实践反复体验的过程，即自身道德经验积累的过程。因此，在这

---

① ［瑞士］让·皮亚杰：《儿童的道德判断》，傅统生、陆有铨译，山东教育出版社 1984 年版，第 487、488 页。

个总过程中，不可避免地存在着不自觉到自觉的转化，即不断地从他律道德到自律道德的转化和递进。事物是辩证发展的，人的意识也是辩证发展的。道德他律的实存性和价值必要性正是人的意识辩证发展的反映。道德他律是道德意识发展的必经阶段和步骤，也是达到自律的必要的形式和方法。从社会道德生活总体看，道德他律和道德自律始终相互依存、相互对立、交织存在而又不断转化。就个体道德的形成过程看，自律是它的目标和结果，他律是不可缺少的途径和手段。他律正是自律发展过程的否定环节和中介。谁不经过一个相当时期的他律或他律与自律交替递进的阶段而臻于道德成熟？正是他律提供了自律的条件，不经过他律而自律是不可能的。孔子犹说："十有五而志于学……七十而从心所欲，不逾矩。"一般人的道德生活，常常是他律与自律并存，某些问题能自律，某些问题却只能他律，只有不断地化他律为自律，才能达到"从心所欲不逾矩"的境界。何况对某些人来说，由于文化水平、教育程度与实践地位，始终处于他律阶段。在我国当前社会精神文明发展的背景下，多数人基本上处于他律状态，还有相当一部分人则连基本道德他律都缺乏。

根据这样的分析，我们在发展社会和个人的道德意识时，既要强调道德的自律性及其调节方法的非机制性，重在启发自觉，唤醒道德意识和提高道德能力；又要根据他律的必要性及其作用，设置他律中介与机制调节方法相结合，把道德教育"虚工实做"，才能把道德意识的培育置于切实有效的基础上。

社会组织的组织形式及其管理功能，是实现道德他律与道德自律、机制调节与非机制调节两个结合的可靠保证，也是在道德建设中做到"虚工实做"的良好条件。

社会组织作为追求特定目标的协作团体，它的活动效能从根本上说依赖于组织管理。所谓管理，是指人们为了共同的目标有意识、有组织不断地进行的协调活动。只有健全的组织管理，才能使组织成员之间各得其所，各尽所能，进行有效率的分工协作，共同完成组织的任务。

社会组织的管理之所以能把机制性调节与非机制性调节结合起来，以道德他律辅佐和推进道德自律，就在于组织有共同的目标，有一套权威的管理机构和规范人们行为的规章制度；而管理的基本内容又是既协调组织内部的各种关系，更强调人的因素。

社会组织的目标是社会组织的一面旗帜，它集合全体成员的意志，标志着内含个人利益的集体利益，也标示着社会组织与整个社会体系的关系，可以在思想和行为取向上沟通成员与组织以及社会整体之间的关系。所以，组织目标是组织管理的基本手段。社会组织通过目标管理和目标灌输，可以融合机制性调节和非机制性调节，在完成组织目标的硬任务中实现软性的道德建设目标。许多企业常常把实现企业奋斗目标与建设企业道德结合起来，成效显著。企业职工在企业奋斗目标鼓舞下，团结一致，共担风险，真正把企业与自己看成一个命运共同体。

在组织目标中融进道德目标，则是在道德建设中实行目标管理的方法，更加突出了机制与非机制、形式化与非形式化两种调节方法的直接结合，使道德调节方法具有制度化或半机制的性质，置于有人管理、有章可循、物化的背景上，成为可操作的"刚性"的东西。一些企业在组织目标设计中，确立以各项追求为内容的道德建设目标体系，将企业全员组织在各个层次道德建设的目标体系之中，并以各个层次的具体规范加以引导，取得良好的成效。

组织管理中的规章制度和政策措施是全体成员的行为规范，

可以形成组织的有序运转。但是人不是被动的机器，听任外力摆布，人是主体，主体意识支配其行为活动。因此，遵守规章制度规范个体的行为需要精神意识的支撑，否则管理会遇到种种阻力或逆反效应，难以实现最佳功效。在这里显示了管理中两种调节方式结合的客观需要和一般途径。它们表现在两个方面：一方面，管理需要精神意志的支持，特别是主人翁责任感、群体意识、创造精神以及其他良好的职工素质，必须配合以非形式化的道德调节方式，即进行深入的思想工作和道德教育，以软佐硬；另一方面，管理产生精神意识，规章制度在调节人的行为取向时，可以影响其动机心理，引发某种道德意识，如民主管理的制度和方法，可以造就主人翁思想、民主意识、创造精神。重视人的因素的现代管理方法，根据心理学和社会心理学规律，更是用优化的规章制度管理来激励、协调、唤醒人的主体意识及责任感，培养敬业乐业的道德精神，表明了非形式化的调节方式要依靠形式化的调节方式，可以使二者结合或直接融合。

　　社会组织可以把道德建设和道德意识的培育纳入组织管理的轨道，在规章制度中融入或体现道德原则，使组织成员在遵守规章制度、规范自己行为时，直接唤醒道德意识；也可使道德他律与道德自律多样存在或多型提升。南京医药公司在管理中确定的八条经营原则如微利经营、薄利多销，融合或体现了为人民服务及医药人道主义的道德原则，从而不仅取得了可观的经济效益和社会效益，而且大大强化了职工群体的道德氛围，涌现出"全国见义勇为先进分子"时光、"医治心灵创伤的天使"刘耀金、"待顾客胜亲人"的营业员朱玉华这样的先进道德个体。

　　依靠规章制度贯彻道德意识，把道德要求形式化，可以运用于工资分配、职务提升、服务规范、考核奖惩等组织管理的许多方面。它们既是两种调节方式的结合，当然也是实现道德他律与道德自律的辩证发展。把工资分配、提升职务、考试奖惩与道德要求挂钩，无疑是一种道德他律；但是正是在他律中，争取个体道德意识的不同生长，逐步出现功利动机与道德动机的并存，以至进一步提升到以道德动机为主导。

农村的村镇组织实行社会管理，也可以软硬结合的办法，发展道德意识和提高群众道德素质。吴江市盛泽、同里等镇开展新风户活动，就是创造了这种结合的新形式。他们制定管理指标（新风户的标准），建立管理队伍（形成镇、片、村三级组织网络），实行报评奖评制度，使道德教育和道德建设由虚变实，由软变硬。同时，结合活动的发展，不断进行舆论宣传和生动活泼的思想教育，叫做"以软辅硬"，以"软杠子配合硬杠子"。激发了农民热爱家乡、建设家乡，为家乡争作贡献的群体意识，出现了踊售国家粮茧油，积极归还拖欠款的好形势，刹住了赌博迷信活动，改善了邻里关系，出现了尊老爱幼、邻里团结的良好社会风气。

按照系统论功能与结构关系的原理，管理功能的实现以及管理中使两种调节方法很好地配合和融合，就在于合理的管理结构。社会组织有一个严密有序的管理结构体系，从上层领导到中层和基层骨干，他们依据领导和管理的权威，正确明智的决策，精心指导和组织实施，就能在社会组织的舞台上，演出许多有声有色的活剧来。

第 七 章

德 性 本 位

我们的叙述从行为开始，又回到行为的主体。一切伦理学问题最终归结到个体德性。归结到道德人格的塑造。德性是人类道德生活的基础，它不仅是个人道德状况的表征，也是社会道德面貌和社会道德发展水平的标志。历来伦理思想都极为重视德性问题，各派伦理学都对其作过深入的探讨，尤其对德性的本质及其生成，有着纷繁复杂的见解，构成各派伦理体系的基本问题。

一 德性的本质

研究德性，首先应当了解什么是德性和德性的本质。德性的本质也有几方面的表现，并可概括出它的基本特征。

什么是德性？伦理史上有不同的理解和解释。亚里士多德认为："人的德性就是一种使人成为高尚，并使其出色运用其功能的品质。"[①]

---

① 亚里士多德：《尼各马科伦理学》，中国社会科学出版社 1990 年版，第 32 页。

亚当·斯密则把德性概括为：德性是对所有情感的合理支配；德性是对自己私利和幸福的明智追求；德性在于注重他人幸福而不是自己幸福的情感。"克拉克认为，德性即主观行为与客观对象之间的恰当性。沙甫慈伯利则认为：情感的和谐构成德性的本质。包尔生似乎解释得比较全面些，他说："德性可以定义为旨在提高个人幸福与集体幸福的意志习惯与行为方式。"①

中国古代德性的要领最初见于《周书》，指内心的情感信念。后来孔子也认为："主忠信，徙义，崇德也。"一个人能坚守这些道德信念，就能提高内心的道德境界，德性就是一种道德境界。

中国古代还把道德两字分开，说"道者，万物之所由也"；"人所共由，谓之道"。陆象山说："道者，天下万世之公理，而斯人之所共由者也。"而把"德"又解释为："德者得也，得其道于心而不失之谓也。"②"德是行是道而实有得于吾心者。"③

上述见解各有偏颇，虽然各自说到了德性的某些方面特性，但都未能窥其全貌，得出全面而准确的理解。

究竟什么是德性呢？我们认为：德性这一概念，包含两种相互区别而又联系的含义。它可以在描述意义上使用，也可以在评价意义上使用，它的两方面意义是不同的，当然也有密切的联系。在描述意义上，德性表示道德个人或个人的道德性，也表示个性的道德方面，它不作肯定或否定的评价。在评价意义上，德性表示个人的道德品质或品格，它是肯定的道德评价所做出的品质规定。这种德性往往是个体的，所以也可称作个体德性。这里

---

① ［德］弗里德里希·包尔生：《伦理学体系》，何怀宏、廖帕译，中国社会科学出版社 1988 年版，第 405 页。

② 朱熹《四书集注》，岳麓书社 1985 年版。

③ 陈淳：《北溪字义》，中华书局 1983 年版，第 42 页。

我们所研究的德性，主要是评价意义上使用的概念。至于要深入理解，还需研究其本质和特征。

1. 德性的个体性、特殊性

德性具有个人的生理和心理基础。德性作为个人的道德品质，是由个人的内在道德意识决定的。众所周知，这种个人的道德意识是伴随其心理机制和心理过程而存在的，与个人的认知、情感、意志等心理活动密切联系。包尔生把个人的生理和心理（即"冲动"）称作德性的自然基础，是我们研究德性所不可忽视的因素，否则，个人就是不存在的，或是一个幽灵。

个人由于其生理和心理状态不同，所以是千差万别的，正像每片树叶都各不相同一样。由于个人所处的社会生活环境不同，成长的历史不同，年龄不同，所受的教育和文化修养不同，他的心理机制发展程度是不同的，道德自我意识的发展程度也是不同的，因而个体德性及其表现总是千姿百态，各不相同的，有的热情奔放，有的含而不露；有的如崇山峻岭，有的是江河海洋；有的光彩四射，有的质朴无华，有青松，也有幽兰和翠竹，真是五光十色，异彩纷呈，斑驳陆离。要想描绘一个人的全部德性因素及其特色，是困难的。包尔生对不同德性作这样概括："具有可塑性是儿童的思想习惯，充满希望和乐观精神是青年人的思想习惯，固执而精力旺盛的活动是成年人的特点，安宁的平静的沉思则是老年人的特征。"① 然而，这只是对人生四个阶段不同德性的特点的概括，而且仍然是抽象的，更不要说每一阶段各个个人的具体德性形象的描述了。它们是谁也不能穷尽，谁也不能透彻

---

① ［德］弗里德里希·包尔生：《伦理学体系》，何怀宏、廖帕译，中国社会科学出版社 1988 年版，第 407 页。

表现的！而且生活如江水滔滔，奔流不息，人的思维意识也是微波荡漾，每个人的德性状态是变动不居的。即如上述老年人的特色，在今天也未必如此，不是枯木死水，而是绚丽的夕阳和人生的第二个春天。

再看德性的另一要素——行为习惯。由于个人的认知能力、情感表现、意志品质以及道德意识的深度和广度的差异，特别是行为的外部条件和道德环境的不同，其行为表现往往不同。或嘘寒问暖，关心他人；或踏实苦干，尽责尽职；或大事讲原则，小事多灵活。尤其在职业生活中，其德性的行为表现更具职业特性。所有这些都突出地说明这样一点：行为是德性的外部形态，使德性更加形形色色，多姿多彩。

由此可见，个体德性最具有个人特色，这就是德性的个体性和特殊性。

正因为德性的这种个体性掩盖了德性的本质，好像德性是天生的或完全是个人的内在意识的表现。伦理思想史上许多唯心主义观点都把德性看做是天赐的或自然的本性，看不到德性的社会内容和它的社会根源性，因而不能正确揭示德性的本质。

2. 德性的社会性、普遍性

在这个问题上，伦理思想上曾经出现过两种情况：一种如存在主义不承认德性的社会性，认为只有"内在道德"即人内心的道德才是真正的道德，任何"外在道德"即一切根源于社会的道德要求，都是欺骗和伪善。他们认为，人的真正德性在于他善于摈弃道德规范的要求，并且仅仅以自己的良心为指导，这种良心绝对不受任何外在要求的影响。

另一种观点在德性的社会性上有一定的合理因素。如亚里士多德认为，绝对孤立的个体，非禽兽即为神，人是政治的动物，所以人格之完成，联系于整个的人道。培根则看到了德性与社会义务的关系。他说："人们脱离社会，决不易理解德性。"①

中国古代思想家把道与德作为两个概念，并指出了他们的联系。朱熹说："德者得也，得其道于心而不失之谓也。"② 陈淳说得更清楚："德是行是道而实有得于吾心者。"③ 他们还认为道是普遍的抽象的，德是具体的特殊的，如果说道是风，那么德就如叶颤花摇，尘飞沙走，旗飘幡动。宋儒以"理一分殊"来解释道与德的联系。

这些思想和论述在某种意义上提出了德性与外部社会道德意识及其行为规范的联系，并且表明德性从属于外部社会共有的道德意识和规范准则，明确表示德性是外部共同规范表现，所以具有或多或少的合理因素，可供我们借鉴。但他们并没有真正解决社会道德的本质以及社会与个人的关系，因而仍然不能深刻揭示德性的社会内涵与社会根源问题，因而也不能正确解决德性的社会本质。

德性作为个人的道德品质，作为个人的内在道德意识及其相应的行为习惯，毫无疑问是个人的东西，具有鲜明具体的个人特征。否定德性的个体性，抹掉德性具有者的个人性，自然无所谓德性，连社会道德现象也丧失其存在形态，变成不可思议的东西了。

但是我们又要看到，个人并不是孤立存在的，要深入了解德性的本质，确定人的社会特质以及社会和个体的相互关系是极为

① 周辅成：《西方伦理学名著选辑》（上），商务印书馆 1964 年版，第 359 页。
② 朱熹：《四书集注》，岳麓书社 1985 年版。
③ 陈淳：《北溪字义》，中华书局 1983 年版，第 42 页。

重要的。一切个人都存在于复杂的社会联系之中，任何个人不能脱离社会和他人，任何时候都要这样或那样地受到社会和他人的影响。人们的道德生活更是如此。道德实质上是人际和谐的需要和某种功能，它总是向各个个人提出履行人际交往准则的要求。当社会的道德要求为个人所真诚接受，变成他内心特有的自我意识和行为习惯，这个人就有了社会需要的良好品质和品格，这就是德性。所以，德性实质上是社会道德意识或规范准则通过个人心灵的转化形态。尽管已具有个人意识和个人行为的特征，但归根结底可以显示社会内容和社会根源。在这一点上，可以借鉴朱熹的有关论述，即"德者得也，得其道于吾心而不失之谓也"。德性就是个人把社会的行为规范准则内化为道德意识并与行为相统一。一个人与道德真理的关联，构成他的责任感，当这种责任感被践行于日常之中，行为的模式于是形成。这些模式一再重复，成为习惯性模式，用苏格拉底的术语，就是德性。

进一步而言，道德需要和道德能力构成了德性的基础。所谓道德就是人在交往需要基础上的精神需要。个人和他人的交往需要，除了物质生活的需要，还有共同体验、他人同情、互相帮助和互相支持的精神需要。同时，社会交往必须有一种特殊的调节机制，而调节机制的作用必须以个人自觉遵守调节要求为基础。个人成为自觉遵守者，必须懂得自己与社会的联系，接纳社会要求，并对此做出分析和评价，这就是所谓道德能力。由此可见，道德需要和道德能力都是在交往中产生的，从而确证了德性的社会性。

人一旦呱呱坠地，就会随时随地接受他人的影响，先是家庭、随后家庭与社会一起，影响着逐渐长大的个人。这些影响因素包括生活环境、文化和教育等，人们或是从他人及他人的关系中，或是从书报影视及其他文学艺术中，从他人的道德经验获得道德认识和道德情感。袁枚《祭妹文》说：“予幼从先生授经，汝差肩而坐，爱听古人节义事，一旦长成，遽躬蹈之。呜呼使汝不识诗书，或未必艰贞若是足。”表达了他对妇女守节的否定，也说明了“诗书”等封建文化对人的影响。

　　当然强调德性的社会性本质，并不能否定德性的个体性。无论如何，社会的规范要求和文化影响仍然需要个体的主动接受，需要个体内在意识的发展程度。道德品质尤其与个人的心理品质密切联系。没有人的心理特性，也就不存在人的道德品格。同样的文化影响和教育措施，在不同个人之间可能有完全不同的结果。把德性的本质看做个体意识的表现，当然是错误的，由此必然引申出自然本性论或天生论，德性成为不可理解的东西。相反，否定个体性，只看到德性的社会性，也会把文化环境和德性看成抽象存在的东西，只有个人和社会的统一，才是观察德性的正确方法。

　　德性的社会性规定了德性的普遍性。尽管个体德性属于各式各样的个人，具有五彩斑斓的特色内容，但是由于它的社会性，规定了一定社会条件下个体德性的共性即普遍性。

　　德性的普遍性决定了个体德性在社会发展中具有不同的社会历史类型。每个时代都有为它所独有的个体德性品质，资本主义初期道德理想的进取心，就出现了鲁滨逊式的人物。恩格斯曾认为，清醒的算计，私有财产不可侵犯，促使人把财产占有誉为高级美德。一个社会必有其共同的道德规范，把行为品质评价为美德的共同标准和风俗习惯，也即社会成员共享的文化氛围，因此个人的德性，一般不能超出社会历史限制。如果历史阶段已经变迁，社会的规范准则随之变化，道德舆论也不同了，谁要是坚持或仿效已经陈旧的德性行为，那只会是可笑的戏剧材料。塞万提斯笔下的堂吉诃德就是一个想充当骑士英雄的过时人物。他的行为处处与现实矛盾，演出了一幕幕滑稽可笑的闹剧。

3. 德性的基本特征

德性不是人类个体的生理特征或一般心理特征。而是具体体现一定社会道德要求的个体意识和行为的统一。其基本特征是，个体道德意识和道德行为总体上体现一定社会的道德原则和规范，并具有稳定性和一贯性倾向的根本品质属性。其特点是：社会道德关系的体现；个体道德意识和道德行为的有机统一；是自觉意志的凝结；是道德行为整体化的稳定倾向。

二　德性的主体意义

1. 德性与道德主体及其主体性

人是历史的主体，亦即个人是历史的主体，"社会联系的主体即人……不是抽象概念，而是作为现实的活生生的个人"。①所以个人也是主体，个人是道德活动的主体即道德主体。

但个体不等于主体，形成主体必须有自我意识的形成和发展。泰戈尔以"再次诞生的鸟"的神话，比喻人的两次诞生。在道德生活中，道德的自我意识就是德性，或者说德性以道德自我意识为基础，德性是道德意识和行为的有机统一，从主体角度看，首先是道德自我意识。

至于道德主体的主体性，也正是道德意识的能动性及体现为行为的自觉性和选择性。在道德以禁忌和习俗形式出现的远古时代，人的主体意识还没有形成，人们把各种禁忌看做外力加之于

———————

① 《马克思恩格斯全集》第 42 卷，人民出版社 1979 年版，第 25 页。

自身的东西，其行为以机械服从为特征。机械服从严格说来还没有道德。只有在人的主体意识觉醒，即有成熟的道德意识以后，才有对道德理想的追求和道德行为的创造，才出现道德的主体性。

根据前述，正是德性构成道德主体和主体性。

2. 德性的主体地位

当今一方面主体意识（自我意识）的普遍觉醒，另一方面又趋于迷惘和困惑，更甚者趋向于自我中心主义，因此有必要探讨主体或自我的德性内涵。

关于主体或自我的内涵，各有不同理解："肉体的"、"特殊的精神实体"或"自我认识的主体"。莱布尼茨比较全面，他指出"个人的道德同一性是自我的特殊第三维"（另两维是肉体同一性和意识）。[①] 黑格尔的自我意识发展三阶段则颇有启发性。"单个自我意识—承认自我意识—全体自我意识。"所谓全体自我意识，即"掌握家庭、乡里、国家以至一切美德的共同原则……意识到自己的深刻共同性以至同一性"。[②]

我们试作几点探索：

（1）主体既有认识论问题，但又超出认识论范围，具有价值论的社会道德的一面。"个体是社会存在物，因此他的生命表现，即使不采取共同的、同其他人一起完成的生命表现这种直接形式，也是社会生活的表现和确证。"[③] 在自我意识中，个体不可能不超出其单个性的界限，从而也就不能没有道德意识，并且处

---

① 《人类理智新论》，商务印书馆 2002 年版，第 204—209 页。
② 《精神现象学》（上），商务印书馆 1983 年版，第 122 页。
③ 《马克思恩格斯全集》第 42 卷，人民出版社 1979 年版，第 122 页。

于主导地位。

个人作为社会角色是交往关系决定的，相应就有社会责任。可以说自我就是责任，自我的限度首先是由他的责任感决定的，对社会责任的自觉就是责任感、义务感和良心，它们正是道德意识或道德自我，从而显示德性的位置。

（2）主体或"自我"的问题实质上是人的本质问题，所谓"寻找"或"发现自我"，就是要作为人而存在。然而，人的本质力量是在对象化活动中表现的，首先又在社会关系中表现。马克思认为："人起初是以别人来反映自己的。"亚当·斯密也有类似思想："人是社会的动物，一个人如果与自己的同类没有交往，他也可以在某个与世隔绝的地方长大，但他不会想到自己的特征，不会想到自己的情操与行为的合宜与不合宜……因为他没有能显现自己的镜子。"①

由于人的本质，个人从社会评价中"发现自我"，因而主体或自我的形成，首先或集中表现为德性的生成。

自我实现是什么？"需要有完整的生命表现的人，在这样的人身上，他自己的实现表现为内在的必然性，表现为需要，这种需要不是单纯生存的需要，而是作为一个人存在的需要。"② 可见，"自我实现"就是寻找人生意义，选择生活道路，而这正是道德的目的即德性的深层内涵。

（3）在客体——主体体系中，道德主体及其主体性相对于认识主体，其作用是特别巨大的。

苏格拉底"美德即知识"的缺点在于混淆了"知道做什么"与"决定做什么"的界限，前者属于知识范围，后者属于道德领

---

① 《道德情操论》，商务印书馆 1997 年版，第 162 页。
② 《马克思恩格斯全集》第 42 卷，人民出版社 1979 年版，第 129 页。

域，格林认为：在实践领域，决定的原因是动机……动机是一种
目的观念。这种目的，由自我意识的主体显现给自身，自我意识
为之奋斗，使之得以实现。在格林论述中，自我即主体，主体性
即目的性。目的性的主体性意义如格林所说：动机也就是个体的
自我意识反思到自己的本质，并要实现这种本质，复归于这种本
质，在这样的动机指导下，才能使自己从自然欲望中区分出自
身，不断地在道德上完善起来。

综观行为的动力可以有三种：肉体的、一般心理的和道德主
体的。道德主体的动力具有超越性，这种行为是经由意志表现出
来的，因此道德主体的动力与前二者不同，它不只是反射性的，
而是自我决定的。在决定行动中，不仅决定行为对象，同时决定
自己，我自己就是一个目的。

道德的主体性具有超越性，它不仅超越肉体动力，而且超越
一般的心理动力，所以它是自由的，唐君毅在《道德自我的建立》
中强调道德自我的超越性特征：一切道德心理的本质都是自己超
越现实自己，道德价值即表现在超越现实之转折处。①

三　德性的生成

1. 德性生成是主客体的互动

德性生成的基本规律是主体和客体环境的互动。所谓客体的
伦理环境是指人所生活于其中的伦理文化状态，包括行为模式、
人际关系、风尚习俗及其所由此产生的行为准则和伦理精神。即
使在认识形成中也是主客体的互动。"认识既不是起源于一个有

---

①　黑格尔:《精神现象学》上卷，商务印书馆 1983 年版，第 234 页。

自我意识的主体，也不是起因于客体，认识起因于主客之间的相互作用"（皮亚杰），更何况有很大主体意义的德性。深析之可归纳为：

（1）个体和全体的相互渗透

黑格尔曾说："个体满足它自己需要的劳动，既是它自己需要的满足，同样也是对其他个体需要的一个满足，并且一个个体要满足它的需要，就只能通过别的个体的劳动才能达到满足的目的。"[①] 这种关系在日常生活中都能感觉到，个体不是同全体脱离的，个体和全体是相互渗透的。社会交往的需要是人的本性，因而在自我意识中个体不可能不超出单个性的界限，他总是自觉或不自觉地把自己的行为同他人的意见和道德法则相对照。

举两个概念以资论证："自由"和"自主"都同主体相联系，但各有两层含义，两个尺度。关于自由，一是不受控制，为所欲为；二是对必然的认识和实现。道德上的自由即意志自律，但"自由的意志和服从道德法则的意志是一回事"（康德）。关于自主，一是描述个体的主观状况，指的是独立自决和自己支配自己；二是善于确定自己的目标，能成功地控制外部环境和内部冲动。显然，前者是表面的、片面的，后者是深层的、全面的。

道德心理和道德行为都与外部环境相联系，不是绝对自在自为的。德性的生成要求主体和客体的互动。

（2）主体和客体的心理投射

就道德内化而言，包括规范认同和情感共感，它们也不是"内部孤独"。

①社会评价的内化。社会心理学家库利的"镜中之我"理论认为：别人对自己的态度看法犹如一面镜子，通过它可以看见自

① 黑格尔：《精神现象学》上卷，商务印书馆 1983 年版，第 234 页。

己。人关于自己的认知，在很大程度上取决于他周围的人对他的评价。他人的评价常常是自我评价中极为重要的参照因素。当社会评价转化为自我评价，从而产生了荣誉感、尊严感和良心，丰富了道德意识。

主体行为总是针对某一对象而发生，具有主体和客体的相对关系，主体行为必然引起行为客体及其周围舆论的反应，这就是社会评价，如果行为者主动感受，就会撼动道德心理，累积之，德性随之生长。

②道德情境的比较。社会心理学家费斯汀格的"社会比较过程"理论认为，当个体为了准确地认知和评价自己，或在失去判断的客观标准时，往往进行社会比较，即同社会上与自己地位、条件、年龄、职业相类似的人进行比较。共同道德情境（境遇）的比较有两种情况：一种是当事人各处于相同或类似的道德情境，把自己与他人的行为意识作比较，获得规范认同和情感共鸣，所谓设身处地、将心比心、"见贤思齐"。另一种是当事人共处于同一道德情境中，当事人即道德关系的两方，一方从他方的行为所及做出强烈的感受，获得规范认同和情感共鸣，所谓以心换心，以德报德。

外部道德氛围下的道德觉醒是常有的现象。在共同的道德情境中进行比较，经常以情感共鸣为沟通形式。这种心理投射推动主体与外部社会伦理建立认同关系，并通过它矫正、调节内化了的道德认识，帮助道德心理的更新。

③行为的自我判析。从心理角度观察，个体从三个方面汲取自身情感和意识的信息：反省自己的内心状态；观察自己的公开行为，观察这些行为发生的环境和后果。

根据客观化的行为标识，归纳内在的秉性，是自我意识的普遍现象，我们如何认识自己，绝不仅仅靠沉思，而首先靠行为。

人的真正的存在是他的行为，"有什么样的行为，就有什么样的个人"。[①] 包尔生明确指出："努力地尽你的义务，你马上就会认识到你自己是什么。"[②]

这种心理原理显示了道德意识、德性的形成，只能在主客体的互动中。

(3) 寻找与参与

寻找自我道德意识和参与道德关系是统一的，不可分的。

黑格尔提出了"伦理实体"，伦理实体即个人与周围的道德关系，它以实践为基础。在人的实践活动之前或之外，并不存在什么先定的抽象的关系。人"并不是'处在'某一关系中，而是积极地活动"，通过活动来确定这种关系。[③]

伦理状态作为主体的外部环境，它的现实状态以及它的不断变动，始终制约着个体道德意识的形成。伦理实体包括三个层次：民族的伦理精神；具体社会的道德氛围，包括家庭、学校以及职业环境；直接的道德情境。道德情境越直接，对个体心理的制约也越直接。

但享有必须参与。人对于与自己无关的事是不会产生情感等心理反应的。以主体姿态参与伦理实体的活动，与之发生了联系，才有个人态度、倾向的产生。而且个体在伦理关系中所处的地位、角色，具有的目的、手段以及具体的选择倾向，都会影响个体的道德认知和道德情感。

个人不仅是伦理关系的受动者，而且是伦理关系的创造者，

---

① 黑格尔：《精神现象学》上卷，商务印书馆 1983 年版，第 213 页。

② ［德］弗里德里希·包尔生：《伦理学体系》，何怀宏、廖帕译，中国社会科学出版社 1988 年版，第 498 页。

③ 《马克思恩格斯全集》第 19 卷，人民出版社 1963 年版，第 405 页。

越是直接的微观的伦理关系，个人的创造余地也越大。"交往风气整个说来恰恰依赖于交往者的道德共鸣。"①

由于寻找与参与的这种关系，德性的形成是一个反复的累积的过程。正如亚里士多德所说："我们由于禁止享乐，可变为有节制的，我们既变为有节制的以后，又更能禁止享乐。"美德的形成是一个德行和德性周而复始的过程。亚氏认为："德性则由于先做一个一个简单行为而后形成的。"中国儒家的德性观也有类似观点。"闻义不能徙，不善不能改是吾忧也。玉不琢不成器，人不学不知道。"德性是修琢而成，"积丝成寸，积寸成匹"。孔子的"逝者如斯夫，不舍昼夜"，是对德性形成的最好描述，易曰："富有之谓大业，日新之谓盛德。"日新是德之真谛！

2. 德性生成的关键是品德力的发育

德性的内在意识突出表现在自我认识（反省）和自我控制（自制）。从心理机制说，前者是认知和情感的功能，后者为意志的功能。关于品德力的发育，应强调这些心理品质的健康发展。

包尔生强调自我控制的地位和作用。"全部道德文化的主要目的是塑造和培养理性意志，使之成为全部行动的调节原则"，"它是全部道德德性的基本条件"。② 他提出德性的培养主要是意志的教育和情感的训练，这两方面就是自我控制能力的培育。古代哲人第欧根尼说过："最有德的人并不是摒弃情欲的人，而是能面对种种诱惑而毫不动心的人。"

---

① 吉游连柯：《情感在道德中的作用和感觉论原则在伦理学的作用》，载《哲学译丛》1886 年第 3 期。

② ［德］弗里德里希·包尔生：《伦理学体系》，何怀宏、廖帕译，中国社会科学出版社 1988 年版，第 412 页。

在儒家学说中十分重视这种品德能力，常以"慎独"范畴置于德性培养的重要地位。在功夫论中最重要的功夫就是"诚"和"敬"。所谓诚，"真实无妄谓之诚"（朱熹），就是诚实、坦诚、光明磊落等，俗话说"心底无私天地宽"，这是高尚德性的前提。有了它，一切道德原则和规范才能听得进去，接受得了，如果有一丝一毫的虚妄之念，便与道德格格不入。"敬"之义，"主一无适之谓敬"。也即专心致志，一心一意，"专专一一，便自不二不三"。① 古人说"敬，德之聚"，可见要取得高尚品德，必须"实下持敬功夫"。应当把它贯彻于德性培育的全过程。朱子言："敬贯动静。"陈淳说："敬者，主一无适之谓，所以提撕警省此心，使之惺惺，乃心之生道而圣学之所以贯动静彻始终之功也。"②

据上述解释，诚，就是一颗诚实、坦诚或真实赤诚的心灵，是自愿接纳道德的心灵，是一种自我认识（内省）的能力。从心理机制来说，正是情感和认知的功能表现。敬即专心致志，一心一意，是自我控制、自我调节，更明显为意志力的表现。因而成为中国儒家功夫论的精髓，成为"全部道德德性的基本条件"，是品德力的核心，培育品德力的首要。

由此也体现了德性品质和心理品质的密切联系，在品德力的培育中要充分发展人的心理品质，注意"意志的教育和情感的训练。"

除了诚、敬二字，儒家功夫论还注意"耻"字，有"耻"即有德，无耻必缺德，是品德力培育值得汲取的思想。孔子说"知耻近乎勇"，包尔生说"对耻辱的恐惧甚至在最坏情况下也产生

---

① 陈淳：《北溪字义》，中华书局1983年版，第36页。
② 同上书，第78页。

了一些好的结果：懒惰的本性由于害怕蒙受贫困的耻辱而行动起来；胆怯的气质也因为被指责为怯懦而被激励得勇敢起来"。[1]相反，"那些没有什么荣誉可以丧失，因而也不再有任何对于耻辱的恐惧的人们最为堕落"。[2]

"耻"也是一种自重和自尊的情感和认知，有了这种情感和认知，就会知道做怎样的人，怎样去处世待人。就会奋然而起，直面人生，对得起自己，也对得起别人，有些人说"道德值几个钱一斤"，所以"耻"乃品德力的重要内涵。

在当代社会，一些人的堕落正是首先从品德能力的丧失开始的。良心的沉沦，贪欲熏心，麻木不仁，不以为耻反以为荣。腐败分子身处高位，有权可使，就忘乎所以，迷迷糊糊，完全丧失了自审自制的能力，走向罪恶的深渊。

四　德性范畴体系

由于德性的社会性，每个社会、阶级都有自己的德性要求，在道德理论和社会舆论、风尚习俗中自觉或不自觉地形成一些德性范畴，并在一定条件下构成范畴体系。伦理学研究把它们作为其结构构成而给以重要地位。包尔生的《伦理学体系》的"德论"部分就有一个德性范畴体系，我们可以借鉴、容纳、补充和发展历史成果，构成德性范畴体系，并可与规范范畴体系、内化范畴体系综合为一个完整的道德范畴体系。

---

　　① ［德］弗里德里希·包尔生：《伦理学体系》，何怀宏、廖帕译，中国社会科学出版社1988年版，第492页。

　　② 同上。

1. 德性范畴与社会规范

既然德性的本质在于它的社会性，它们是社会的规范准则通过个体意志内化的结果，德性范畴当然与社会的规范准则相对应。弗兰克纳说："要把它们看成是同一道德的互为补充的两方面……对每一条原则来讲，都会有常与该原则名称相同的一种好的道德品质。对于每一种好的道德品质来讲，也都会有一条原则规定着体现该原则自身的那类行为。"[①] 他甚至引用康德的说法："原则无品质是空的，品质无原则是盲的"，来说明两者的关系。

不同时代、不同阶级都概括有同其规范体系相应的德性范畴体系。在原始社会野蛮时期，从维护氏族利益出发形成自尊、刚毅、勇敢等品质要求，奴隶社会的奴隶主和以后的封建主则突出强调忠、孝两字。中国封建社会在封建道德体系下形成了忠孝节义等德性范畴，所谓"为臣尽忠、为子尽孝"，"饿死事小，失节事大"，就是这种品质要求，表彰实践这种要求的"忠臣"、"义士"、"孝子"、"节妇"等等。在资本主义社会，资产阶级往往与利己主义相适应，强调自爱、自利等德性范畴，劳动者则以勤劳、节俭等为德性范畴。

2. 德性范畴的层次结构

正像规范准则有层次性，德性范畴也有层次性，各种道德体系中均可见其德性范畴体系的层次结构。

在西方古希腊的四德目（智慧、勇敢、节制、公正）之中，

---

① 〔美〕威廉·弗兰克纳：《善的求索》，辽宁人民出版社 1987 年版，第 138 页。

公正是一切德目的总枢纽。柏拉图把公正配合于其他三德："饮食而适如其宜是公正关联于节制；临难不苟，舍生取义，是公正制约于勇敢；平等观察，不偏不倚，乃公正制约于智慧。"人有公正之德，也就有节制、勇敢、智慧三德。

此外，在四德之中，又包含其他诸德目，如勇敢不是武艺，它包含胆识、忠贞、忍耐、坚毅刚强诸德目；智慧也不是机敏，它包含虚心和不断追求真理。

亚里士多德把"中道"作为诸德的核心："德性是一种品性。人的德性一定是那种既能使人成为善人，又能使人圆满地完成其功能的品性，这种品性就是中庸之道。"① 所以，他认为："适中适度是德性的特征。"他又根据中庸原则对各德目作了分析：勇敢，其过度是鲁莽，不及是怯懦；节制，其过度是纵欲放荡，不及是麻木；慷慨是粗俗与卑鄙的中道，自豪是虚荣与卑贱的中道，诚实是夸张与虚谦的中道。

在中国的儒学道德体系中，有基本的德性范畴——仁与义。仁，从二从人，是"人之德"，即"仁者爱人"；义，从羊从我，是"我之德"，即"义者善我"，从仁义而派生出其他诸德；仁者爱人，于是有公正、友爱、正直、尊重（即"诚、信、宽"）等范畴；义者善我，于是有节操、自审、自持（即慎独）以及"诚"、"敬"等范畴。

墨子以为"兼爱"可以统率"惠"、"忠"、"孝"、"悌"诸德，"故君子莫若审兼而务行之，为人君必惠，为人臣必忠，为人父必慈，为人子必孝，为人兄必友，为人弟必悌"。②

德国包尔生的《伦理学体系》的德性论部分，在整个论述中

① 周辅成：《西方伦理学名著选辑》上卷，商务印书馆1964年版，第295页。
② 张岱年：《中国伦理思想研究》，上海人民出版社1989年版，第34页。

也体现了德性范畴的层次结构，他明确表示："我们可以把德性分为两组，我们可以把它们称为个人的德性和社会的德性。前者的基本形式是自我控制，后者的基本形式是仁慈。"① 而在个人德性的"自我控制"之下，又包含节制、克制、勇敢等德性范畴；社会德性的"仁慈"则联系着正义、宽宏、友邻之爱、诚实等德性范畴。

社会是个复杂的有机体，社会生活丰富多彩，光是行业和职业就有成千上万。人们从事各种各样的社会活动，人们的社会关系、社会交往是复杂、交织和多样的，不仅有与民族、国家的高层次的关系，有社会公共生活和所属群体中的较高层次的关系，而且有家庭、朋友等低层次的社会关系，在各种社会交往中也有各种各样的义务和责任，从而就有相应的品质要求。如忠于祖国，孝敬父母，为官清廉，执法公正，教师育人爱生，经商生财有道，夫妇专一忠贞等等。因而德性是全社会的、多方面的、多层次的社会道德现象。表现在反映这种品质要求的德性范畴自然不是孤立的、一个或几个，而是一个全面的、多方面的、多样化而有着层次结构的庞大体系。

3. 当代德性范畴体系的建构

在构建德性范畴体系中，既要根据社会道德实践，也要吸收传统美德并赋予时代内容。

最高的是爱国奉献和为人民服务，也是一个人最基本的道德品质。社会主义道德体系以集体主义为核心，而祖国、人民是真正的集体和集体的主体，传统的仁德是"仁者爱人"，首先要爱

① ［德］弗里德里希·包尔生：《伦理学体系》，何怀宏、廖帕译，中国社会科学出版社 1988 年版，第 411 页。

祖国和人民，这应是当代德性范畴体系中最高的德性范畴。

第二层次应当是"爱及他人"，最重要的是孝亲和慈爱的家庭德性。孝是中国固有美德，尽管有些封建糟粕，但对父母和家庭的亲情不可抹煞，《诗》曰："父兮生我，母兮鞠我，拊我畜我，长我育我，顾我复我，出入腹我，欲报之德，昊天罔极。"①家庭是社会的细胞，家庭和谐才有社会和谐。我们应该坚持"孝"、"慈"等家庭美德，在新的历史时期加入新的内容加以发扬。目前亲情犯罪有上升趋势，更应大力倡导孝慈德性。

爱及他人还有公正、友爱、正直、忠诚、尊重等德性范畴。尊重是最基本的德性品质。爱及他人就是要推己及人，西方伦理学家有句名言："对内在意义的高度领悟"，这句话很深刻。只有了解别人的内心世界，设身处地为他人着想，才能有善待他人的各种德性。弗兰克纳说得好："很难想象离开了这一点，仁慈和公正的气质如何能够表现出来。"②

职业活动是每个成人生活的基本内容，职业的德性范畴，在职业交往中无时无刻不得到表现，也千丝万缕联系着千家万户，和谐的社会生活需要和谐的职业关系。德性范畴体系中职业德性占有重要位置，它属于德性范畴体系结构的第二层次。敬业和创造是两个基本的职业德性范畴。敬业可以派生出各行各业各自的职业德性。创造是新时期的突出要求，创新是人类文明的动力，民族进步的灵魂，我们要建设创新型国家，就要依靠各个个人的创造热情。

其他如诚信和勤俭，也是重要的德性。特别是诚信，要诚实

---

① 《诗经全译》，江苏古籍出版社 1984 年版，第 500 页。
② ［美］威廉·弗兰克纳：《善的求索》，辽宁人民出版社 1987 年版，第 147页。

守信，光明磊落，不搞弄虚作假，欺诈蒙骗，这是人与人之间和谐关系的根本。勤俭是传统美德，也要坚持和发扬，因为勤俭美德还可造就其他美德。古人说："勤以补拙，俭以养廉。"现实中那些贪官污吏，莫不从贪图享受、垂涎金钱、养尊处优开始。

传统重视的个人品德能力或叫"私德"，现在仍然需要，可以称之为律己德性，仍属德性范畴体系的第二层次。

以下还有第三层次，包括第二层次德性范畴的那些从属范畴。如宽容中的谦让，友爱中的助人和尊老爱幼，律己德性从属的自审、自控、慎独等。

五　德性的价值

德性学说在伦理学中占有重要地位，伦理学被定义为"研究人的行为规范和实践的科学"。包尔生的《伦理学体系》就分"善论"和"德论"，并且把"德论"视为实现至善的途径和工具，可以引导我们达到至善即完善的生命表现。

1. 德性的理论地位

中国古代道德理论著作《大学》一开始就提出"大学之道在明明德"，认为大人之学的一切论题和命题都是为了"明明德"，掌握社会道德。朱熹把《大学》看做"初学入德之门"。可见道德理论的重点就在"入德"。中国的道德哲学分三个层面：道德理论、道德境界和道德教育。所谓道德境界就是个体德性，即"内在意志的锻炼和纯化"，而把"意志的纯化"看做为学的主要目的，从而又形成了特殊的理论部门叫功夫论，它涉及的都是德性和成德之路。可见德性学说的地位。

西方思想界也十分重视德性，即个人道德，认为个人道德与社会道德有很大区别，并独具优越性，社会道德虽比个人道德更广泛、更完整，但它在某些方面又比个人道德贫乏。个人道德既包含独一无二的生活经验，也包含着精神世界和人的情感。匈牙利哲学家法尔凯什认为：第一，道德品质的质量和数量说明人的价值和特性的成分比社会要多得多；第二，个人道德意识可分为两个水平：道德的价值准则知识水平以及与其自我等同水平，而社会道德却没有这种界限；第三，个人道德的功能同心理机制有着极其密切的联系。

2. 德性是处世之道

人是结成社会的，任何个人都是社会的人，生活在社会之中，无时无地不与他人相处和交往。在家庭有父母子女和夫妻之间的交往，在社会有亲友邻里和职业组织之间的交往，并和各种社会组织以及整个国家和民族之间的交往，这种交往关系构成了整个人生，任何个人都没有例外。有人说，"人生活的重要条件中最重要的条件是其他的人"，同他人的关系构成人生的主要内容和核心。所谓处世，就是同他人交往。

社会交往是人特有的现象，正是个人之间的交往关系构成社会。任何人都生活活动在人际关系之中，离开人际关系谈人的活动是不可思议的。道德的社会功能就在于达成一定形式的人际关系。社会主义的新道德就是要建立和发展和谐的人际关系，可以说道德即关系，一种合理的关系。显然，这种关系的形成，在于各个个人的社会交往，在于个人在交往中遵循道德要求，在于个人有一定的良好德性。

人的交往活动既可以创造人际关系，又实现于人际关系。和谐的人际关系固然是所有关系各方的行为表现形成的，生活活动于这种关系中的人们又何尝不能得到相应的回报。当一个人处于和谐的人际关系之中，感觉到周围的信任和支持，意识到自己是群体的一员，他就会勤奋学习，努力工作，乐意和大家合作，也关心支持他人的工作。相反，如果周围人们德性缺失，或者充满恶德气氛，人际关系中到处是嫉妒、冷漠、流言飞语，就会破坏一个人的心理平衡，甚至走向极端。值得一提的是，人们的事业心及其事业成就，也与舆论评价、领导关怀、同事支持分不开的。

俗话说"家和万事兴"，如果家庭中父母子女夫妇之间，相互对待都有德性，就能形成良好的家庭关系。和谐的家庭关系，对大家都有好处，真正是人生的"港湾"。

如何处世待人？自古以来就是人生的首要问题，出现各种箴言训词："宽以待人，严于律己"，"与人为善"，"和为贵"，"己所不欲，勿施于人"，"一个篱笆三个桩，一个好汉三个帮"。也有人抱定利己损人的宗旨和态度，"拔一毛以利天下，不为也"。这种不同的处世待人，正是有否德性的表现。

司马迁在《史记》中讲的"白头如新，倾盖如故"，就是人们在交往中相互对待的两种不同态度：前一种人永远没有至交朋友，直到白头，还如陌路；后一种人则相处以诚，即使路遇也倾心而谈。曾经看到一段话："交一个朋友要心存感激，拥有一个朋友是一种幸运，成为别人的朋友则是你的荣耀和权利。"说明友谊的珍贵。但首先必须付出，有人说"关心别人的人有朋友"，这是一条真理。

当今商品社会，产生了观念"变化"，有些人钱字当头，忘记了"善待他人"，代之以"以邻为壑"，连家长也以此种态度教育孩子要"不呆不傻"。但是，一个人总是想占别人的便宜，别人则会敬而远之。古人说："敬人者人恒敬之"，我们不要忘了善待他人的告诫。

曾经有人在报刊上说："人生在世，无非'人'、'事'两字，但一定是先做人，后做事，一撇一捺写个人，一生一世学做人。"此人真是"半世人生，感悟良多"，在半世的人际交往中终于悟出要学习处世之道，学做人。

3. 德性与自我完善

德性的价值不仅在于它是人的处世之道，具有手段的价值，而且从德性与人的实现完善人生来说，它更具有目的的价值。包尔生说，"德性及其实行也构成了完善生活的内容"，因此"德性在完善的个人那里有其绝对的价值"，"就它们代表着善者的品性而言，它们不仅是一个外在目的的外在手段，而且本身也是完善的人生和至善的一部分"。[①]

德性在自我中的位置已如前述。

关于德性的手段与目的的关系可能含有三层意义：

首先，德性作为处世之道，作为在社会交往中善待他人的行为表现，是手段。但同时也体现了行为者的善性和高尚人格，这里的德性表现，正是自身的目的，这也许是道德和德性的特性所在，古人定义道德是"外施于人，内得于己"。德性正是人之为人的表现，我们之所以需要德性，正是使自己成为善人、高尚的人。因而德性自身就是目的，从这个意义上，德性的价值就在于自我完善。

其次，就德性自身来说，也具有目的和手段的关系。每一个德性表现对实现人生至善来说，可能只是手段，通过不断的德性

---

① ［德］弗里德里希·包尔生：《伦理学体系》，何怀宏、廖帕译，中国社会科学出版社 1986 年版，第 213 页。

表现，积累而成为高大完美的德性。然而这个人一生的德性，难道不是正体现于人生的每一步，这每一步的某个德性表现，难道不就是他整个德性的一部分。包尔生说："正像在一件艺术作品或小说中，一切都既是手段又是目的一样，在道德生活中也是如此。在任何情况下，手段都不是外在的，它们始终也是目的的一部分。"① 西哲有言："人的一言一行，一举一动，也可玷污他的一生。"因为"在人生里，人既是艺术家，也是艺术品，是雕刻家也是大理石"。这里形象地说明德性与自我完善的关系。

德性的主要内容是关于人生目的和人生价值的信念，毛泽东对包尔生的上述论断作了如下批注："……且为作用，且为正鹄，则无往而不乐，有一日之生活即有一日之价值，使人不畏死，上寿百年亦可也，即死亦可也。"意思是一旦确立人生目的的信念，道德行为之实行，不但具有直接作用（即手段），也有趋于实现人生目的的意义。那么任何个别德性行为都可体现人生价值。故他赞曰："此义极精，可谓伦理学一大发明。"

绝对实现于相对之中，整体体现于局部，在这个意义上，德性作为整体目的的实现，其价值就在于自我的完善。

再次，就德性与整个人生完善来说，德性的塑造为人生完善创造条件，或者说德性使得人生完善，这当然是手段。但是从德性在自我中的地位，人生完善首先在于德性状态。曾见一文启发思考："衡量人生的也有你心中的爱、尊重和仇恨，以及你如何培养和浇灌你的这些感情。更重要的是，衡量人生要看你是否在用你的生命滋润他人的心灵。"它像在说明德性与人生完善的关系，德性是人生的灵魂，正是德性的逐步生成，德性的发展水

---

① ［德］弗里德里希·包尔生：《伦理学体系》，何怀宏、廖帕译，中国社会科学出版社 1986 年版，第 213 页。

平，塑造着一个完善的人生。完善的人生就在于德性的形成，就这个意义上说，德性又成了目的本身。德性具有人生完善的价值。

4. 德性与社会发展

德性与社会发展有很重要的意义。可从两方面分析：

第一，社会道德的发展离不开个体德性的普遍化。

"苟不至德，道何凝矣"，这也是德性的目的手段关系的又一重要方面。德性造就整个社会道德水准的提高，是手段。没有个体德性的提高，谈不上社会道德水准的普遍提高，任何道德建设，必须着眼和着手于培育社会成员的德性水平，否则只是一句空话，只是热热闹闹的形式。但是社会至善即是个人至善的整体，个人至善就成为社会至善的部分，因而本身是目的。正如包尔生所说："就个人本身也是道德整体的一个成员而言，他也构成了至善的一部分，因而像至善一样，本身也是一个目的。"①因此，德性对社会发展中的道德发展而言，无疑具有不可或缺的重大价值。

第二，社会发展与人的发展。

社会是人的社会，社会生产和社会生活都是人的活动，最终都要以个人行为表现出来。而个人行为无不决定于其内心世界，除了认知能力等外，就是法律意识和道德意识，而道德意识是其基础，个人德性对社会生产和社会生活，对经济和社会发展无疑有着十分重要的作用。有人错误认为市场经济不需要道德，做生意人赚钱就是一切。但是实际情况是，我们只要看看统计数字，

---

① ［德］弗里德里希·包尔生：《伦理学体系》，何怀宏、廖帕译，中国社会科学出版社1986年版，第213页。

由于缺乏诚信，企业损失重大。至于拜金主义流行引发的贪贿盗窃罪行，使国家资产流失更是不计其数。而假药假酒等等欺诈行为，更使百姓生活蒙上一层阴影。人们痛定思痛，齐唤挽救社会风气、振兴道德。

我们要以科学发展观代替传统的片面的发展观，科学发展观的特点就在于对人及文化的重视，把提高人的素质作为社会发展的主要因素。

以人为本是科学发展观的本质和核心。以人为本就是要以实现人的全面发展为目标。实现人的全面发展本是马克思的理想。他认为人类应该以全面的方式，既和人的需要的全面性相适应，又和自然界本身的丰富性相适应的方式，去改造和利用自然界。①

人的全面发展，就是人的全面本质的实现，而人的本质只能在对象化活动和对于对象的占有中才能实现和发展。"为了创造同人的本质和自然界的本质的全部丰富性相适应的人的感觉，人的本质的对象化都是必要的。"② 但是人的本质的对象化，只能在社会中实现，既需要社会的经济前提，又需要各个个人充分发展自己的社会性，正确处理个人与社会、个人与他人，以及个人与自然的关系。这就关系到个人的道德素质，道德实现作为社会的人所特有的潜能，体现植根于人之特点的追求。

当然，社会的发展也有利于德性的发展。美国哲学家弗罗姆曾经提出"创发性"与"自我实现"的关系，他说："一个人要

---

① 《马克思恩格斯全集》第 42 卷，人民出版社 1979 年版，第 123、126、128页。

② 同上书，第 126 页。

实现自我，只有具有创发性，只有发挥自己的潜能，才是可能
的。"① 为了阐述他的思想，他还举例说，在亚里士多德看来，
"善"的人总是通过其活动，把人所特有的潜能带到生命中去；
斯宾诺莎认为，自由和幸福在于人对自身的理解，在于他努力使
自己成为他潜在的所是的那个样子；在歌德的《浮士德》中，浮
士德是永无止境地寻求生命意义的人，为什么能这样呢，在歌德
看来，唯一能对人的追求做出回答的是创发性的活动；而易卜生
的《培尔·金特》则从另一方面说明创发性的意义，培尔·金特
在临终时发现，贪得无厌和自我中心主义妨碍了他变为真正的自
我，同时又发现，一个人要实现自我，只有具有创发性，只有发
挥自己的潜能，才是可能的。②

　　什么是"创发性"呢？他解释说，一般说来，创发性一词与
"创造性"同义，"创发性是人对他所独有的潜力的实现，是对他
力量的使用"。"创发性是人与世界发生关系的一种特殊形式，虽
然人的创发性能制造物质财富、艺术作品和思想体系，但是创发
性的最重要的对象是人自身"，"只有创造性才能对一个人的道德
问题做出回答"。③ 弗罗姆从他的思想体系说明问题，不免具有
某种抽象的色彩，但仍然具有某些合理因素，用马克思主义来理
解，则创造力与实现人的本质的关系，就十分清楚了。

　　人的本质是自由自觉的活动即创造，只有创造才是实现人的
本质，发挥人所特有的潜能，因而创造性是人的素质的根本，也
是个体德性的根本，马克思说"对象化成为幸福和个人品德的源

---

　　① ［德］埃里希·弗罗姆：《寻找自我》，陈学明译，工人出版社1988年版，第
122页。

　　② 同上书，第118、119、122页。

　　③ 同上书，第117、125页。

泉"。

但是人的本质的对象化，创造力的发挥，必须具有一定的社会历史条件，马克思、恩格斯说过："个人的全面发展，只有到了外部世界对个人才能的实际发展所起的推动作用为个人本身所驾驭的时候，才不再是理想、职责等等，这也正是共产主义者所向往的。"①

社会和谐是马克思的理想，也是全国人民和全人类的美好的共同理想，社会和谐一直是中国共产党的不懈奋斗的目标，社会和谐是中国特色社会主义的本质属性。在社会主义和谐社会里，既是公平正义，诚信友爱，又是充满活力，安全有序。胡锦涛说："充满活力，就是能够使一切有利于社会进步的创造愿望得到尊重，创造活动得到支持，创造才能得到发挥，创造成果得到肯定。"这样的和谐社会，将"努力形成全体人民各尽所能，各得其所而又和谐相处的局面"。② 很显然，社会的发展必将使个人创造力普遍得到发挥，从而使适应历史新阶段的个体德性也普遍得到发展。

第 八 章

终 极 考 问

　　研究了一系列道德现象和伦理问题后，很自然地联系到道德活动或道德生活的最后归宿或最终目的，人们为什么要进行道德活动呢？道德对于社会、对于个人的意义究竟怎样呢？这里就要探讨道德的目的及影响它的诸因素。

一　历史的回顾

　　在伦理思想史上，围绕道德目的问题形成了伦理学的一个重要范畴，这就是"至善"。

　　至善是伦理学的根本范畴，处于十分重要的地位。在西方，古希腊的道德思考就开始于这样的问题：什么是所有追求的最终目的，或什么是至善呢？至善就成为从苏格拉底到亚里士多德伦理学所探讨的中心问题。至善和幸福是亚里士多德首创的伦理学的出发点和归宿。《尼各马科伦理学》开宗明义提出至善问题，最后又归结到至善。此外，德谟克利特较早提出至善概念，伊壁鸠鲁和斯多葛派也从不同角度着重论证了这个问题。总之，各派伦理学都对这一问题做出了自己的回答，但都没有解决问题。在此之后，仍作为主要问题不断争议着，近现代一些伦理学家都承认，"至善"是伦理学史上一个老命题。

至善范畴究竟具有什么地位和意义呢？

考察历史，至善首先是作为道德的终极目的和最高标准。这是道德生活的必然现象，在人们的道德实践中，当一个行为者反思自己的行为时，不免要想到这个问题：什么是道德追求的最终目的呢？当时苏格拉底集中思考了"善"，柏拉图认为至善是一切道德活动的最终目的。他说，在一切具体事物和行为活动之上，存在一种作为终极目的的善的理念，即至善。德谟克利特认为善是人们追求的目的，而在具体行为之上还有一个至善。可见，在他看来，善是行为目的，至善是目的的目的，是最高目的。亚里士多德是希腊哲学集大成者，他集中了思想家们的"至善"思考，把哲学的研究主题规定为对目的的认识。在伦理学中，他认为一切具体行为和技艺都是追求某种目的，是在实现某种善，而一个目的又属于另一个更高的目的，"在行为领域内，如有一种我们作为目的本身而追求的目的，那么这种目的是善，而且是至善"。① 也就是说至善是行为的最高目的。至于伊壁鸠鲁也与之一脉相承，他说："幸福生活是我们天生的最高的善，我们的一切取舍都从快乐出发，我们的最终目的乃是得到快乐。"②

直至近代，在康德那里，至善是其伦理学的中心和归宿。他认为至善是道德的终极目的，在无限发展中达到意志与法则的圆

---

① ［古希腊］亚里士多德：《尼各马科伦理学》，中国社会科学出版社 1990 年版，第 2 页。

② 周辅成：《西方伦理学名著选辑》上卷，商务印书馆 1964 年版，第 103 页。

满契合。在康德著作中，至善概念在《纯粹理性批判》中作为理想而存在；而在《实践理性批判》中则是实践理性发展的归宿。康德在《实践理性批判》中多次提到至善是道德的目的："至善仍然是被道德所决定的意志的必然而最高的目的。"①

在中国，明确提出"至善"，并把它作为道德的最终目的和最高目的的是著名伦理学著作《大学》。它开宗明义第一句就是"大学之道在明明德，在亲民，在止于至善。"后世朱熹解释得很清楚："圣人之止，无非至善。"

在伦理学史上，至善也与人生目的相联系。在更深层次上，至善正是作为人生目的范畴而纳入伦理学体系的。

古希腊伦理思想的发展是同人生思考紧密相连的，这是与当时希腊社会在希波战争后价值观念发生变化、人们开始转向自身的探讨相适应的。苏格拉底开始把哲学转向人生的研究，他告诫说："未经思考的人生是没有价值的人生。"并且指出，一个人除非对人生真谛有真正的了解，否则就不会有德。他相信：运用理性人能发现善的本质，从而过一种有德的生活。正是苏格拉底第一个从人生目的与道德的联系上，认识到分析善的含义的极端重要性。

苏格拉底之后，柏拉图、亚里士多德与之一脉相承。柏拉图继承苏格拉底的思想，开辟了一条从理念世界寻求人生答案的思想路线，认为人生目的就是沉思和追求理念世界，而这就是至善和至善的人生。亚里士多德则继续着苏格拉底和柏拉图的道路，在人生问题上更明确强调人生目的的重要性，并把人生目的同至善范畴联系起来，认为人们要取得幸福，达到至善，必须注意端正其宗旨，使人生一切行为不违背其目的。明确提出了"人生的

① 《实践理性批判》，商务印书馆1960年版，第118页。

最终目的即至善"，"至善即幸福"的命题。

此后，伊壁鸠鲁学派以及与之对立的斯多葛派伦理学的中心也是人生问题，都把人生目的引入伦理学领域，伊壁鸠鲁认为，人生目的就是追求幸福，幸福就是人生最高的善。斯多葛派则同柏拉图、亚里士多德一样，把出于人的本性的人生目的的实现，看做至善和幸福。

通过历史考察可见，伦理学中的至善范畴具有丰富的内涵和突出的意义。其双重内涵是：作为道德目的的至善和作为人生目的的至善。

对此，近现代众多伦理学家作了不少探索，具有相当一致的共识。美国伦理学家梯利认为，至善是人类确立的一个最高价值，并指出："这里可能有两种情况，a. 人类有意地特地确立这种善，作为它的目标和理想；b. 人的行动由这种善推动，也即这种善实际上是人们所有行动的动机。"① 梯利考察了历史上"自我实现论"和"快乐论"，发现两派都认为"至善是人生目的和道德的标准"。②

英国近代伦理学家西季威克在《伦理学方法》一书中，用很大篇幅专门探讨至善范畴。在"论至善"中说："对于伦理学探讨的对象有两种形式，有时候指行为的规则，所谓'正当'，有时候是指行为的目的，所谓'善'。"并说："人类的至善不妨认为是遥远的结果，它与'正当'的行为确实有关。"③ 在这里，他肯定了至善是道德行为的目的，并且是"遥远的结果"，即终

① ［美］弗兰克·梯利：《伦理学概论》，中国人民大学出版社1987年版，第138页。

② 同上书，第6—9页。

③ 周辅成：《西方伦理学名著选辑》下卷，商务印书馆1987年版，第579、580页。

极目的。

德国伦理学家包尔生则更清楚地总结概括了至善范畴的实质和内涵，指出"有关人类意志的最后目标和我们价值判断的根本标准，并不是一个新命题，是希腊道德哲学思考过、定义过的"。他肯定伦理学就是关于至善的科学，说伦理学的职能是双重的，一是决定人生的目的或至善；二是指出实现这一目的的方法或手段（通过什么样的内在品质和行为类型，可以达到至善或完善的生活）。① 在这里，至善作为人生目的的范畴，被他百分之百地肯定。而把至善作为道德目的、道德行为或美德是达到至善的手段，也说得十分清楚。揭示了至善范畴在整个伦理学体系中的支配地位和主导意义。

二　道德的追索

至善范畴为何具有双重内涵，我们可以进行道德的追索。

行为的目的性是人的一大特点，是故道德必有目的。道德行为的目的是什么呢，人们对此常常发问：我为什么要做出道德行为，或者说人为什么要有道德？伦理学家们做出种种回答。有的说是上帝的要求，有的说是为了自己的利益，有的说为别人也为自己，或者说有道德的人才是高尚的人。当今在社会转型的时代，人们的思想相当混乱，有的说，现在上上下下都搞钱，还讲什么良心；有的说道德值几个钱一斤；许多人认为，在市场经济下一切以钱为标准，什么道德，什么人关心人，都是过时的东

---

① ［德］弗里德里希·包尔生：《伦理学体系》，何怀宏、廖帕译，中国社会科学出版社 1988 年版，第 10 页。

西；一些人认为邻里冷漠，互不往来，也是历史的进步；有人还认为，各个人都管自己，个人好了，社会也就好了，道德是不必要的。

人们做出道德行为，做一个有道德的人，究竟为了什么呢？这个道德目的问题，的确必须首先要搞清楚。

道德当然有社会目的，在阶级社会中，统治阶级的道德是统治的手段，其目的在于维系其统治。与此同时也有人民的道德，它一方面对抗统治阶级的道德，一方面维系下层社会，使各个个人生活安全，在消灭阶级以后，全社会的道德则是维系整个社会的需要，是人们之间必须合作互助的需要。

就道德的实质而言，更重要的是道德的自我目的，通常人们从自身出发，对做出道德行为自然有其各不相同的目的，一个较多的理由是，不这样做，人们就会批评我。有的以"吃小亏占大便宜"的交换思想为指导，以小恩小惠待人，以取得回报为目的；有的以获得别人尊敬为目的。比较好的目的是做个高尚的人，必要时也能做出自我牺牲；也有的从自己身份考虑，作为共产党员和国家公务员理应遵纪守法，奉行道德。这些当然都不错，从某种意义上，正是社会的需要，会形成一个良好的道德风尚，但是从道德的本来意义，从更高的要求来说，这样还是不够的。

道德的目的在于自身，其他都是外在目的，不是道德本身的目的。道德目的从本质上看不是功利性的，不是外在目的的工具。20世纪初英国伦理学家布拉纳雷反对功利主义，主张道德本身是目的而非手段。他说："道德包含着'本身为一目的'的意义，道德既涵蕴有事情要做，也涵蕴为我所做。"① 就道德的

---

①　周辅成：《西方伦理学名著选辑》下卷，商务印书馆1987年版，第632页。

特性而言，布拉纳雷的这一说法是合理的，做出道德行为当然有利于他人、有利于社会，但同时也使自己道德意识增强，日益成为有道德的人。所以每次道德行为的本身目的在于提高自己的道德价值，在于自我完善。宗白华说道德的真精神在于"仁"，在于恕，在于人格的优美，他引《世说新语》所载："阮光禄（裕）在剡，曾有好车，借者无不皆给。有人葬亲，意欲借而不敢言。阮后闻之叹曰：'吾有车而使人不敢借，何以车为。'遂焚之。"①正如宗白华所说："不是由于畏人言，畏于礼法的责备，而是由于对自己人格美的重视。"② 这才是真道德。

这里如果进一步分析还可发现：道德的具体目的中还有一个更高的目的或终极目的在起作用，这一终极目的成为他的行为的推动力，成为他生活方式的决定因素。这一终极目的通常称为道德理想，或成为一个怎样的有道德的人。

究竟应该有一种什么样的道德理想？美国伦理学家威廉·弗兰克纳虽然指出"一种完善的道德学也许至少应包括这种理想的领域"，但他只提出"合理的"这种概念，至多说到"如果一个人是十分有理性的，而且充分了解他自己以及这个世界的一切，大概会选择道德的生活方式"。③ 很遗憾，仍然十分抽象，没有作出一个确切而明了的答案。

道德的终极目的或道德理想是与人生目的密切联系的，因为道德即处世待人的思想和态度，总是发生于待人接物的关系中，不同的人生目的就有不同的处世待人态度，就会实行不同的道

---

① 宗白华：《美学散步》，上海人民出版社 1981 年版，第 190 页。

② 同上。

③ ［美］威廉·弗兰克纳：《善的求索》，辽宁人民出版社 1987 年版，第 143 页。

德。根本不相信现实的道德，也就是在奉行某种道德。如果深入考虑，在道德的本来意义上，道德的本质与人生目的却是密切联系的。道德的本质是人的本质的体现，人的社会性本质和创造本质自由精神的实现，决定了道德的存在及其作用。虽然人世间的确有各种各样的人生目的，因此也派生出不同的道德态度，而真正的人生目的，必然与人的本质相一致，因而人生目的与道德的终极目的是相通的、一致的。

道德在深层次上是实现作为社会的人所特有的潜能，体现基于人的特性的追求，因此道德的终极目的必然追溯到人生目的。"善作为道德模式，作为应该的要求，产生生命活动的目的和前景，而目的和前景则成为个人意向的道德动机，在这一基础上，善的范畴过渡到生活意义范畴。"① 这就是说，人在道德生活中追求行为目的，以至最高的道德目的，必然上升到人生目的，就发生了至善范畴的深化，至善范畴也就包含了深刻的人生目的。

在这个意义上，我们完全可以说，道德目的要指归于人生目的，人生目的是道德的归宿，因而人生目的是伦理学的最高范畴。

三　人生真谛

人生目的是人生思考的核心，自古以来，思想家们都十分关注，提出这样那样的解答，韦政通说："'生命目的'这一问题的考问和答案，就是哲学的精华所在，在中国，重要的哲学家都是

---

① 阿尔汉格尔斯基：《马克思主义伦理学的对象、结构、基本方面》，杨远、石毓彬译，中国社会科学出版社 1990 年版，第 21 页。

生命哲学家。"①

伦理学的人生目的范畴有其现实生活的基础和依据，人生思考贯穿于人类世代文化发展的长河中，为了进一步认识人生目的对伦理学的根本意义，需要研究人生目的观念发生的必然性及其对人类生活的意义，这就是人生思考的契机。

首先是自我意识的形成和发展。人是有意识和自我意识的，人有意识，形成了主体的人和客体对象，人有自我意识，形成了主体的"我"和客体的"我"，"我"一分为二，既是主体，又是客体。人把自身作为客体，作为一个认识的客体和改造的客体，这就是自我认识和自我改造（塑造）。但自我意识不是原始人类从来就有的，它有一个形成的过程。当自我意识形成和发展以后，人在思考各种各样外部事物对于人的意义的时候，不可避免地要思考人自身存在的问题，思考人生命活动的意义，向外追索转变为向内探求，于是人是什么，人为什么活着，以及应该怎样生活、怎样做人等问题，就被不断提出和反复思索，这就是人生思考。

试看人生思考的历史发展，最早在神话中就有"斯芬克斯之谜"，随后在希腊德尔斐神庙前的石头上刻着"认识你自己"。哲学研究的转变是自我意识形成和发展的鲜明标志。古希腊哲学从苏格拉底开始转向社会人生，"划分苏格拉底和前苏格拉底思想的标志恰恰在人的问题上"。②

古希腊哲学家崇尚理性，认为只有哲学和科学知识才能使人们预测事物的发展，确定生活的目的，自然界的规则也是人生目的和规则，阿那克萨哥拉曾被人问到为何而生，他说为了沉思太

---

① 韦政通：《中国的智慧》，中国和平出版社1988年版，第259页。

② 恩斯特·卡西尔：《人论》，上海译文出版社1985年版，第6页。

阳、月亮以及支配着整个宇宙的秩序，他们对科学和哲学的兴趣在于依靠它们可以解开生活之谜，伊壁鸠鲁曾在信中说："不要让任何人在他们年轻的时候耽搁了哲学的研究，当他年老时也不要让他变得厌倦这种研究。因为对于研究灵魂的健康来说，谁也不会有太早或太晚的问题。"①

经过漫长的中世纪黑暗以后，在近代开端，老问题仍都存在，"人是什么"这个问题转变到了一个更高的水平，现代意义的科学精神出现了，它首先要拆掉一切把人类世界与自然分离开来的人为的栅栏，为了要研究人类事务的秩序，必须从研究宇宙开始，这就是人的自我意识发展的新阶段的标志，也是人的自我认识（人是什么，人生目的是什么）发展的新阶段的标志。

从个体来说，一旦自我意识发展水平达到一定阶段，也会提出人生目的这个问题。而随着自我意识的进一步发展，对人生的觉解也越深，"人到中年才能深切地体会到人生的意义、责任和问题，反省到人生的究竟"。②

所以，人生问题自古以来世世代代，每个个人，无论青年和老年都要接触到，都被不断提出来。有人指出，生命意识是艺术活动中特有的情感交流现象，有价值的作品都呈现生命意识。所谓生命意识，就是指人类在感性世界中所认识到的生命本质，以及相关的生存、伦理和人格的自觉，是人所共有而共感的特殊的深层心理。③ 正因为自我意识是人的根本特性，所以作为人就应了解自己的生活目的，正如苏格拉底早就指出的，"一种未经审视的生活还不如没有的好"，"人是不断探究他自身的存在物，人

---

① 周辅成：《西方伦理学名著选辑》上册，商务印书馆 1964 年版，第 101 页。
② 宗白华：《美学散步》，上海人民出版社 1981 年版，第 184 页。
③ 《论张若虚〈春江花月夜〉》，载《全唐诗精华分类鉴赏集成》。

类生活的真正价值，恰恰就存在于这种审视中"。① 中国有句老话："未明出世旨，宁歇累生狂"，也是这个意思。

其次是人生的短暂。物之存毁和人之生死，同样是客观的存在。个体死亡是不可避免的命运，时间吞没一切，一切生物都在时间中消逝，个人也不能例外。

人总有一死，没有例外，从而迫使人们思考人生。在原始人那里，"万物有灵"、"灵魂不死"等观念，也是某种人生思考。恩斯特·卡西尔指出："在最早最低的文明阶段，人就发现了一种新的力量，靠它能破除对死亡的恐惧，这就是他对生命的坚固性，生命的不可征服，不可毁灭的统一的坚定信念。"② 英国社会人类学家马林诺夫斯基认为，原始部族相信灵魂不死的观念，主要是生的希望和死亡的恐惧两种矛盾心理交错作用的产物。

对于人生短暂，古往今来人们发出许多悲叹，叫做浮生如梦。苏轼有诗曰："人生到处知何似，应似飞鸿踏雪泥，泥上偶然留指爪，鸿飞那复计东西。"曹操说："人生几何，譬如朝露"，曹植诗句"天地无终极，人命若朝霜"。《菜根谭》作者说："天地有万古，此身不再得。"

如何对待这短暂的人生，有不同的态度。有的求长生不老之药，有人则及时行乐，所谓"人生几何，对酒当歌"。有的则积极对待人生，司马迁说："人固有一死，或重于泰山，或轻于鸿毛。"文天祥说："人生自古谁无死，留取丹心照汗青。"

张若虚的《春江花月夜》虽然也发问："江畔何人初见月，江月何年初照人"，但还是以积极态度对待人生，"人生代代无穷已，江月年年只相似"，对现实人生充满希望。中国哲学不求死

---

① ［德］恩斯特·卡西尔：《人论》，上海译文出版社 1985 年版，第 8 页。
② 同上书，第 110 页。

后灵魂的住所，而求现实人生的功业，提出"三不朽"，"太上有立德，其次有立功，其次有立言，虽久不废，此之谓不朽"，这种优秀的哲学思想，就是一种积极的人生思考。

面对死亡，面对短暂的人生，为了超越个体生命的有限，使一代又一代人深沉地反思："人应怎样生活才能使短暂生命获得最高的价值。"斯宾诺莎说："自由的人不涉想死的事；他的智慧不是对于死的沉思，而是对于生的默想。"① 这种生活信条值得崇奉，因死的必然而作人生思考，这就是引发人生思考的又一契机。

那么，什么是真正的人生目的，什么是人生真谛？

人生问题不能仅仅从个人生活范围考虑，因为人生不仅仅是个人的生命历程，而是人类社会生活的过程，个人不过是人类社会生活过程中一个小点点，所谓沧海一粟或大江大河中的一滴水。如果仅仅从个人生命活动出发，必然要得出"人生如梦"或及时行乐的人生态度。对于滔滔不绝的历史长河，悲欢离合的芸芸众生，沧海桑田的兴衰更替，如果要问："苍茫大地谁主沉浮？"任何个人经验不能回答，只有依靠人类知识的长期积累。

有关人生底蕴和人生目的问题，历来是全体人类的兴趣，而为哲人们所不懈探索。但是探索了几千年，其成果远没有自然科学的成果大，反而被宗教和伪科学制造的迷雾所困惑和误导。"人们迄今总是为自己造出关于自己为何物或应当成为何物的虚假观念。"②

以往伦理学不是从上帝、客观理性，就是从抽象的人性寻

---

① 斯宾诺莎：《伦理学》第四部分命题 67，商务印书馆 1997 年版，第 195 页。
② 《马克思恩格斯全集》第 3 卷，人民出版社 1960 年版，第 15 页。

找人生目的的依据和至善的根源，奥斯汀认为人生就是转向上帝的过程，所以生活目的就在于同上帝结合，永生就是至善；苏格拉底、柏拉图则把至善归结为善的理念，把一种抽象的脱离人而存在的神秘观念作为善的根源，生活的目的就是达到理念世界；而伊壁鸠鲁、霍布斯、爱尔维修等则以自然人性为至善的依据。

然而在伦理思想史上也有一种从外在世界规律寻找人生目的和至善的朴素猜测。古希腊哲人赫拉克利特提出"逻各斯"，认为人的道德活动的最高目的就是与这个"逻各斯"不断接近。亚里士多德把自然知识应用于人生，认为自然界的善是万物特有功能的实现，人的善则是人的特有功能即理性的实现。中国哲学中有天人合一思想，孔子认为"天"的本质是生生不息又很和谐，"天何言哉？四时行焉，万物生焉"，"万物并育而不相害，道并行而不相悖"，作为他的道德理想和人生目的"仁"，就是由"法天"而创生与和谐，"不但给个体的生命赋予意义，也为群体的生命指出了一个永恒的目标"。① 老庄也主张自然的人生理想，"绝弃人工，没我于宇宙之内"，认为自然是绝对至善，人应完全与之同化，老子说："上善若水"，庄子说："天地与我并生，万物与我为一。"

人生目的（或至善根源）的人本主义转向人的社会本质，是人生目的问题上的根本变革。马克思真正提高了人，社会发展的真正目的是人，是人的解放和人的幸福。但人这个自然物同其他自然物不同。在人与自然的关系上，马克思指出人的自然本质，又指出自然的人的本质，人属于自然界，自然界也属于人，这就是人的创造性改造世界的活动，因而人的本质是自由自觉的活

① 韦政通：《中国的智慧》，中国和平出版社1988年版，第259页。

动。但是人和自然的关系，以人和社会的关系为前提。"人的第一个对象是人"，这就是人的社会性本质，"人的本质是社会关系的总和"。马克思指出："在何种程度上人的行为成为人的，别人作为人在何种程度上对他说来成了需要，他作为个人的存在，在何种程度上同时又是社会的存在物。"① 指出了人的社会性本质怎样决定个人与社会的相互联系。

由此可见，人对自己社会本质的把握就是善的尺度，也是人的目的的尺度。从人的本质出发来把握自己的人生目的，从而在社会和谐中进行创造活动，这才是人生的真谛，这样的人生可以获得全部生命力的充实和全面的表现，真正实现人的本质和生命力的充分发展。

这样的人生目的其优越性在于：客观必然性与历史主动性的统一（参与自觉的历史创造）；人的社会性表现与个体独立性的联系（社会历史意义与个人生活意义的联系）；必然与自由的联系（人生目的选择的哲学意义，"有本领做出正确的生活选择……这是自由和自我教育的公式"）。②

弗罗姆在《寻找自我》中提出了"人的生存的两歧"。他说："最基本的'生存的两歧'是生与死之间的两歧。人一定要死，这是一个无法改变的事实，死与生是对立的，总之在于生的活动并与之不能共存，对死亡的一切认识都不能改变这一事实。我们只能接受它而别无他法。"又说："人的生命是有限的，这又导致了另一个两歧。虽然每个人都赋有人类所能具有的所有潜力，但由于其生命是短暂的，所以即使在最有利的环境下也不可完全实现这些潜力。只有在个人的生命与整个人类的生命一样长的情况

---

① 《马克思恩格斯全集》第 42 卷，人民出版社 1979 年版，第 119 页。
② 科恩：《自我论》，三联书店 1986 年版。

下，他才能参与整个人类历史的发展过程。"①

　　弗罗姆所说的生存的两歧，就是人生的两个基本矛盾：一是生与死的矛盾，一是有限与无限的矛盾。这的确是个体生命所不能回避的两个基本矛盾，人类世世代代都力图解决它们，可是总不能真正地解决。甚至正如弗罗姆所说："人总企图通过创造某种意识形态来否定这种'生与死之间的两歧'，例如通过创造基督教的灵魂不灭的概念。""通过假想人死后生命可以开始充实，或假想一个人自己所处的历史阶段是人类最终和最辉煌的历史时期，来调和、否定这种矛盾。"② 虽然历史上还有一些合理的猜测，但一直不能解决这两个基本矛盾。所以如此，有其阶级立场和历史局限性。只有在新的历史条件下，正确了解了人的本质、社会生活的本质，及个人与社会的关系，才能比较合理地解决这些矛盾。

　　那么，正确的人生目的或人生真谛是什么？

　　第一，人生目的在于创造。不要回避死的必然，而应该努力地生。一个人的一生按 80 岁算，只有 29200 天，活了一天少一天。尼采说过："我们眼看着我们短暂的生命时间一刻一刻地过去，恐怕要急得发疯的。"所以千万要珍爱生命，既不要无谓地考虑死后的事情，也不要糊涂地过日子，生命只有一次，应该好好地生，有意义地生。

　　列宁说："世界不会满足人，人决心以自己的行动来改变世界。"③ 按照马克思的说法，人的本质是自由自觉的活动，即以自己的行动改变客观世界，也即创造。人的本质力量就是创造

　　① ［德］埃里希·弗罗姆：《寻找自我》，陈学明译，工人出版社 1988 年版，第 54、55 页。

　　② 同上书，第 55 页。

　　③ 《列宁全集》第 38 卷，人民出版社 1986 年版，第 227 页。

力，人的潜能的发挥，最主要的就是创造力的发挥，人的价值的主要标志也是创造力。

劳动创造，改造自然是人类最基本的生存条件和发展条件，人类对生产工具的改进，包括科技创新以更好控制自然和利用自然的强烈愿望，推动了社会由低级到高级的发展。而改造自然离不开一定的社会关系，为了与非人化作斗争，历史上的人类也不断追求自由和光明，所以争取自然和社会这两方面的良好的生存条件和发展条件，就是社会生活的本质，或者说创造是社会生活的本质。它既是社会目的，当然也是个人的目的。

社会生活既包括直接生产和经济领域，也包括文化领域。文化领域和文化活动的各部门都是社会生活和社会主义现代化建设的"这个圆的各个扇面"。党的十六大报告指出："全面建设小康社会的目标，是中国特色社会主义经济、政治、文化全面发展的目标。"所以每个人都应当在社会生活坐标上找到自己的位置，都可以实现推动历史前进的创造本质的要求。

为了实现这个目的，必须着力于发展，邓小平同志说："发展是硬道理。"党的十六大提出，发展是执政兴国的第一要务。"紧紧把握住这一点，就从根本上把握了人民的愿望，把握了社会主义现代化建设的本质。"而要促进发展，必须有改革的态度和大力弘扬"与时俱进"、不断创新的精神。只有这样，人的创造力才能得到充分发挥，人的价值、人生意义才能得到充分实现。

第二，人生目的在于为人民服务，尽历史责任。剥削阶级把占有权力的大小和财富的多少，等级的高低，看做衡量人生价值的尺度，人生目的就是占有，就是为名为利。他们在个人与社会的关系上总是强调个人。认为人只是孤立的单个人，并不是结成社会关系的社会的人，所以总是突出"自我价值"，存在主义认为个人的自由是价值的唯一源泉，只有把"自我"与周围世界完全隔绝开来，才是实现个人价值的前提。

但是马克思曾说："人只有为同时代人的完美，为他们的幸福而工作，才能使自己达到完美。"① 马克思主义从人的社会性出发认为个人存在和发展离不开社会，社会养育了每个人，而人民是社会和历史的主体，人民利益就是社会利益，所以人应该为社会服务，具体就是为人民服务。

在自由化思潮影响下，为人民服务似乎失去了光彩，有人就鼓吹："社会利益失去了昔日的尊荣，而自我却成为青年人崇拜的对象，过去只是站在社会的立场上来评价个人，经常的问题是你为社会做出了什么贡献，你尽到自己的社会义务吗？现在人们开始站在个人的立场上来评价社会，于是就要问：社会为我提供了什么，社会尊重我的个人权利吗？"甚至有人说："如果将人生意义的面纱完全撕开，那就是使自己存在下去，使自己的生存条件好一些，这一点在原始社会情况下表现得尤为明显，而现在被人们掩盖起来了。"

其实，个人与社会是辩证关系，这是个普通的理论问题，也为常识所了解，前面已经说过，这里不赘述。社会当然要尊重个人的权利，满足个人存在和发展的条件。作为个人，当然要求有更好的生存和发展的条件，但是作为人生目的、人生意义来说，就在于个人对社会的价值。个人的生存和发展，就依赖着与社会的融合。人人为大家，大家为人人，"只要人人都献出一点爱，世界就成为美好的人间"。这也是很明白的道理。

邓小平同志说："我是中国人民的儿子，我深情地爱着我的祖国和人民。"他为党和人民建立了丰功伟绩，但他总是说："个人是集体的一分子，任何事情都不是一个人做得出来的。"他说：

---

① 《马克思恩格斯全集》第1卷，人民出版社1995年版，第459页。

"改革开放中许许多多的东西，都是由群众在实践中提出来的。"① 胡锦涛说："邓小平同志坚持人民是推动历史发展的根本力量的观点，坚持以人民的利益为最高准则的立场，坚持人民的事业必胜的信念，充分反映出一名真正共产党人的世界观、人生观、价值观。"②

社会又是世代相继不断发展的，"历史不外是各个时代的依次交替，每一代都利用以前各代遗留下来的材料、资金和生产力。由于这个缘故，每一代一方面在完全改变了条件下继续从事先辈的活动，另一方面又通过完全改变了的活动来改变旧的条件"。③ "长江后浪推前浪，一代新人换旧人"，这是历史规律。每个时代的社会和个人都处于一定历史环节，有继往开来的历史任务，为了历史的前进，为了民族的延续，每一代人既要继承前人的成就，更要开拓新的领域，更新人间世界，这是社会发展的需要给予人们的一种历史责任。"前人栽树，后人乘凉"是历史规律，但后人作为更后人的前人，又应更多地种树。"从十九世纪中叶到二十世纪中叶的一百年间，中国人民的一切奋斗，都是为了实现祖国的独立和民族的解放，彻底结束民族屈辱的历史，这个历史伟业，我们已经完成了。从二十世纪中叶到二十一世纪中叶的一百年间，中国人民的一切奋斗，则是为了实现祖国的富强、人民的富裕和民族的伟大复兴。这个历史伟业，我们党领导全国人民已经奋斗了五十年，取得了巨大的进展，再经过五十年的奋斗，也必将胜利完成。"④

---

① 胡锦涛：《在邓小平同志诞辰 100 周年纪念大会上的讲话》，人民出版社 2004 年版，第 9 页。
② 同上书，第 1 页。
③ 《马克思恩格斯全集》第 3 卷，人民出版社 1960 年版，第 15 页。
④ 江泽民：《在庆祝中国共产党成立八十周年大会上的讲话》。

　　每一代有每一代的历史任务，人们应该把社会发展规律决定的现实社会发展的需要，作为自己的生活目的。应该把个人放到人类总体中，才能看到个人的生活目的和生活意义。有人在十年动乱中蒙受不白之冤，却在狱中写出 20 多万字的论文。他从哪里获得生活的勇气？力量就来自历史责任感。他说："如果能由于我不懈的工作，为祖国为人类的发展增添一点力量，我想我的一生就很有意义了。"鲁迅最讨厌的是"前不见古人，后不见来者，吃完许多米肉，擦了许多雪花膏之后就什么也不留一点给未来的人们"的那种人。

　　在有限与无限的矛盾问题上，有原始人和后来宗教的灵魂不死，这种生命不朽的幻想，不能解决这个矛盾。正如弗罗姆所说，人死后一切都化为乌有。也有一种追求现实生命的不朽。如中国哲学的"三不朽"，但仍是抽象的。只有深刻了解人的本质、社会生活的本质，以及人类历史发展的规律，才能真正解决这个矛盾。个体生命是有限的，而人类总体、人类历史是无限的，"人生世代无穷已"。但是这个人类历史的无限性，只有在世代交替中才能实现，人类的总体发展是由世世代代和各个个人组成的。在这个意义上，无限通过有限实现，有限体现无限。在有限的个体生命中也可以体现其无限性。

　　这个矛盾的解决，关键是在个体有限的生命中自觉体现其无限性，成为历史的推动者，成为历史前进潮流中的一滴水，而不是相反，成为历史潮流冲刷的渣滓泡沫，或被甩在外面的虚拟小滴。

　　所以现实的生命不朽，乃是立足于现实人生，从社会关系中，从历史发展中获得和体现的生命不朽。这种不朽集中表现在个体对社会的作用。一方面是个体与社会整体的融合构成了合力，担负和完成当代人的历史使命；另一方面是通过社会思想的继承性，把个体的知识、能力、精神、品德传给别人而传之久远，每个人都可以在别人和后人的生命中存在。

人的真正不朽，在于他对人类和人类文化整体的贡献。这便超越了生死限制，进入永恒的生命洪流，真正把有限与无限统一起来，获得生命的不朽。

前人诗句"落红不是无情物，化作春泥更护花"、"夕阳返照桃花渡，柳絮飞来一片红"，可视作奉献自己的博大胸怀。今人有诗曰：

> 春天的后面不是秋，
> 何必为年龄发愁，
> 只要在秋霜里结好你的果子，
> 又何必在春花面前害羞？
> 这是人生唯一正确的道路——
> 人民的事业与世长久。
> 谁的生命与它结合，
> 白发就上不了他的头！

更是道出了生命的真谛，那就是创造的人生目的，个人同社会与人民结合，个人同历史结合的伟大的人生目的。

四　终极意境的魅力

道德的归宿指向人生目的，意味着达到终极之境界，人们一旦攀登了终极之境，其精神境界为之飞跃，为之升华，终极意境具有无限的魅力。

1. 彻悟的意境

对真正人生目的的把握，就是彻底的人生颖悟，意境即精神境界，彻悟意境具有无限的魅力。主要表现为：

第一，朝气蓬勃。

有了人生的彻悟，人们不必为人生短暂而悲叹，也不必为终有一死而无所作为，更不会及时行乐或醉生梦死。斯宾诺莎说得好，自由的人不是对于死的沉思而是对于生的默想。弗罗姆对此引申出这样的话：凡是意志坚强的人，都会使生命更加充实，而聪明者总是往生的方面，而不是往死的方面去想。[①] 没有灵魂不死的不朽，也没有长生不老的不朽，把握了真正的人生目的，懂得了人生的真谛，就能确立人生理想，投入时代的激流，追求个人与社会的相融，努力创造，建功立业，在生命过程中充分展现自己的本质力量。

理想是生活的太阳。一个有理想的人，总是朝气蓬勃。当一个人能够时时处处感到生活的价值和意义，怎么不兢兢业业，乐而不疲呢？有的人工作一忙就怨声载道，有的人却越忙越兴奋和满足，他们总以自己工作的意义而自豪，为之倾注满腔热情和心血，怎么不永远朝气蓬勃呢？

第二，珍爱生命，珍惜时间。

生命只有一次，生命总在时间中流逝，子在川上曰："逝者如斯夫"，彻悟了人生，就会扎扎实实地生活，"不因虚度年华而悔恨，不以碌碌无为而羞耻"。"把握现在，在现实的生活里求取丰富和充实，不为将来或过去而放弃现在的价值体味和创造。"

---

① ［德］埃里希·弗罗姆：《寻找自我》，陈学明译，工人出版社1988年版，第54页。

时间就是生命，珍惜时间就是珍惜生命，彻悟的意境可以使强烈的事业心和炽热的成就感伴随着整个生命旅程。年轻时叱咤风云，搏击浪潮，贡献自己的聪明才智。待到青春消逝，生命过半，更知人生的意义。高唱"夕阳无限好，哪怕近黄昏"，要在余年的每一天，绘出更灿烂的人生画卷。如果说文化艺术活动是创造力的最好发挥，人的真正不朽是对人类文化整体的贡献，那么，他们又在人生坐标上找到了自己的位置。

第三，淡泊人生，洁身自持，人的本质是创造。

虽然生活内容也包括生存和享受，但根本目的在于创造，生存和享受只是创造的条件。当今社会不少人沉湎于名利，钻进利禄之途，甚至贪污受贿、跑官卖官，在污泥浊水中打滚。彻悟的意境使人淡泊人生，首先淡泊名利。邓小平同志在复出时说过："我出来工作，可以有两种态度，一个是做官，一个是做点工作。我想谁叫你当共产党人呢，既然当了，就不能够做官，不能够有私心杂念，不能够有别的选择。"①

"结庐在人境，而无车马喧，问君何能尔，心远地自偏。"要跳出喧嚷和诱惑的场所，只有"心远"，保持一颗淡泊人生的洁净的心，彻悟人生，把名利看做身外物，生不带来，死不带去。华西的吴仁宝说得好："房屋千间，也只放自己一张床。"人的真正价值在于创造，在于融入社会加入历史潮流。彻悟人生，淡泊名利，就能站得高，看得远，不屑于非分之想，不屑于虚幻的荣华富贵，拒腐抗诱，出污泥而不染。

第四，胸襟潇洒，表里澄澈。

对于人生目的的把握，透彻了解了人生的真谛，有最大的人

---

① 胡锦涛：《在邓小平同志诞辰100周年纪念大会上的讲话》，人民出版社2004年版，第13页。

生抱负，于是胸襟宽阔，超凡脱俗，不滞于物，那些视金钱名利如粪土，视死如归的仁人志士无不气吞山河，壮怀激烈，"砍头不要紧，只要主义真，杀了夏明翰，还有后来人"。陈毅的"梅岭三章"是"梅山被围，虑不得脱，得诗三首留衣底"，诗中有"此去泉台招旧部，旌旗十万斩阎罗"，"取义成仁今日事，人间遍种自由花"，表现了死亡面前的大无畏的乐观精神。

彻悟的意境又催生自由精神。天将降大任于斯人也，必先苦其心志，劳其筋骨，饿其体肤，空乏其身，行拂乱其所为，所以动心忍性，增益其所不能。把握了伟大的人生目的，自能不为利诱，不为威逼，也决不阿谀奉承。而是特立独行，为所当为。热爱真理，追求真理和坚持真理，始终维护自己的人格尊严。邓小平三起三落，"在被错误地打倒和蒙冤屈时，从不怨天尤人，从不心灰意冷……越加激起探索真理的勇气，更加深入地思索中国革命和建设的经验教训和根本规律问题，发愤要有新的更大作为。"①

彻悟的意境使人光明磊落，正直大方，表里澄澈，晶莹空明，心底无私天地宽，其过也如日月之食，宽以待人，严于律己。当今社会"乡愿"甚多，巴结、虚伪、圆滑，人格分裂，人们呼唤拥戴真正的人和真正的共产党员。彻悟的意境才能衍生潇洒自由的精神。

2. 至善的意境

人生目的与至善的内在联系已如前述，追求道德的至善乃是实现人生目的的基本内涵和基本途径，道德的最高目的和最高价

---

① 胡锦涛：《在邓小平同志诞辰 100 周年纪念大会上的讲话》，人民出版社 2004 年版，第 13 页。

值目标就是完善的人生，就是实现人的本质，所以终极意境必然表现为至善意境。其魅力主要是：

第一，无尽的道德追求。

意境是一种精神境界，是一种高瞻远瞩而又凝重稳定的意识状态，是一种深层的心理现象，也可以说是某种人格特征。至善意境就是一种道德理想或对至善向往的高尚的精神状态。阿尔汉格尔斯基说过，道德要求产生生命活动的目的和前景，"而目的和前景则成为个人意向的道德动机"，① 至善意境既然成为一个道德理想的深层意识状态，必然成为个体道德活动的动力，而且是道德追求的永远动力。

最近报刊上有人说：半世人生感悟良多，人生在世无非"人"、"事"两字，但一定要先做人后做事，一撇一捺写个人，一生一世学做人，为人之道是根本。这是经过人生实践得来的深刻体会，可谓肺腑之言，他弄通了一个根本道理，就是道德与人是一体的，人生与为人之道是一脉相承的，因此真正弄清了人生目的，就入于不断升华的至善意境，正如有人在报刊上说，一个人如果经常想一些人生的大问题，对于俗世的利益就一定会比较超脱，不大可能去做那些伤天害理的事情。

第二，深沉的道德情感。

至善意境也是一种深沉的道德情感状态，这种深沉的道德情感也由人生目的而来。"人到中年，才能深切体会到人生的意义、责任和问题，反省到人生的究竟，所以哀乐之感得以深沉。"② 确立了人生的目的，就会油然产生一种深沉的爱的情感，因而悲

---

① 阿尔汉格尔斯基：《马克思主义伦理学的对象、结构、基本方面》，杨远、石毓彬译，中国社会科学出版社 1990 年版，第 21 页。

② 宗白华：《美学散步》，上海人民出版社 1981 年版，第 184 页。

天悯人，愿意贡献自己的一切甚至生命。他们热爱生命，热爱生活，热爱国家、民族和周围的人们。古人云："以天下为己任"，就是这种深沉的道德情感。无产阶级革命家更是如此，周恩来总理为人民鞠躬尽瘁，死而后已。邓小平同志说："我深情地爱着我的祖国和人民。""为了母亲的微笑，为了大地的丰收，峥嵘岁月何惧风流"是一种深情，"我的父老乡亲"也是一种深情。这种强烈的道德情感也是创造的源泉。

古往今来，文学艺术和民间传说处处闪烁着"人间真情"的光辉，因为是人间真情，常常使人潸然泪下，逐步把握了人生目的，这种人间真情不断升华。鲁迅说："无情未必真豪杰，怜子如何不丈夫。"无论亲情、爱情和友情，在英雄豪杰那里更加深沉。

马克思说："人和人之间的直接的、自然的、必然的关系是男女之间的关系……从这种关系就可以判断人的整个教养程度。"[①] 爱意味着献给，而友情也需要彼此奉献，"正义的人朋友多"，"凡是心地狭窄的人，世界也是狭窄的"，只有关心别人的人才有朋友。心灵沟通的程度决定交往的深度，只有掏出心来才能赢得朋友。

所以，由人生目的而来的至善意境，这种道德情感的精神境界，它的无穷魅力就在于，使人有丰富深邃的精神生活，生活在和谐人际关系中，他不仅顶天立地，干一番事业，而且生活在美好温馨的亲情、爱情和友情的氛围中，这种人生乃是和谐的人生。

3. 审美意境的魅力

第一，终极意境贯通审美意境。

美是人的本质力量的感性显现。审美实质上是审美主体以情

---

① 《马克思恩格斯全集》第 42 卷，人民出版社 1979 年版，第 119 页。

感的方式对自身本质的肯定，人生目的就在于实现自己的自由本质或创造本质，与审美的目的和审美理想是一致的。因此，人生目的的终极意境必然导致审美意境的升华。

审美的最高境界就是把握到不朽和永恒的价值。就在于对有限的超越中领悟到人生的目的和意义。可以说哲学的和伦理的把握人生目的，同审美的把握人生目的，都是人生的根本价值追求，因而两者在终极意境或最高意境上是贯通的。

把握了正确的人生目的，在实践中既会体验到自己生命表现的愉悦，又在活动对象中看到自己的智慧、才能和力量而获得快感，这是最本质意义的，也是永恒的美感。所以终极意境，必然伴生审美意境。把握了人的自由本质和创造本质的人生是美的人生。

奥斯特洛夫斯基曾写过一段话："一个人一生应当这样度过：当心脏停止跳动时，他能够说'他一生献给了世界上最壮丽的事业——共产主义事业。'"这是人生的赞歌，也是美的人生的憧憬，曾经激励无数青年为高尚美好的人生而投身革命。

具有深沉的人生目的信念的人，总是设计着自己的美丽人生，不仅创造和珍惜美丽的青春年华，而且更加赞美和创造美丽的黄昏，冰心说："要多一些云霞，创造一个美丽的黄昏。"

第二，把握和实践人生目的中的审美情趣。

人在改造客观世界的同时也改造着自己的主观世界，人们在实践中获得的不仅仅是客观的结果，同时也获得思维的发展和知识、情感的丰富。外部世界的改造是人的本质力量的确证，而情感体验同样是对人的本质力量的强烈体验。审美情感更是如此，它是人的心灵结构的核心。

把握或一定程度把握了人生目的，在实践中就是自觉地改造客观世界，表现了人的本质力量，因而在实践中不断凝练和丰富自己的审美情感。实践证明，任何人的炽热丰富的情感都是在不凡的遭遇和抗争中形成的。可以这样认为，自觉到人生目的和具有高尚人生信念的人，必然会有丰富的情感和审美情感，在实践中充满审美情趣。

有了丰富的审美情趣，就能发现美和创造美。"仁者乐山，智者乐水"，说明我国古代早就发现主体品格与山水美的关联。"鹰击长空，鱼翔浅底，万类霜天竞自由"，这是革命者对自身自由本质感受的情感反射。林则徐撰联曰："壁立千仞，无欲则刚；海纳百川，有容乃大"，又是志士仁人崇高情怀的写照。

山水寓意寄情，是自然山水的特点与主体的情、意相结合而形成的。高山峻岭，雄伟崇高，幽深旷远，郁郁苍苍，与主体的意、情结合，就会发出"劲松绝壁立，崇高不须疑"，"会当凌绝顶，一览众山小"的反应。

水的浩淼苍茫让人心旷神怡，象征着人的广阔胸怀；而河岸的曲折变化，幽深旷远，正是人们深邃探索的思想境界。那瀑布冲击飞溅的博大气势和溪流潺潺的幽深缠绵，又会给人不同的感受。在中国画中常有"观瀑"、"听泉"和"林泉烟云"等主题出现，正说明在山水中人们可以获得丰富的审美意境。

只有人的被解放了的感觉的多样性，才能感知、体验自然界的全部丰富性和多样性。只有把握了人生目的，不断实现人的本质力量，才有被解放了的感觉的多样性，这是终极意境导致审美意境的动力和源泉。

艺术美的发现和创造更是鲜明地证明了这一点。当外在物象的特性和形式，与艺术家的内在审美情感"同形同构"时，就会形成内在的美的形式即意象。通过艺术技巧使内在的意象物化，就是艺术作品。一幅中国画，我们从画的线条中感觉到的气质，既是客体对象的气质，又是画家个人的气质。"艺术不是单纯的摹本，而是我们内在生命的真正显现。"① 历来画论都强调画外功夫，要画好一幅画，重要的是积蓄丰富的审美情感。马克思说的"感觉形式美的眼睛"哪里来，最重要的是对人的本质力量的把握。

梅、兰、竹、菊素为仁人君子喜爱，它们与主体的审美关系就是"比德"，它们象征着君子的风格；而松树雄伟挺拔的气概，更是他们品格的表现。

不同的审美情感也会对同样的客体对象产生不同的审美感受。同样咏梅，毛泽东对陆游的诗"反其意"，"俏也不争春，只把春来报。待到山花烂漫时，它在丛中笑"。而陆游却说："无意苦争春，一任群芳妒。零落成泥碾作尘，只有香如故。"比较两种梅花形象，反映出作者不同的思想境界。

审美不仅在艺术活动和自然物象的观赏中，而且在一般实践活动中也可以充满审美情趣。在实践活动中创造性地对待自己的工作，在生活中追求艺术感，使实践的行为成为自我实现的自由的活动，这就是实践中的审美情趣或审美态度，同样闪耀着某种审美意境。而这种审美意境的存在，同样是与人生目的的把握分不开的。每个人都在生活着，但并不是每一个都能洞察生活的真谛。如果活着就是为了吃饭，不就是爱因斯坦所嘲笑的"猪栏里的理想"吗？这样的生活没有意义，也不会迸发审美情感。只有把握了人生目的，才会有创造性的工作态度和生活的美感。

审美意境及审美情趣在实际生活领域非常广泛，诸如以人为本的生产和工作环境的人性化，温馨和睦的人际关系，大众生活环境和个人居住条件的美化等等。努力创造这些美的客体对象，正是具有高尚生活目的的人的无穷实践动力和丰富多彩的审美

---

① 恩斯特·卡西尔：《人论》，上海译文出版社 1985 年版，第 215 页。

情趣。

第三，审美意境塑造美的自我。

人生目的在于实现人的本质，包括个人与社会的和谐统一。美作为实现了的自由，也包括个人与社会的统一。因此，源于人生目的的审美意境，必然蕴涵于美的自我的塑造中。

任何个人都是外表和内心的统一。其外在表现突出在个人的风度。外表风度是一个人的显著特征，也是一个人外在美的突出表现。

风度即一个人的仪表态度，其音容笑貌、举手投足以及待人处事的态度，就是其风度表现。人们常说的年轻人倜傥风流、飒爽英姿，老年人慈眉善目、安详超然，就是一种美的风度。

外在美不在于穿着打扮，穿着打扮入时，并不就是美的风度。当然一个人的仪表，也包括穿着打扮，穿着打扮会增添风度美，但只要他有美的风度，即使衣着简单整洁，也会衬托其风度的美。

风度虽属外在美，但它与一个人的内在心理品质密切联系，风度常常是一个人心理特征的外在表现。其处事交往的方式态度，待人接物的动作表情，无不是其心理活动的外射。因此，风度美之所以突出，就在于它是与一个人的思想品质、学识、修养分不开的。在这个内在与外在的关系中，可以看出审美意境塑造风度美的必然性。

性格是塑造自我的更深层要求。车尔尼雪夫斯基曾说："人的性格是我们所能感觉到的世界上最高的美。"人的性格是在实践中形成的，是在与自然，特别是在与社会的人和事的关系中形成的。人的性格总是表现为对自然和社会的种种现象的态度。人生颖悟决定人的性格，美的性格本质上是人对待世界的精神存在，因而可以理解为最高的美。

　　把握了人生目的，把人生看做是实现自己的本质力量，必然努力造就和谐合作的人生，以天下为己任，以赤子之心对待祖国人民，就会形成胸襟开阔，高瞻远瞩，气势豪爽的性格，以圣洁的荷花，傲霜的秋菊，英俊的松柏自喻。屈原的《桔颂》抒发了自己的人格抱负。

　　美的性格让良心发出光辉，在金钱的诱惑面前不为所动。培根说得好，"那些能抵御最大诱惑的心灵，才是最美好的心灵。"当今社会的腐败现象，反映出一些人的良心泯灭，他们大多缺乏拒腐蚀抗诱惑的心灵。本是有才干的领导和勤勤恳恳的党员干部，在商品大潮中经不起金钱的诱惑，锒铛入狱，沦为人民的罪人。这些人在我们身边都有，他们曾经是我们的领导、朋友、亲戚或学生，我们除了惊愕和惋惜，还有什么话好说呢！

　　小说《最后一片叶子》有这样一个情节：

　　在穷画家居住的"艺术区"里住着两位年轻的女艺术家——苏珊和琼西。初冬，肺炎在艺术区流行，琼西沉重的病情看来难以治愈了，望着窗外常春藤上的叶子不断地落着，躺在床上的琼西悲伤地数着。心想：也许我的生命会随着最后一片叶子在无情的寒风中落下而死去的。几天工夫，叶儿都落了，只剩下了最后一片。

　　楼下的贝尔门是个穷困的老画家，他总是说会有一天画出他的一幅名画，但至今仍未动笔。老人很关心楼上的两位姑娘，是她俩当然的保护人。

　　夜晚，北风呼啸，急雨敲窗。苏珊的心快要碎了。因为她知道，今夜最后一片叶子的落下将带走琼西活下去的希望。天亮了，琼西急切地望着窗外，天哪！叶子竟然还在常春藤上。她在想："上帝，你给予最后一片叶子如此顽强的生命力，莫非是让它告诉我，想死是有罪的？"她获得了强烈的求生念头，竟然活了下来，但是，贝尔门先生却在风雨过后的第二天下午去世了。原来，在那个风雨之夜，那最后一片叶子实际是落下来了，也就在那个时候，还是贝尔门先生为琼西绘制了那片永不凋落的藤叶。这给琼西带来了希望的叶子，就是贝尔门先生一生中的杰作。[①]

这段情节令人感动，油然产生一种美感，画家的行为正是充分表现了他的性格美。

性格美特别表现在人与人的关系中，弗罗姆说"爱是一种关心和责任"，"爱并不是强加于人身上的权力，也不是外加在他身上的责任，爱是一种人自身内涵的权力，人依靠它与外部世界联系在一起，并从而使这个世界真正属于他。"[②]

具有爱心的性格是美的，而把握人生目的的人，必然会在人际关系中发射其性格的光辉。

---

①　《欧—亨利短篇小说选》，上海译文出版社 2005 年版。

②　［德］埃里希·弗罗姆：《寻找自我》，陈学明译，工人出版社 1988 年版，第17 页。